Tele
Parlanti

Franco Purini

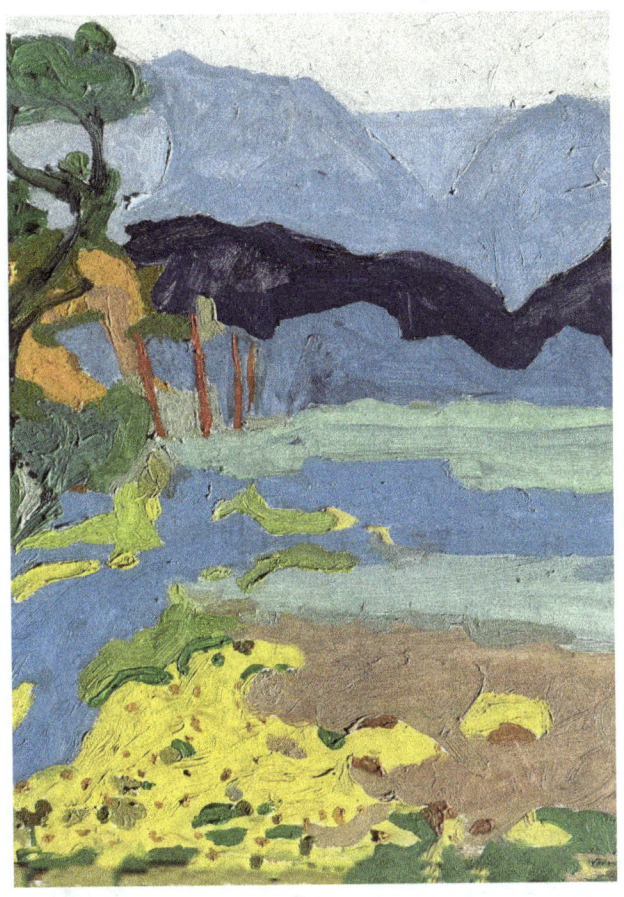

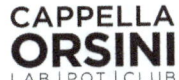

Autore: Franco Purini
Titolo: Tele Parlanti:

Sottotitolo: la pittura di Nino Saggio

Collana «I Viaggi»
Editore: Vita Nostra Edizioni
piazza Grecia 61, 00196 Roma tel. 06 97615923
VitaNostraEdizioni@nITrosaggio.net
Www.VitaNostraEdizioni.It
Impaginazione a cura di Chiara Corsetti

Prima edizione ottobre 2024
Terza edizione riveduta: aprile 2025
ISBN: 979-8342839051

In occasione della mostra dal 16 al 22 ottobre 2024
alla Cappella Orsini di Roma
Roberto Lucifero d'Aprigliano, direttore

https://www.cappellaorsini.net/
https://www.fondazioneoperalucifero.org/
+393336240517

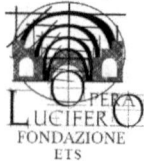

FRANCO PURINI

Tele Parlanti:
la Pittura di Nino Saggio

Vita Nostra Edizioni

VIAGGI

Viaggi si dovrebbe chiamare *Trips*. Infatti solo l'inglese apre efficacemente alla pluralità di connotazioni che questa collana vorrebbe avere. La prima, naturalmente, riguarda l'avventura intellettuale che un autore condivide con un lettore. Ci si scorda spesso di questo binomio, di questo vero filo di Arianna: il migliore che si conosca per uscire dal labirinto di un mondo depresso che svuota e deprime. Condotto per mano dal poeta di turno, il Dante-lettore lo segue per scoprire e pensare. Si è in due in questa avventura intima. Che poi altri, seguano le suggestioni dei primi lettori e intraprendano il loro di viaggio, tanto meglio.

In fondo a ben pensarci il secondo aspetto deriva del tutto naturalmente dal precedente. Non è proprio il viaggio il luogo primo del racconto e quindi del libro? Naturalmente pensiamo a Omero e al suo Ulisse, e dopo di lui a moltissimi e moltissimi altri, a infiniti altri sino a Gulliver e a Peter *Pan*: due eroi, quasi opposti, l'uno del pensiero illuminato, l'altro della perenne riscoperta del mondo dell'altrove.

Il terzo aspetto è di nuovo contenuto nel secondo. Come ha intitolato James Joyce il proprio capolavoro? Ma ormai siamo in pieno nel Novecento, e il viaggio è diventato sincopato, frammentario, un viaggio tra sogno e veglia, un viaggio che affonda nell'inconscio vero di Freud oppure di Jung o in quello procurato artificialmente. No, non quello della onnivora intelligenza artificiale, ma quello delle sostanze. Sono, tra i fumi dell'oppio o del dietilammide dell'acido lisergico, quelli i viaggi che improvvisamente svelano altri mondi, altri disegni, altri progetti. Che i più grandi e geniali tra noi sanno fare atterrare a cambiare la vita vera.

Steve Jobs è stato, come è noto, un grande viaggiatore e ha avuto visioni che poi ha materializzato, contro tutti: il primo personal computer, il Macintosh, l'Apple music store con l'iPod, e poi l'iPhone e l'iPad, tutti prodotti per il *Rest of us*.

La collana è iniziata con un libro su *Boullée* di Claudio Catalano che ha tanto valore storiografico che onirico. È proseguita con *Mari*, una scrittura in bilico tra veri viaggi e quelli nel tempo passato. Il terzo volume è *Lemuel* che prende quasi alla lettera il programma della collana: novello Lemuel Gulliver, Lorenzo Casavecchia viaggia con lo spirito di critica sociale del suo predecessore in un mondo tra utopico e il distopico. Il quarto volume, sempre di Catalano (che così crea un encomiabile dittico), è dedicato a Nicolas *Ledoux*: il 1789 porta una rivoluzione anche per l'architettura Il quinto volume è a firma di Franco Purini, uno di più rilevanti architetti d'oggi per il combinare ricerca grafica, teoria e progetto. A sorpresa propone una mostra che è un'opera curatoriale molto più che autoriale. Questo è il piccolo catalogo con quanto ha ritenuto di scrivere per l'occasione.

Il libro presenta due percorsi paralleli, quello delle parole e quello delle immagini. Non si intrecciano di proposito nel libro. Vedrà il lettore come compierlo il viaggio anche perché ha spazio bianco per aggiungere i suoi carnet di appunti. Per ritrovare la via o per tracciarne una tutta sua.

INDICE

Tele parlanti	9
Illustrazioni	13
I. Primordi	14-19
II. Serie d'ombra	21-25
III. Impressioni di Luce	26-33
IV. Città Bianca	34-41
V. Ritorno in Sicilia	42-45
VI. Vincent e Paul	46-51
VII. Magia Itinerante	52-59
VIII. Tre Fontane	60-63
IX. Colli	64-69
X. Nuova città	70-77
XI. Vite Trascorse	78-83
XII. Tevere	84-89
XIII. Squarci urbani	90-99
XIV. Paesaggi italiani	100–113
XV. Paesaggio circo	114–115

XVI. Sangue Miu!	116-121
XVII. Mare di Sicilia	122-131
XVIII. Santa Caterina	132-139
XVIII. Paesi Siciliani	140-147
XIX. Abaué	148-157
Nota	158

TELE PARLANTI

Nino Saggio è una magica presenza nel passato, nel presente e nel futuro. Il suo pensiero è infatti rivolto alle necessarie trasformazioni del tempo prossimo in una dimensione profetica - e non sembri eccessivo crederlo - ma è anche attento a conservare il senso del sacro in ciò che è stato. Per lui la memoria è il luogo di una sognata ripresa del tempo trascorso, il quale pensando a Marcel Proust, e poi parafrasando Paul Valéry in un celebre verso, "il mare, il mare, sempre ricominciato". Nel presente egli è un docente generoso e sperimentale per il quale l'allievo non deve dipendere da lui ma condividere un percorso comune in uno scambio di pensieri avanzati che vanno, diventando architetti, oltre le normali convinzioni, le abitudini diffuse e le ripetitive formulazioni concettuali.

Nino Saggio è un esploratore del nuovo che ha iniziato molti anni addietro il suo percorso con una pittura che non aveva alcun che di incerto, imitativo o iniziatico, ma che egli affrontava e comprendeva nella sua sincera essenza artistica. Nella sua avventura figurativa, già al suo inizio matura, al cui centro intravedo l'eredità di Paul Cézanne e poi di Henri Matisse, trovo il suo dipingere non tonale ma definitivamente timbrico. La pittura si associa all'idea centrale di Nino Saggio consistente nell'acquisire nel suo immaginario il paesaggio mitico della sponda nord della Sicilia, dove le città scandiscono il rapporto tra il mare e la terra su un bordo di rilievi dorati, dalla misteriosa orografia. Si potrebbe pensare che il tema della pittura del giovane Nino Saggio sia la luce come energia nativa, la quale sublima la realtà dissolvendola nel colore come inventando un linguaggio. Ogni suo quadro è una trascrizione musicale della luce in un ordine coloristico che la rende parlante.

Negli incontri estivi, tenuti a Gioiosa Marea, nello storico palazzo della sua famiglia, Nino Saggio costruisce, assieme ai suoi giovani allievi, un vero rito architettonico che celebra un ambito territoriale dal carattere primario, come appena creato. Un ambito pittoresco, insieme sublime nel quale interventi architettonici come la Torre vuota, trapassata dal vento, segnala l'apparizione del bello nel suolo che da sempre lo attendeva. E dalla pittura del giovane Nino Saggio che tutto ciò è iniziato e continua a manifestarsi, in una costante e misteriosa metamorfosi. I cinque quadri presenti in questa mostra rappresentano un itinerario nativo che si è articolato nel tempo alla ricerca di sé e del suo rigoroso lavoro di docente che scopre e risolve enigmi straordinari in un avventuroso cammino visionario e utopico. Tutto ciò è nei segni e nei colori di tele parlanti.

Franco Purini - Roma, 10 Ottobre 2024

Questo libro è stato pubblicato in occasione della esposizione:

Franco Purini presenta Cinque dipinti inediti di Nino Saggio
tenutasi dal 16 al 22 Ottobre 2024
presso la Cappella Orsini, della Fondazione Roberto Lucifero di Roma

Erano in mostra:

1 Santa Croce, Roma 1969	p. 14
2 Villa Celimontana, Roma, gennaio 1972	p. 30-31
3. Santa Maria Maggiore, Roma, maggio 1971	p. 34-35
4. La Fiumara di Brolo, Sicilia, giugno 1972	p. 45
5. Dona e Lele, Roma, agosto 1987	p. 121

La pittura di nino Saggio

Primordi

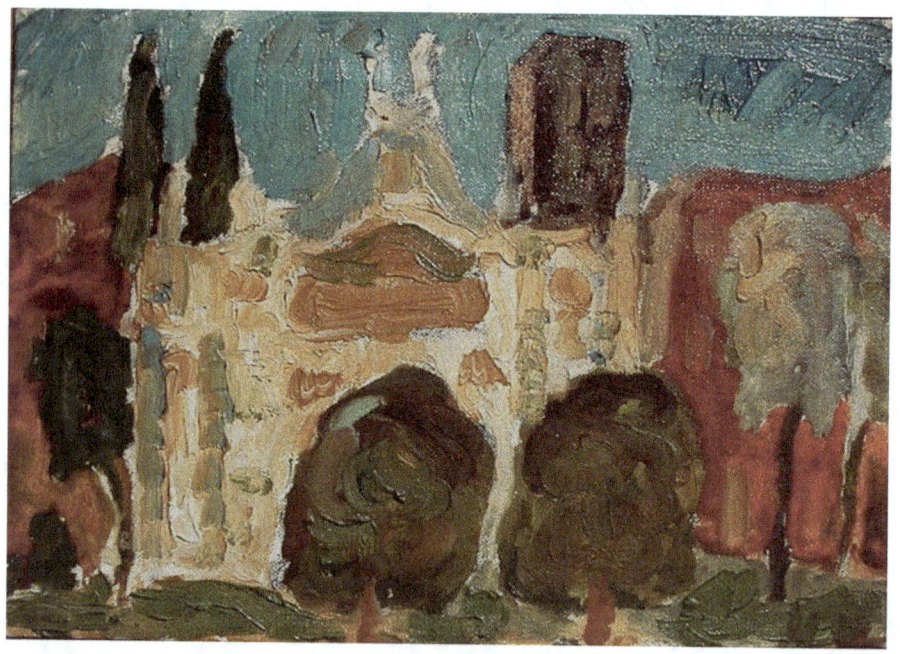

1.1 Santa Croce, Roma, dicembre 1969
   Olio su tela, 25x35
1.2 Giardino all'Aventino, Roma, marzo 1970
   Olio su tela, 30x40

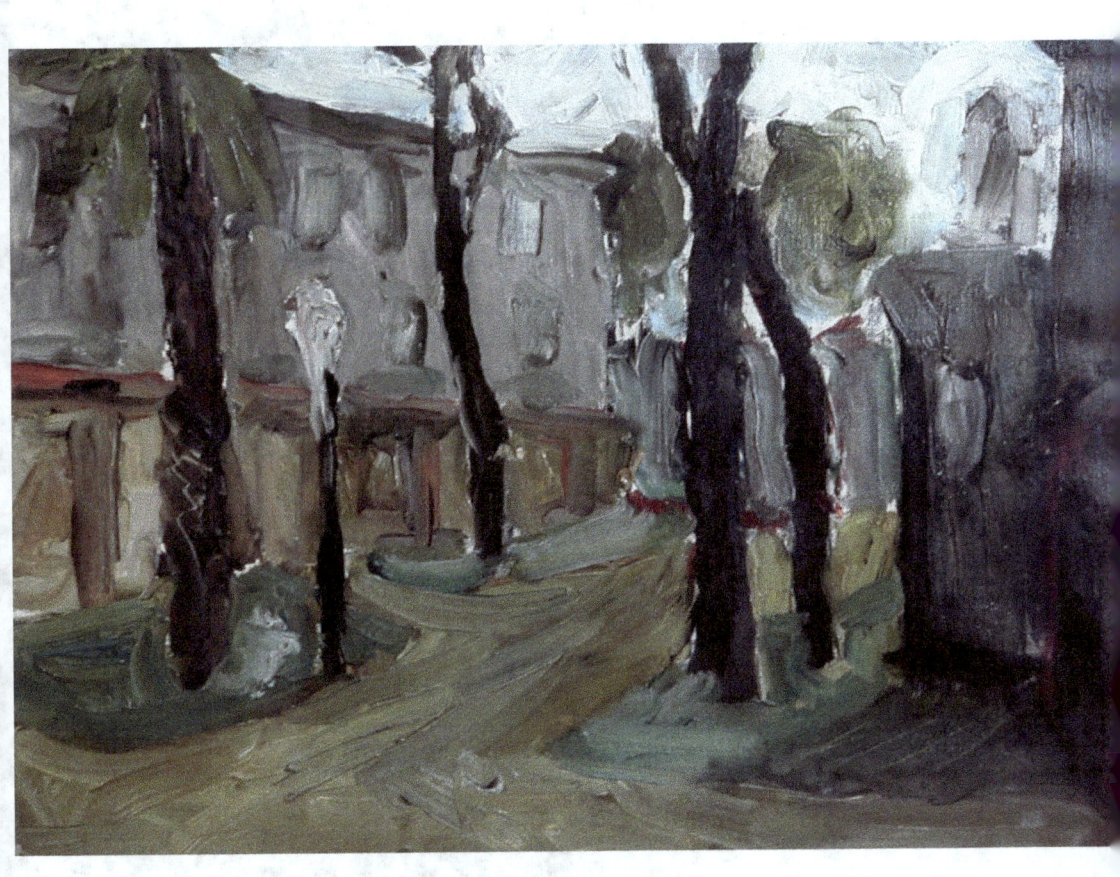

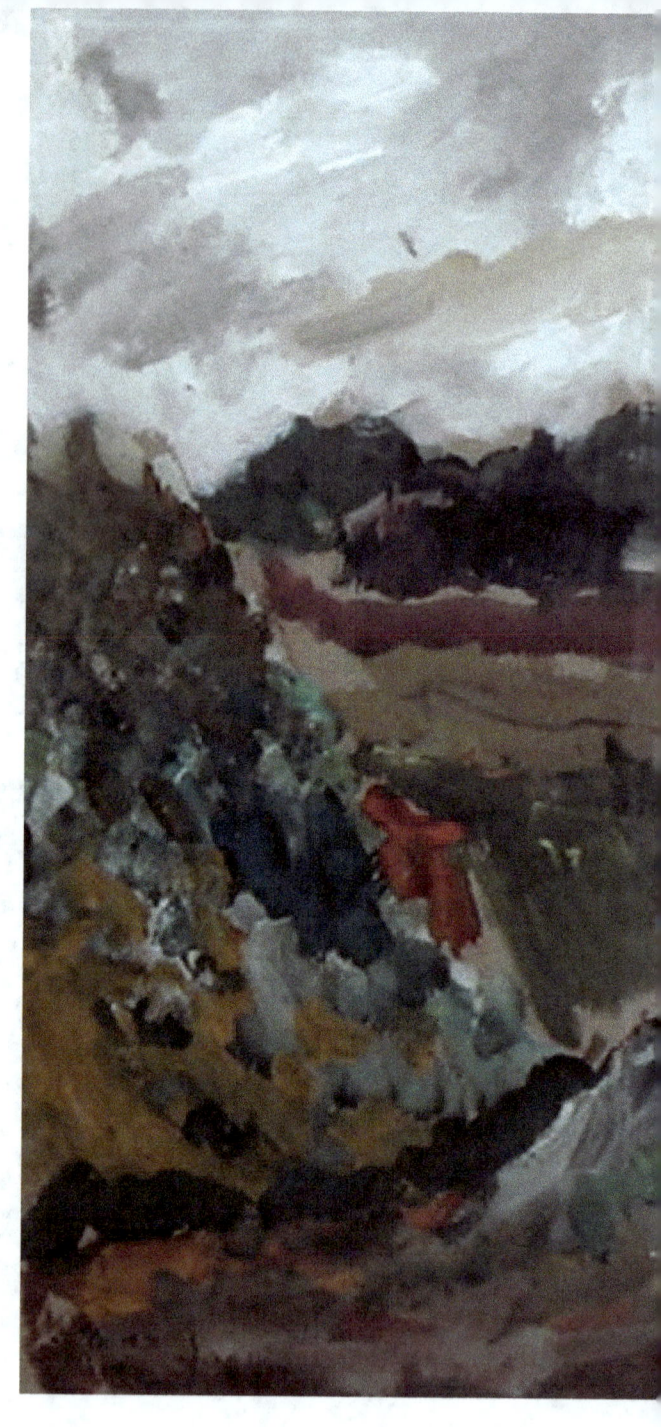

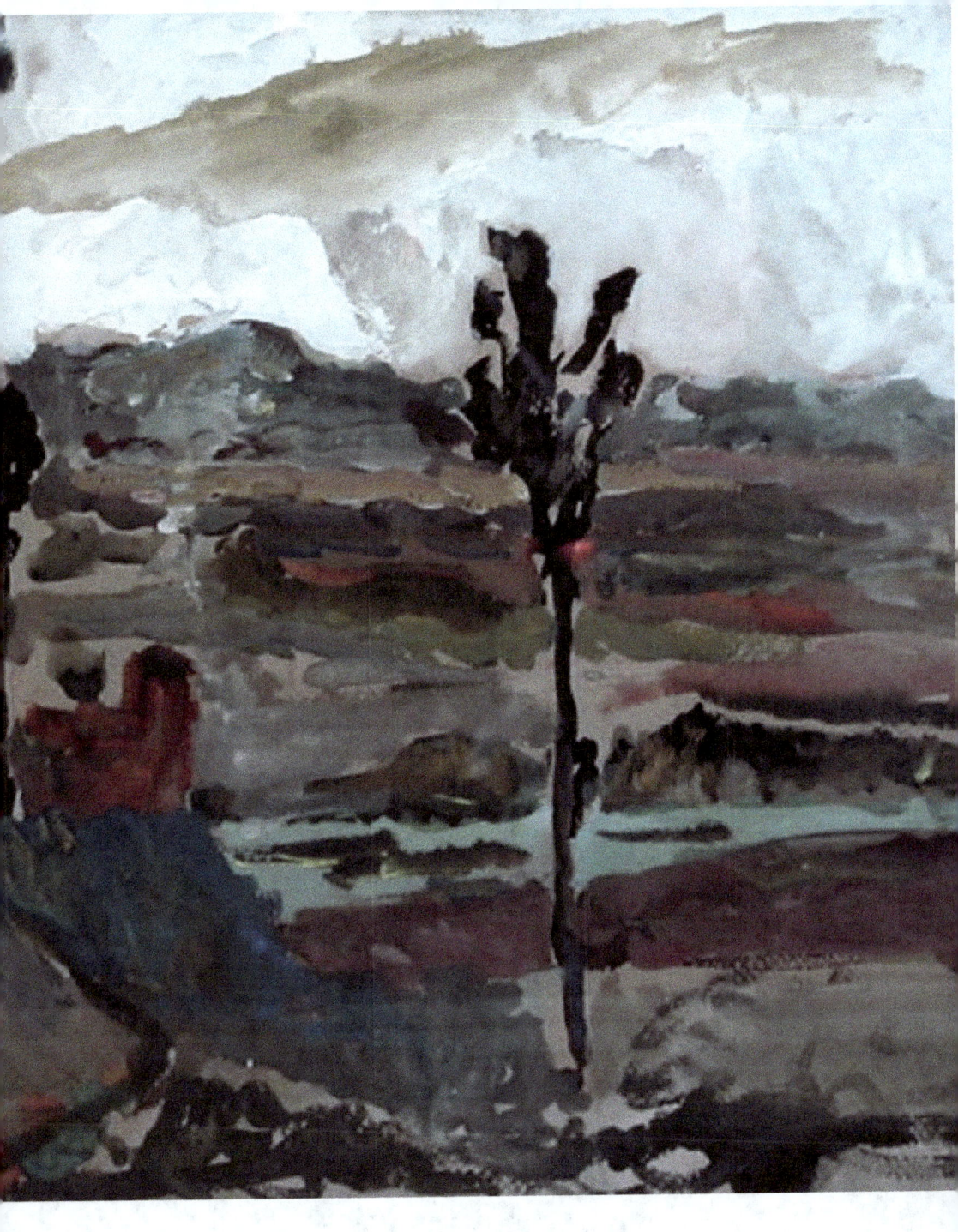

1.3 Crocifissione in Sicilia, Roma, 1971
Tempera su cartoncino 35x50

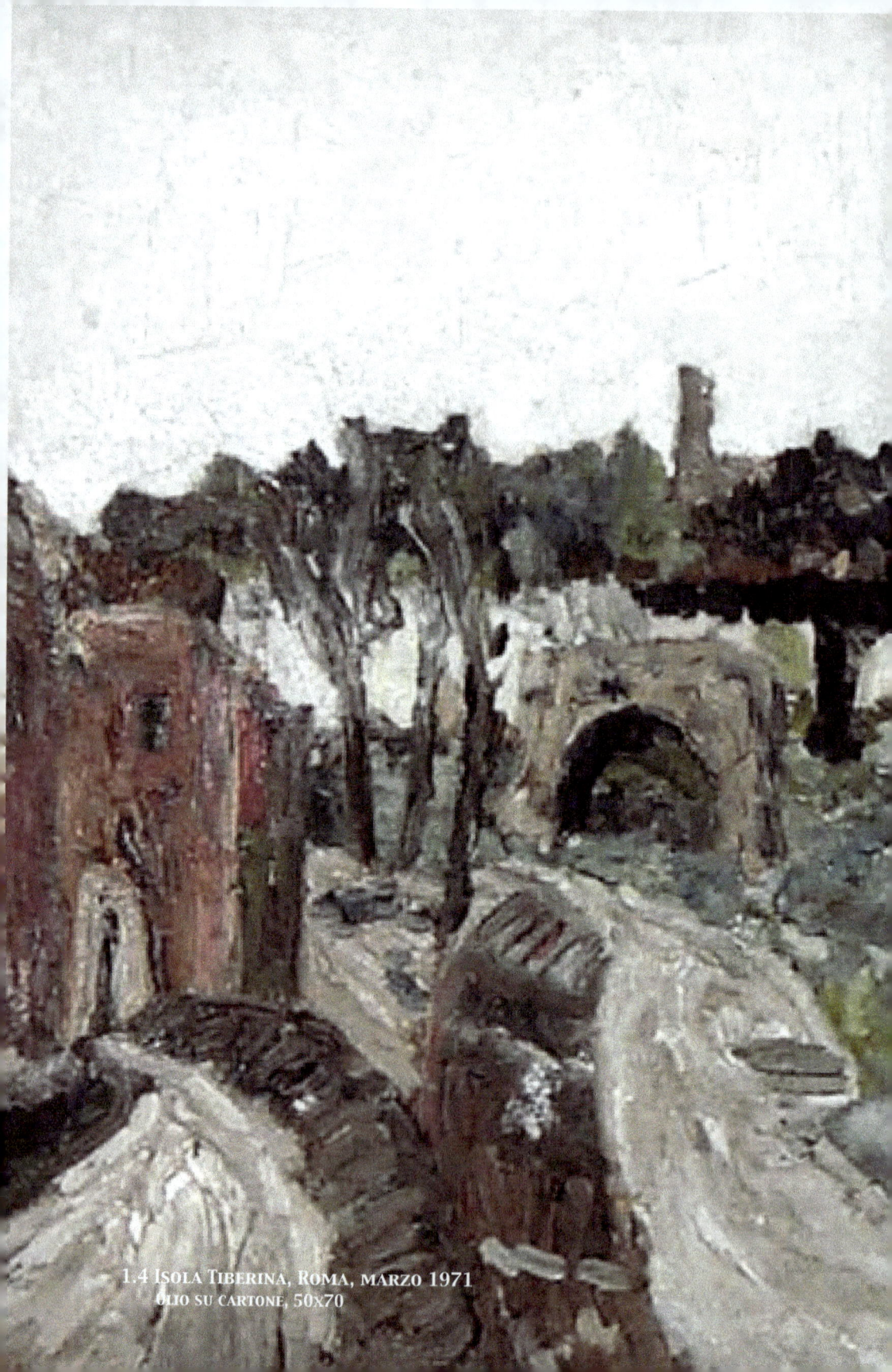

1.4 Isola Tiberina, Roma, marzo 1971
olio su cartone, 50x70

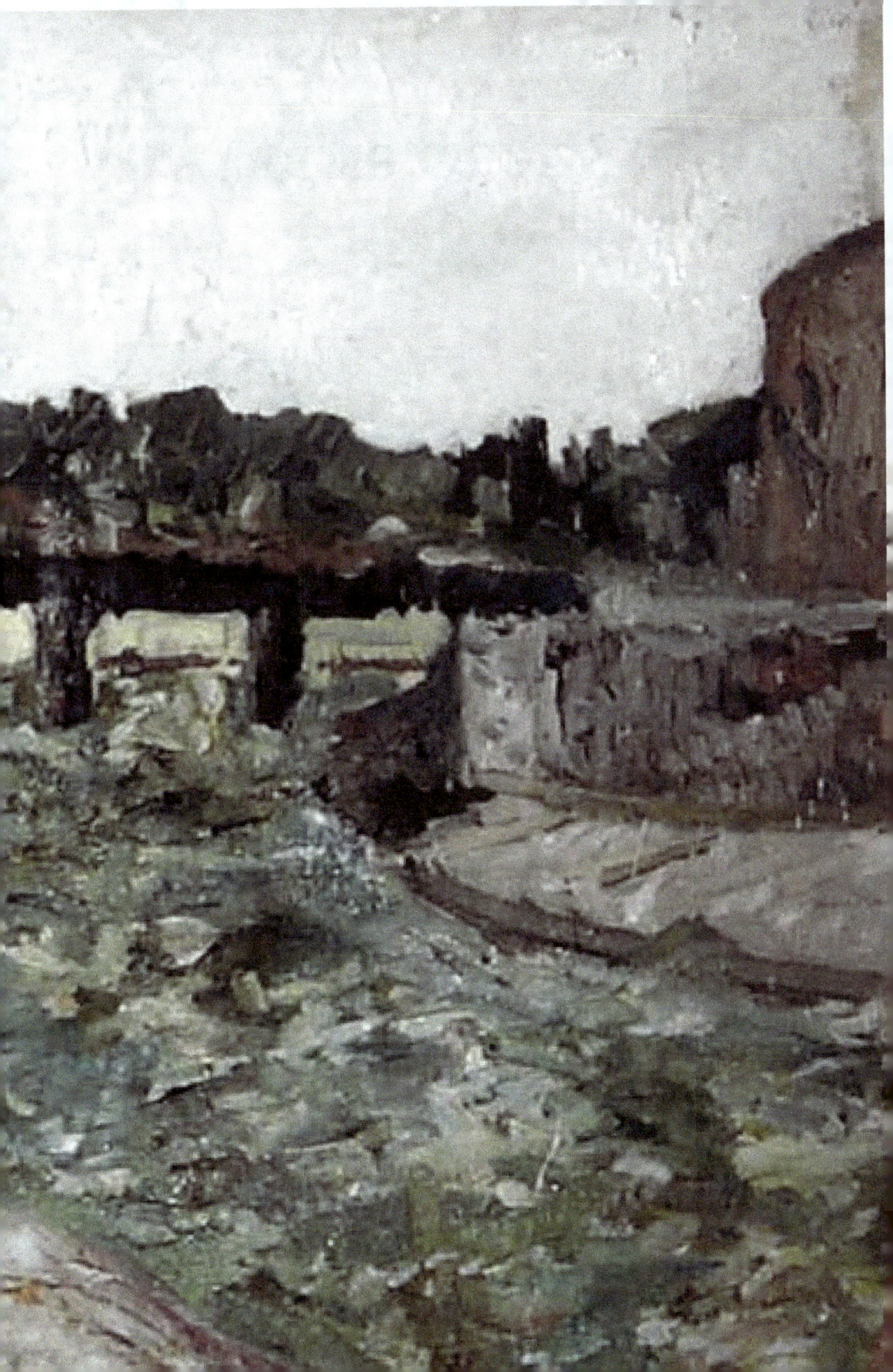

Serie d'ombra

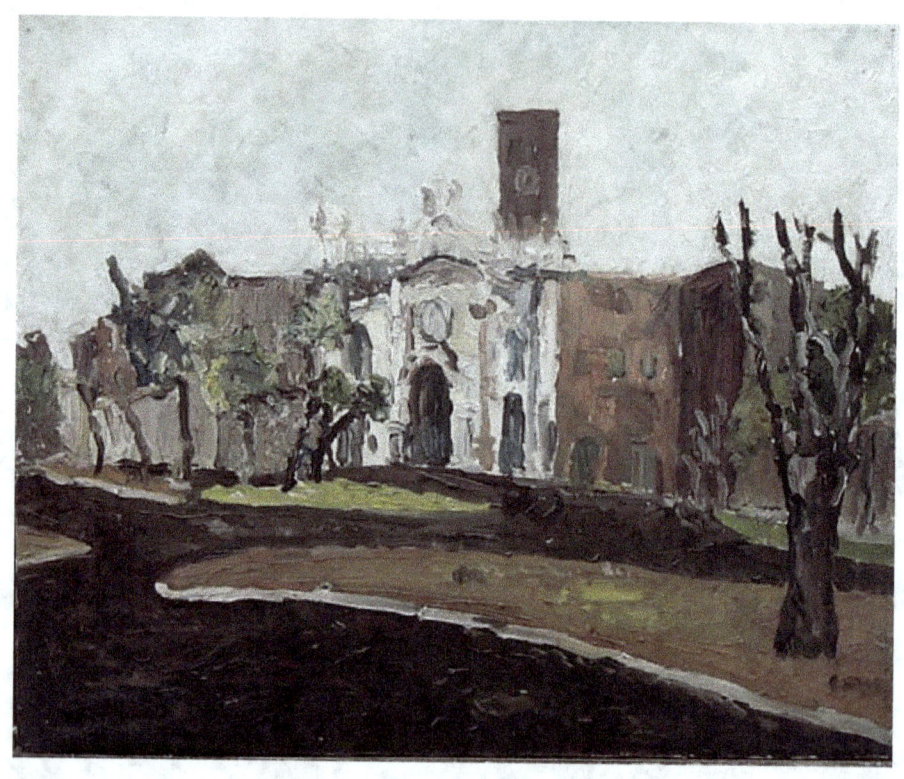

2.1 Porta Maggiore, Roma, gennaio 1971
   Olio su tela, 60x70
2.2 Santa Croce, Roma, gennaio 1971
   Olio su tela, 60x70

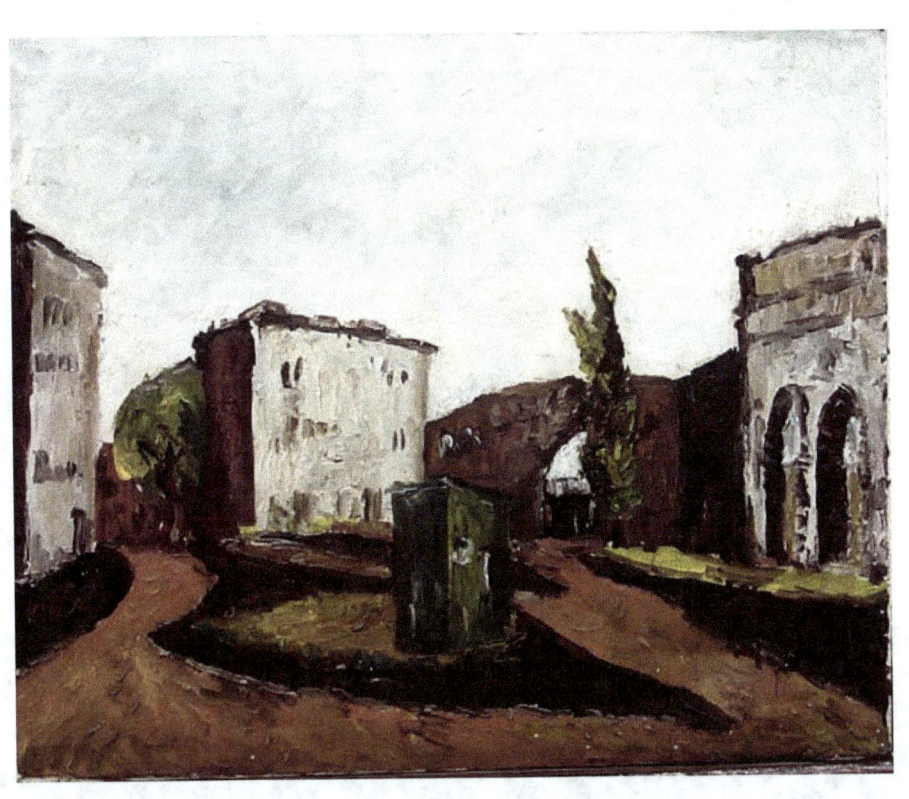

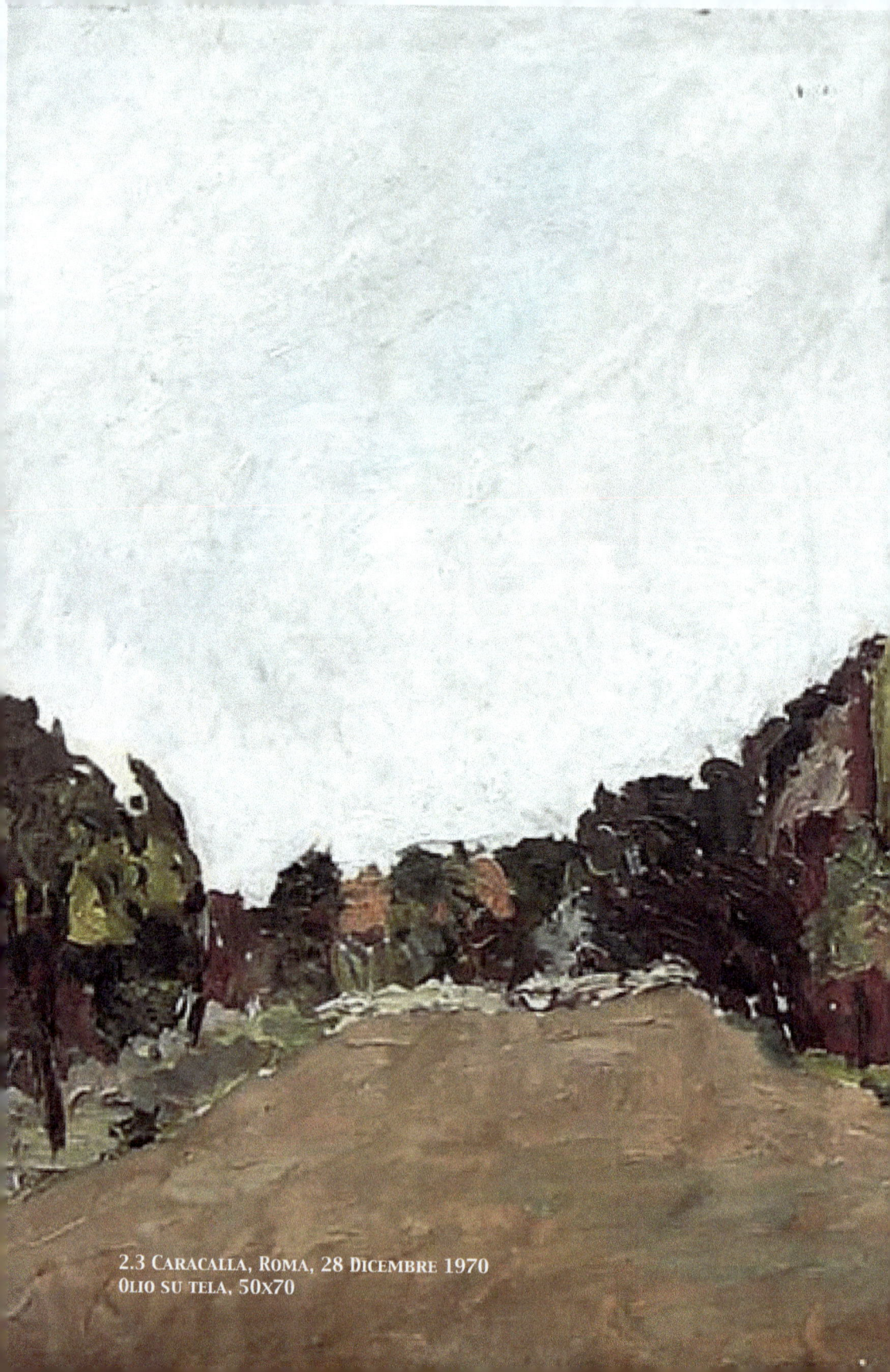

2.3 Caracalla, Roma, 28 Dicembre 1970
Olio su tela, 50x70

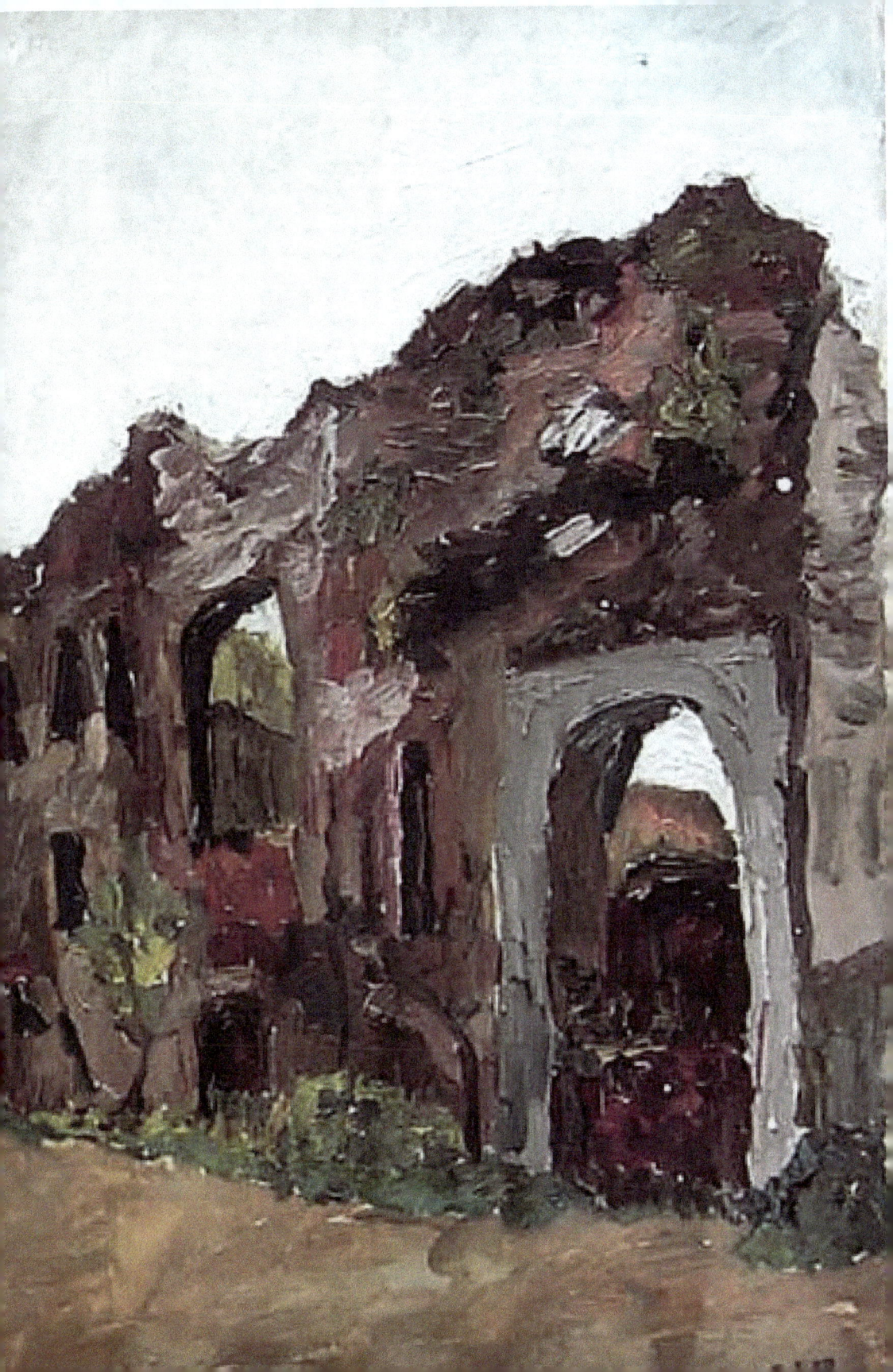

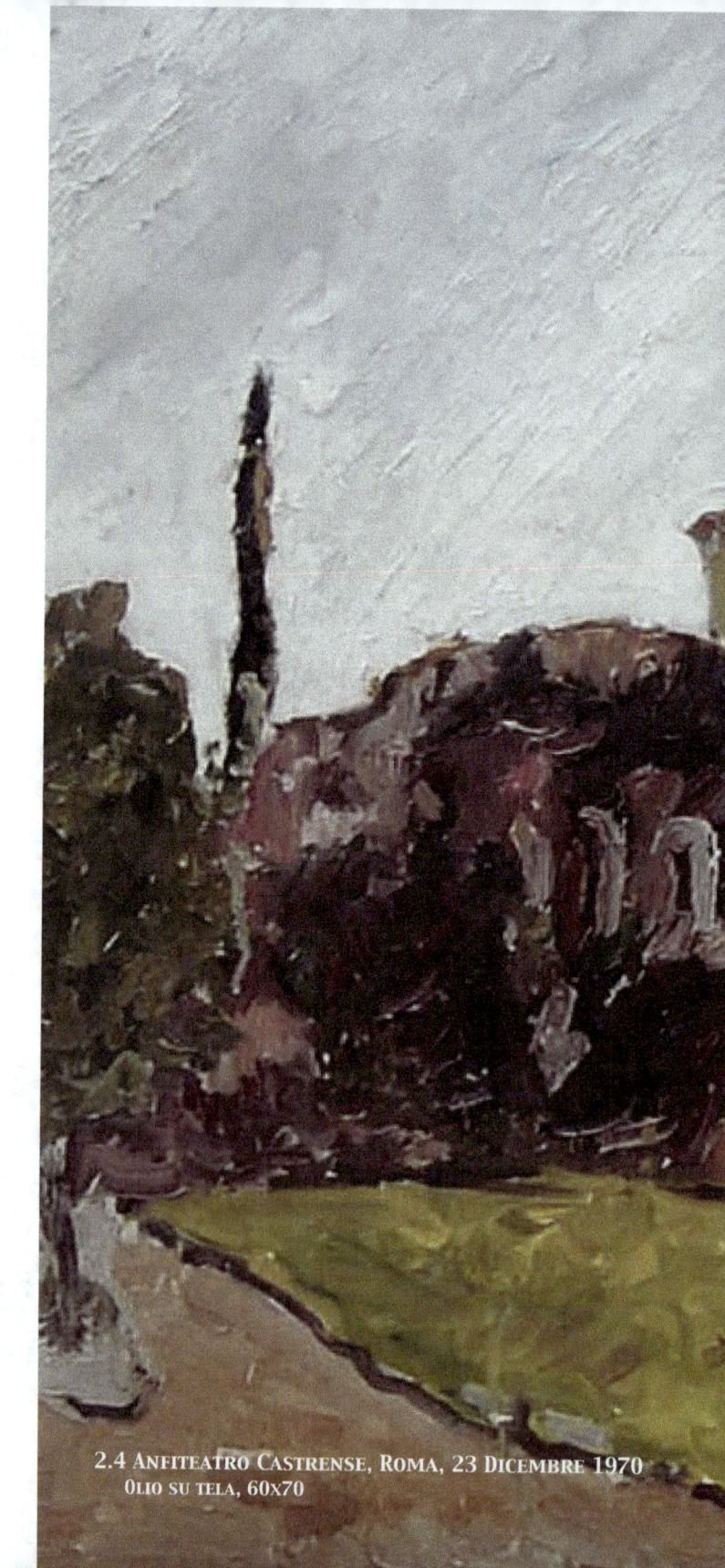

2.4 Anfiteatro Castrense, Roma, 23 Dicembre 1970
Olio su tela, 60x70

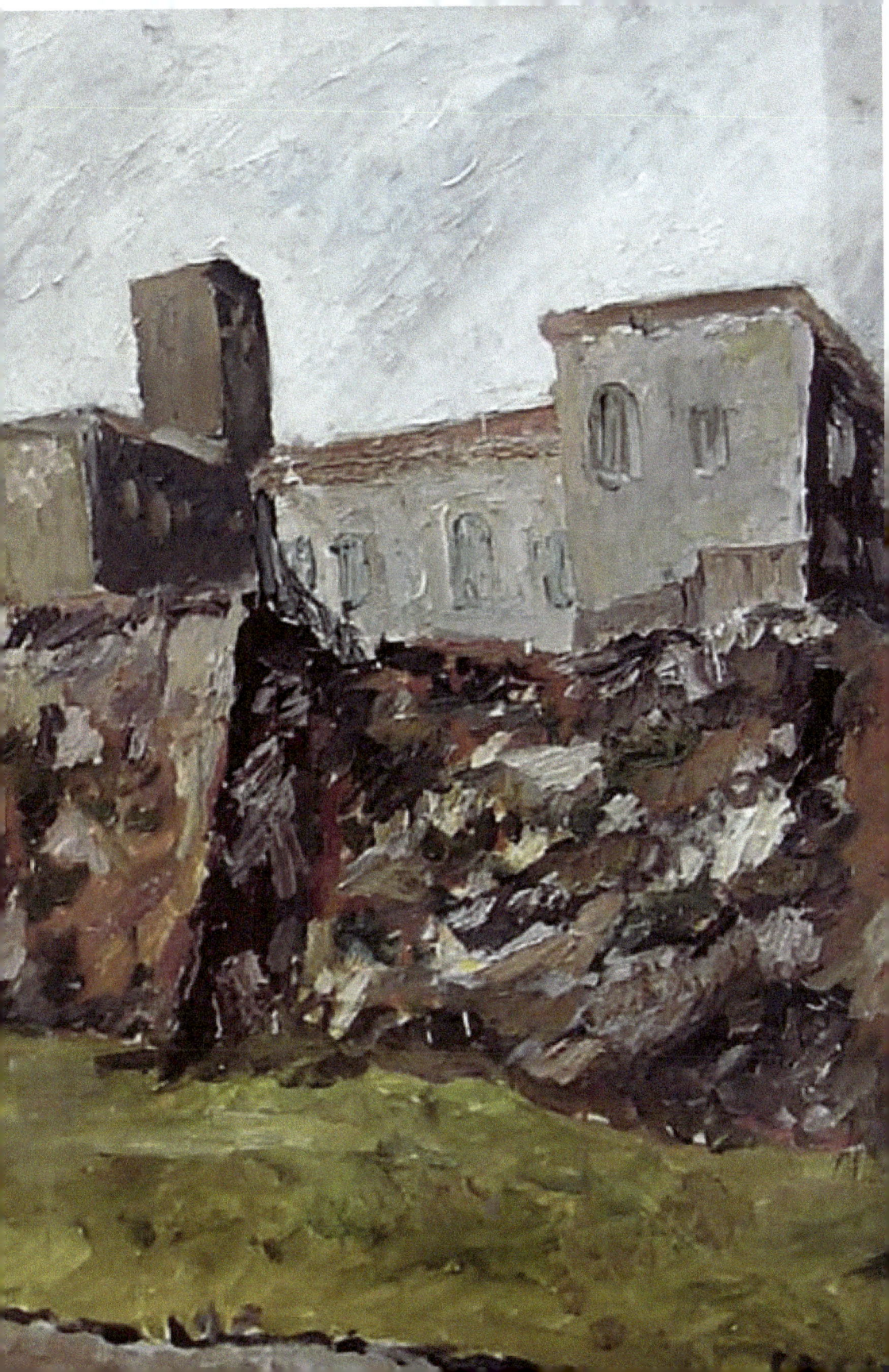

Impressioni di Luce

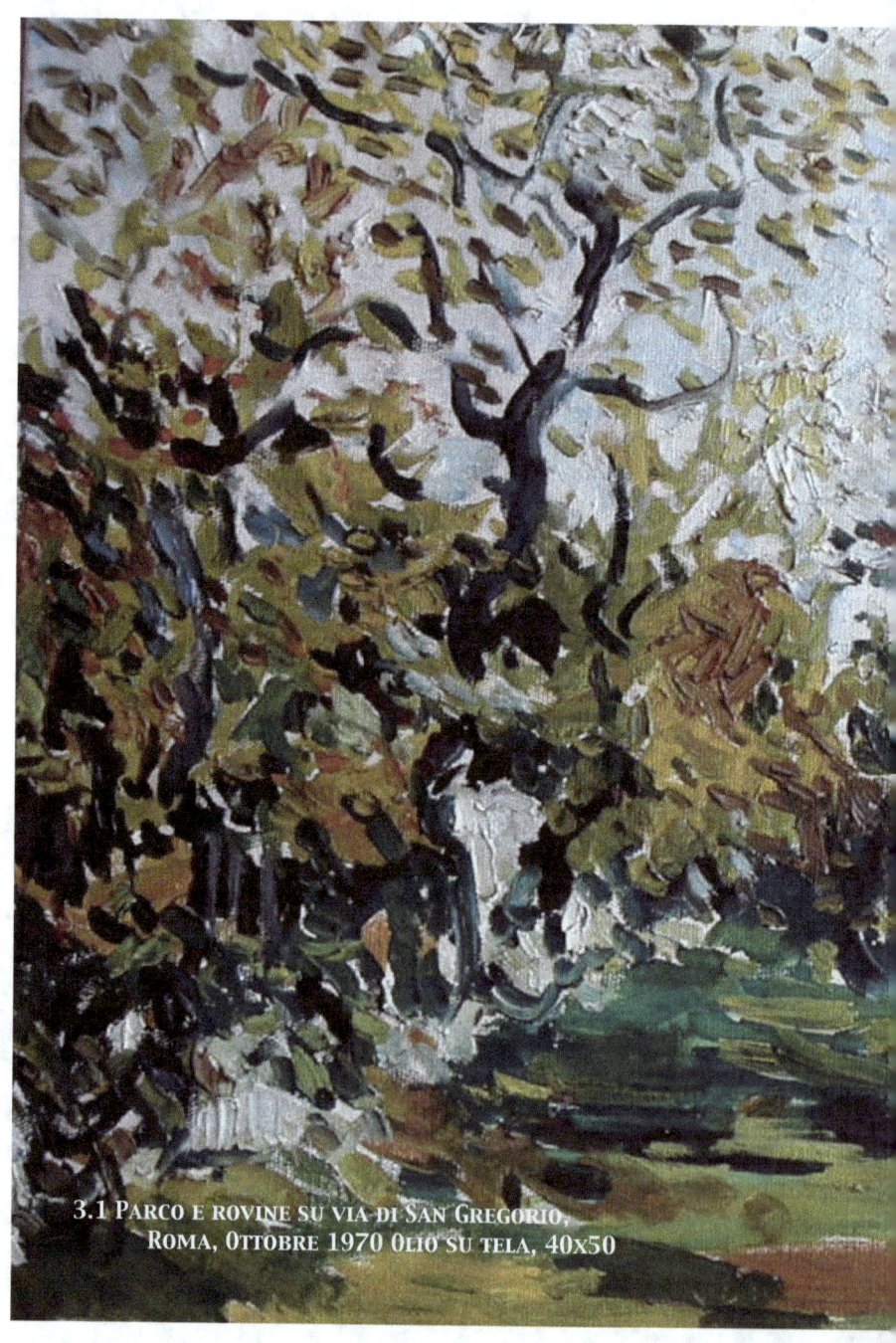

3.1 Parco e rovine su via di San Gregorio, Roma, Ottobre 1970 Olio su tela, 40x50

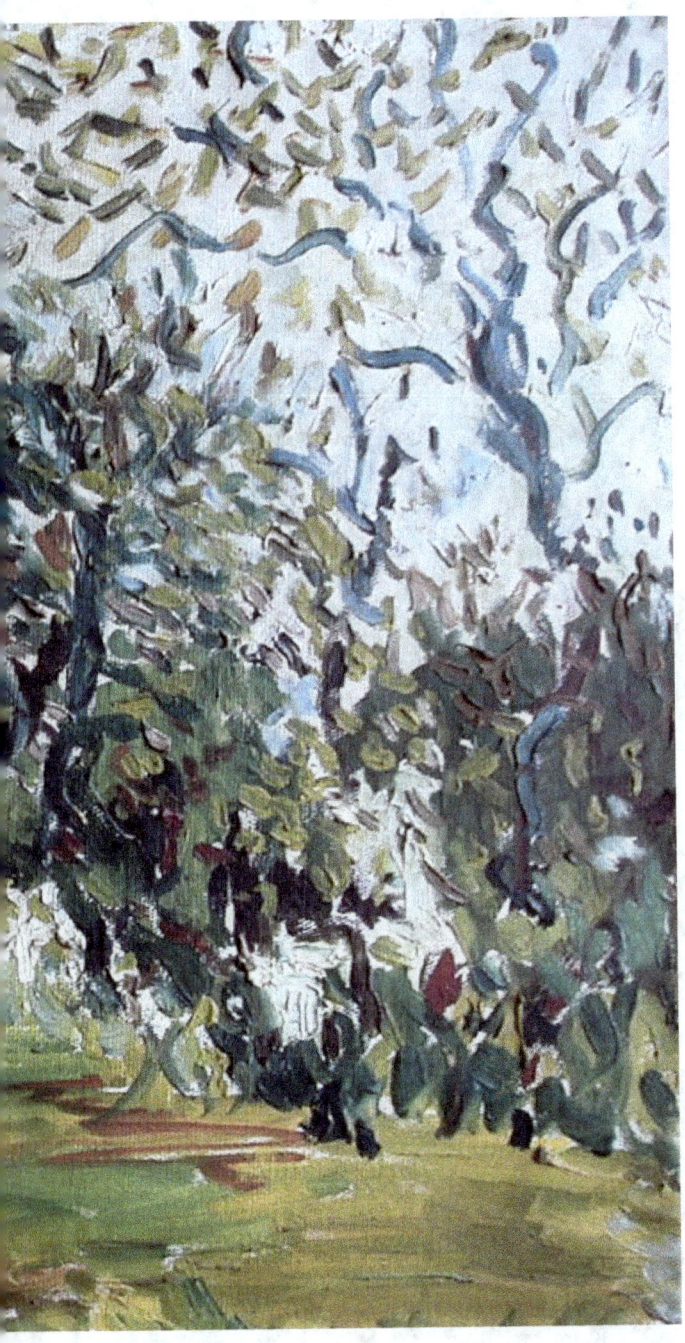

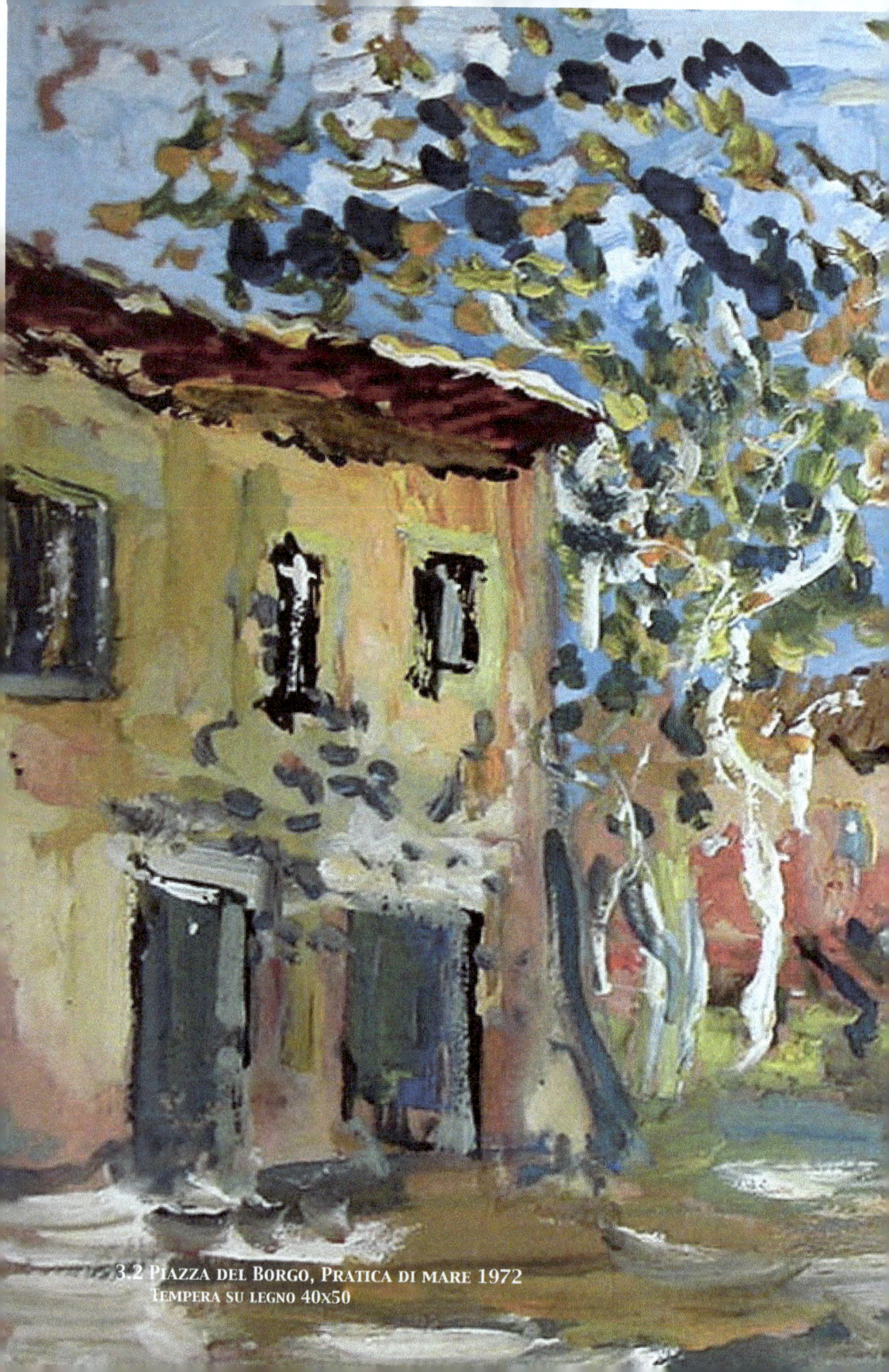

3.2 Piazza del Borgo, Pratica di mare 1972
Tempera su legno 40x50

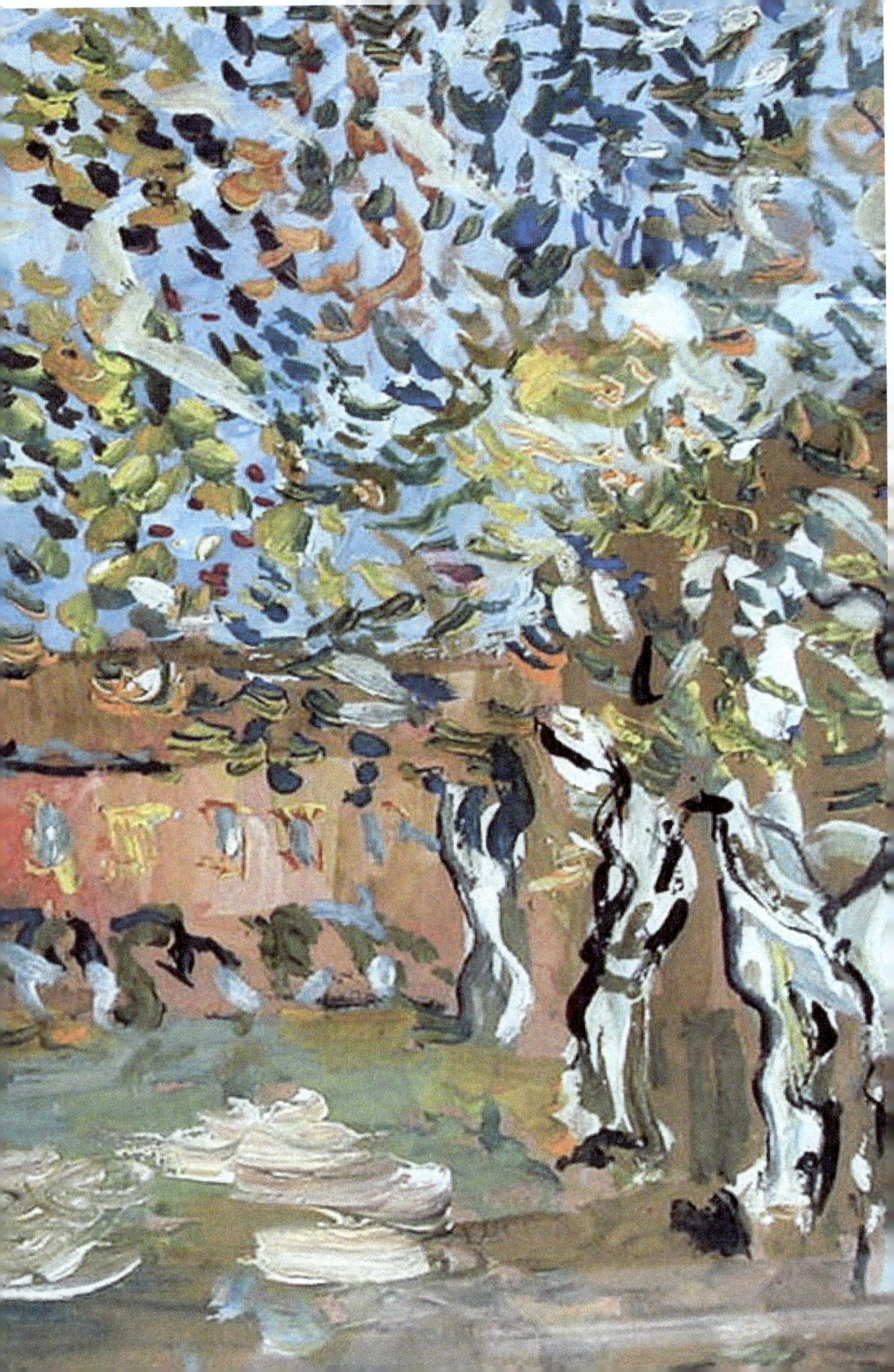

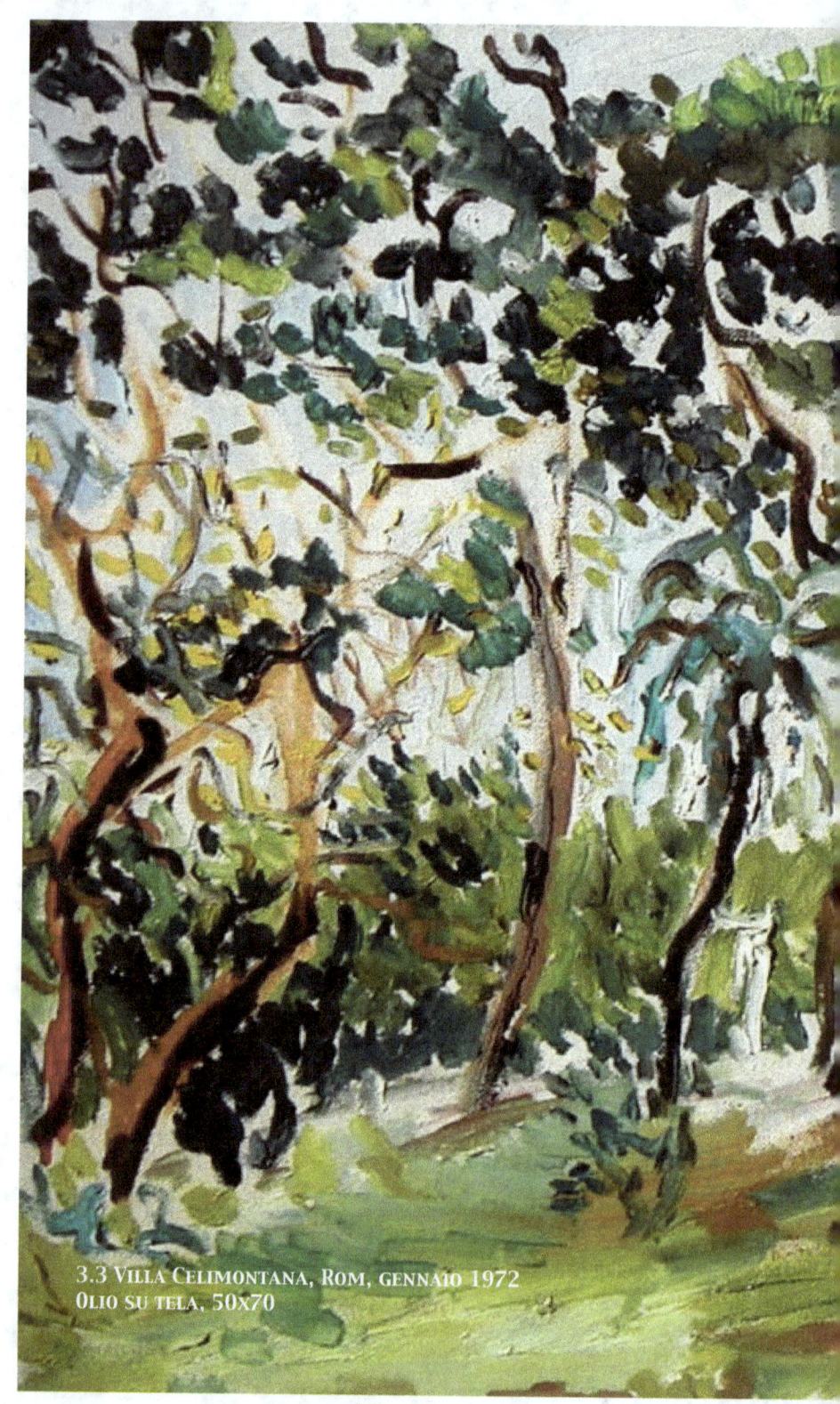

3.3 Villa Celimontana, Rom, gennaio 1972
Olio su tela, 50x70

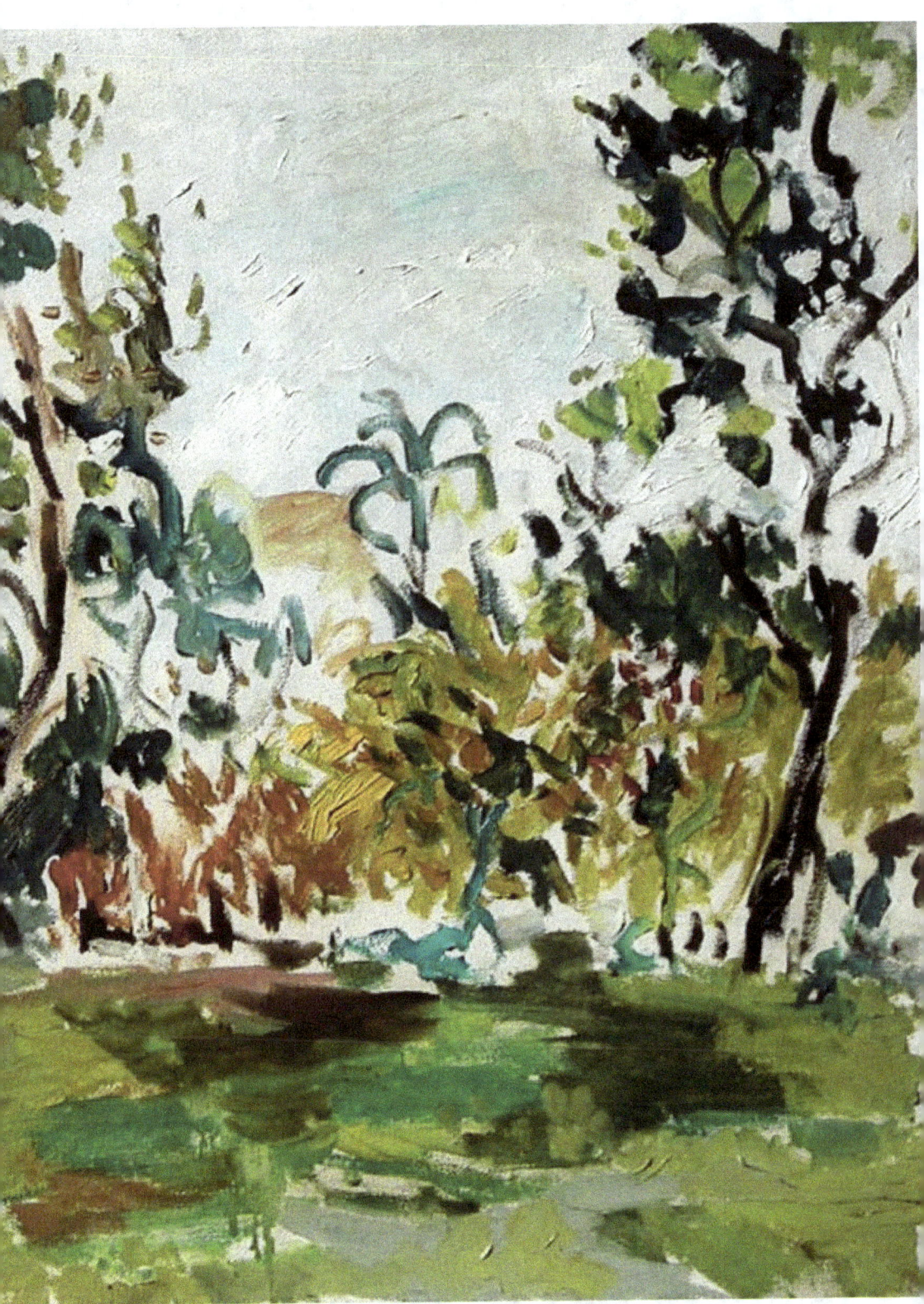

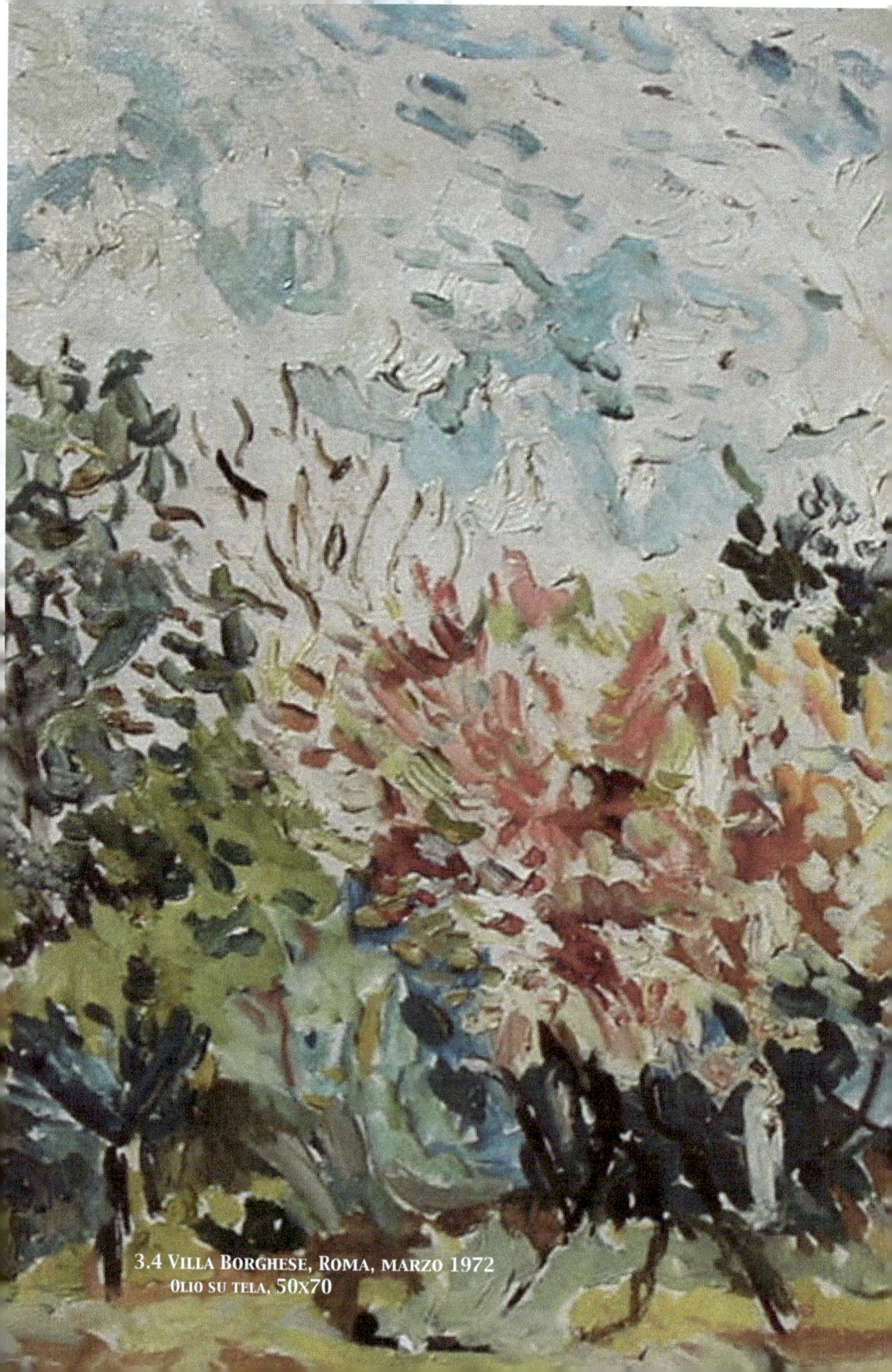

3.4 Villa Borghese, Roma, marzo 1972
Olio su tela, 50x70

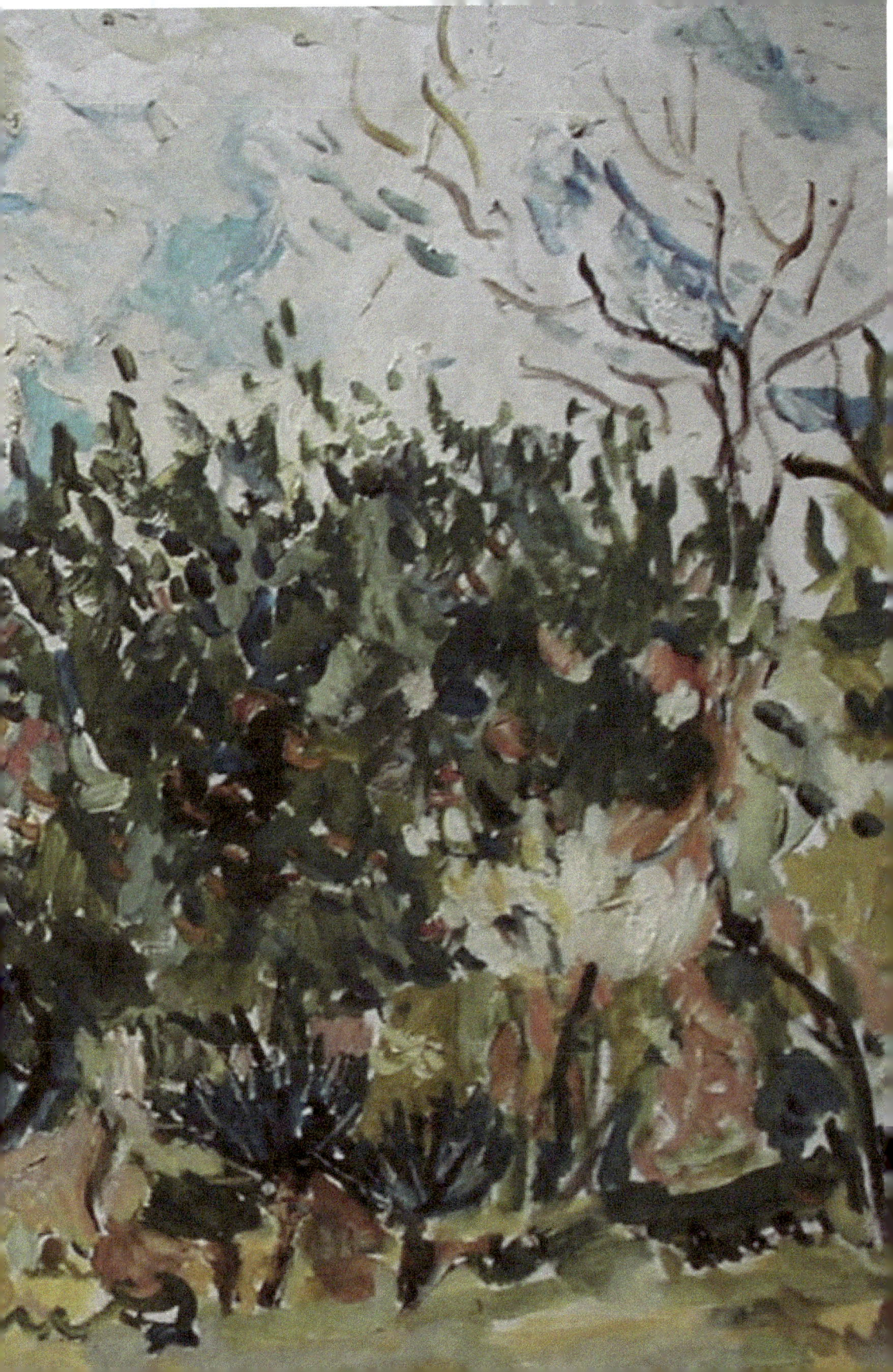

Città Bianca

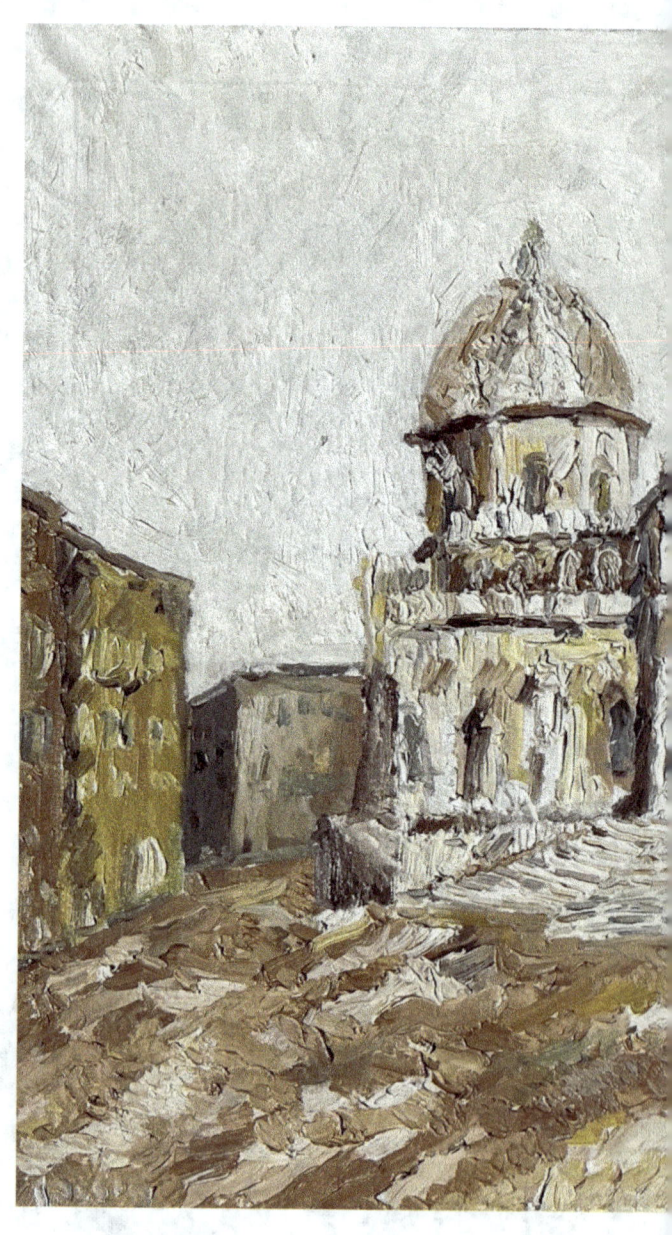

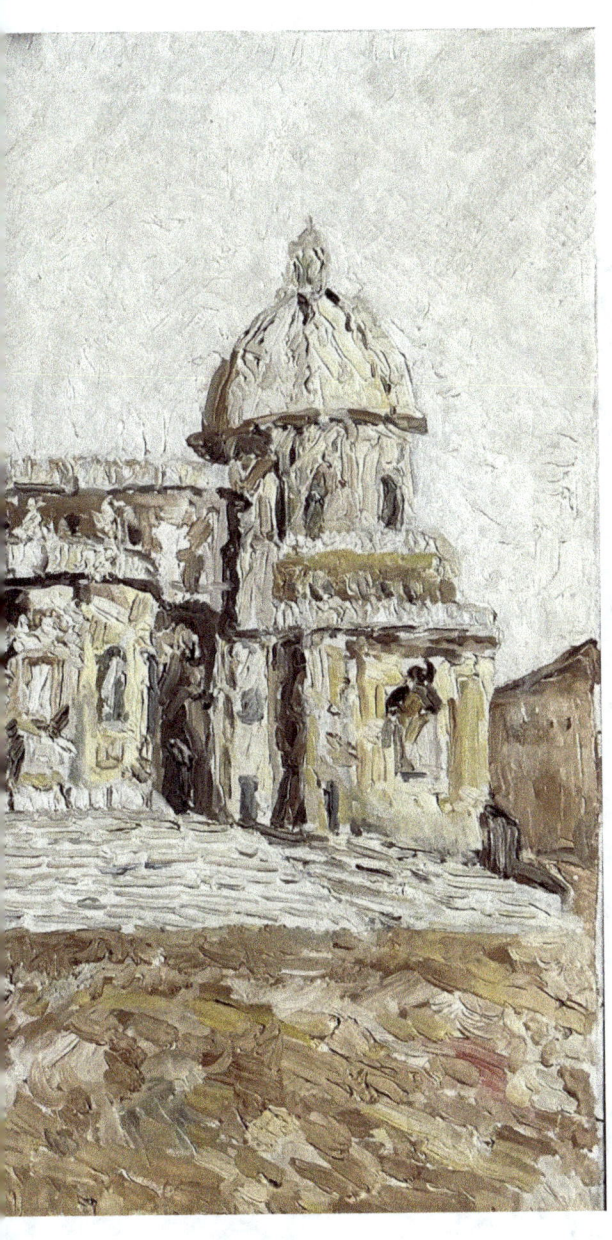

4.1 Santa Maria Maggiore, Roma, maggio 1971
Olio su tela, 60x70

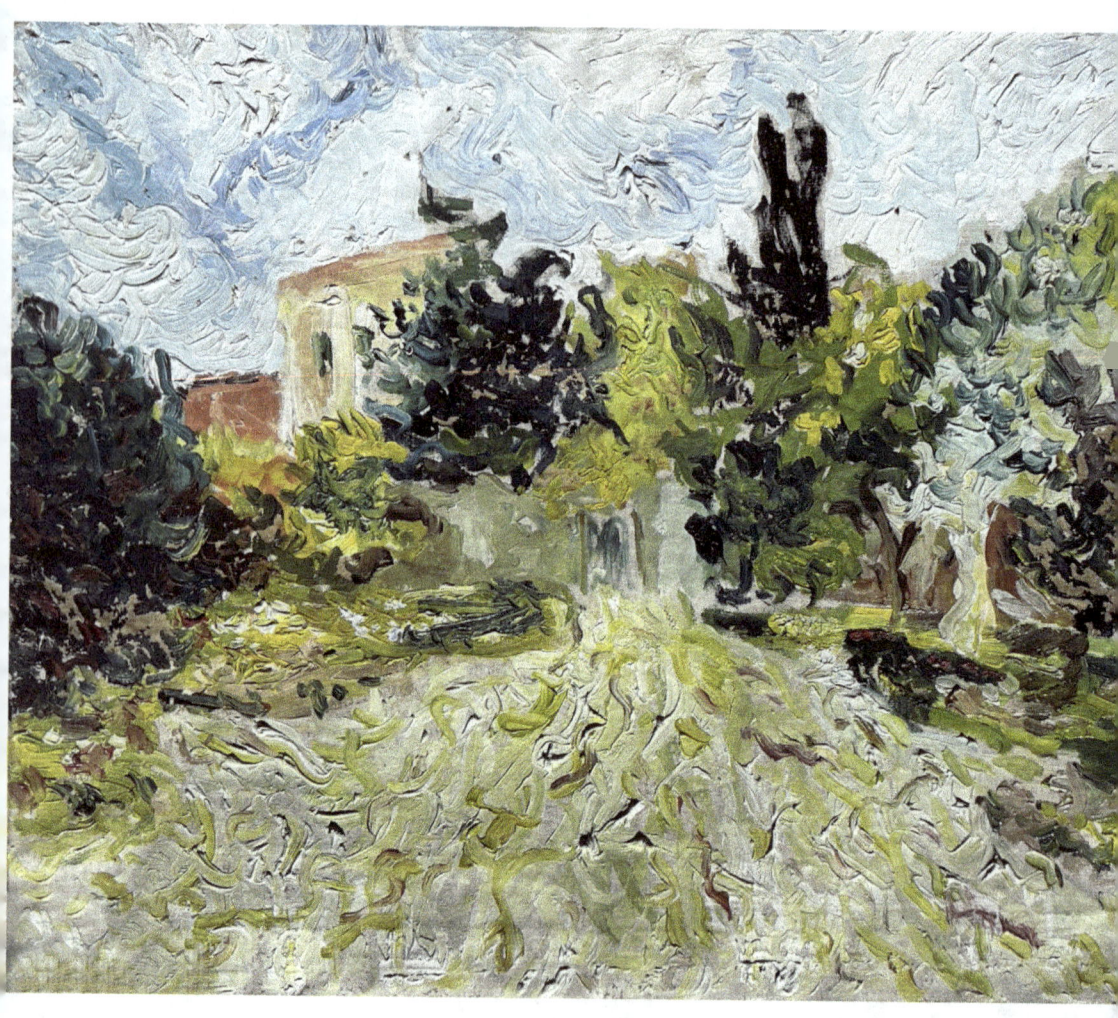

4.2 Villa Sciarra, Roma, giugno 1971
Olio su tela, 40x50

4.3 Villa Sciarra, Roma, 1973
Olio su compensato, 35x40

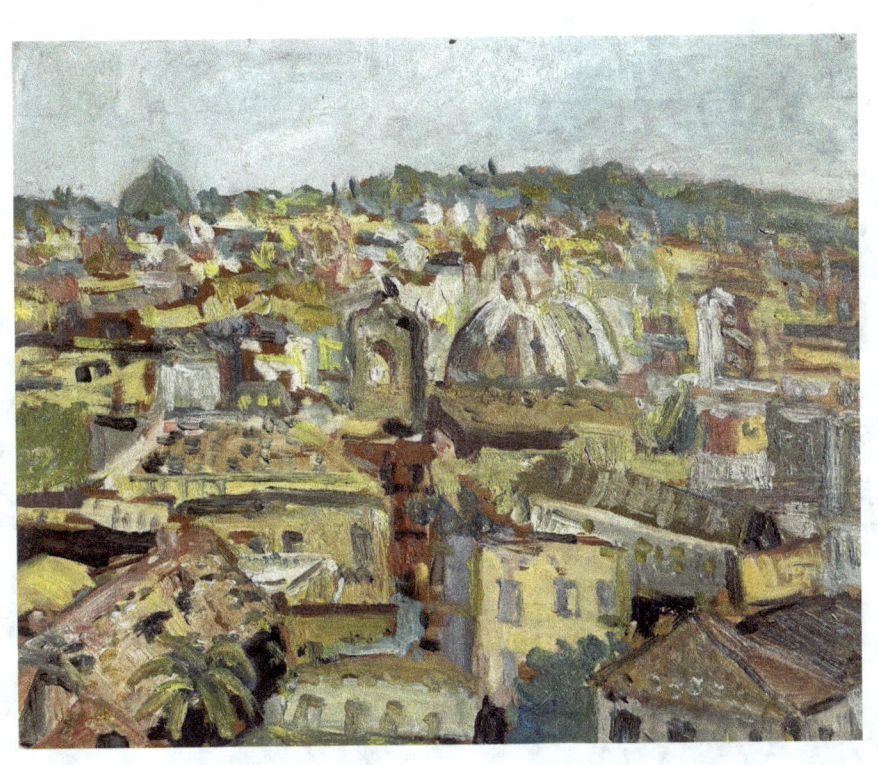

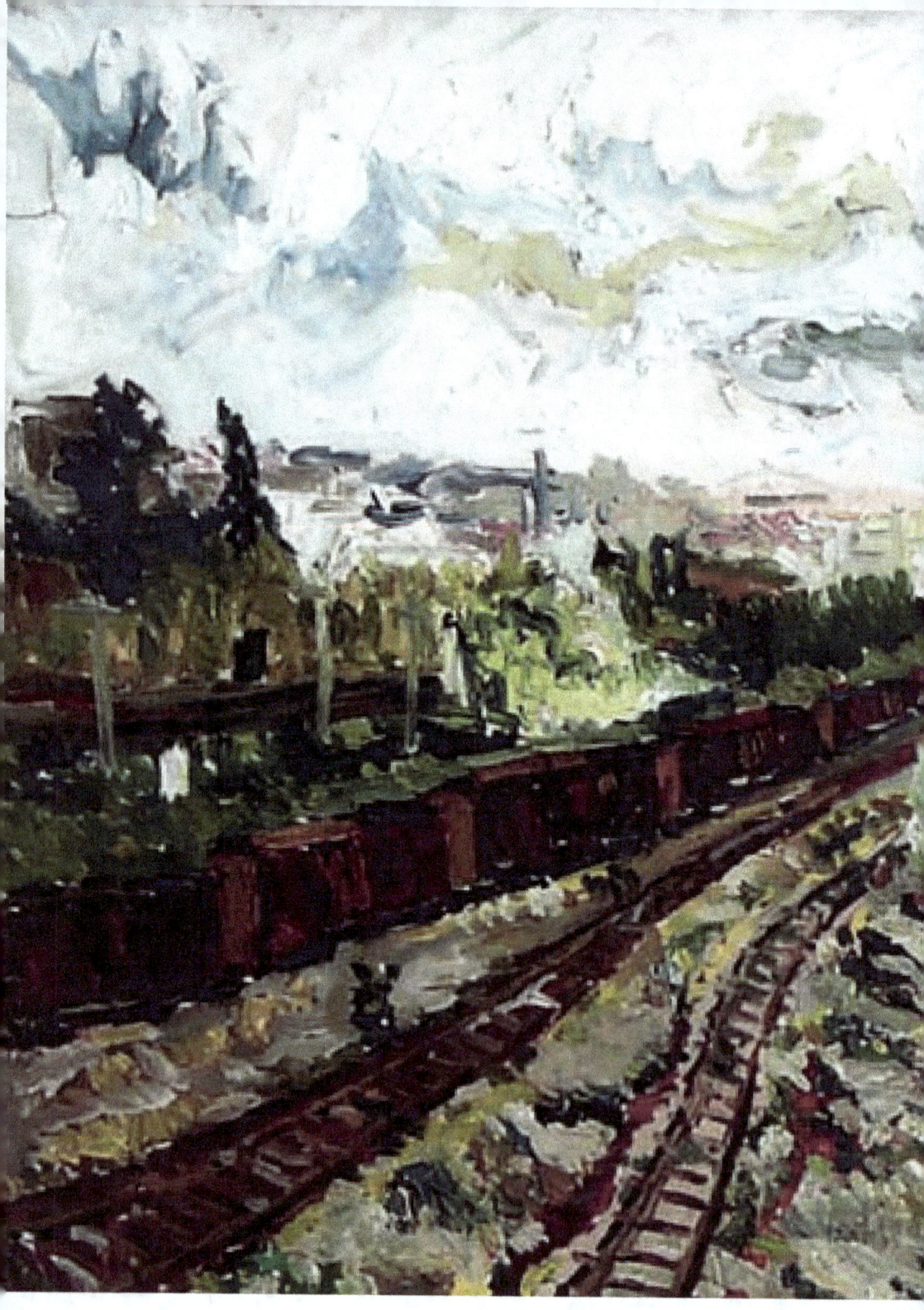

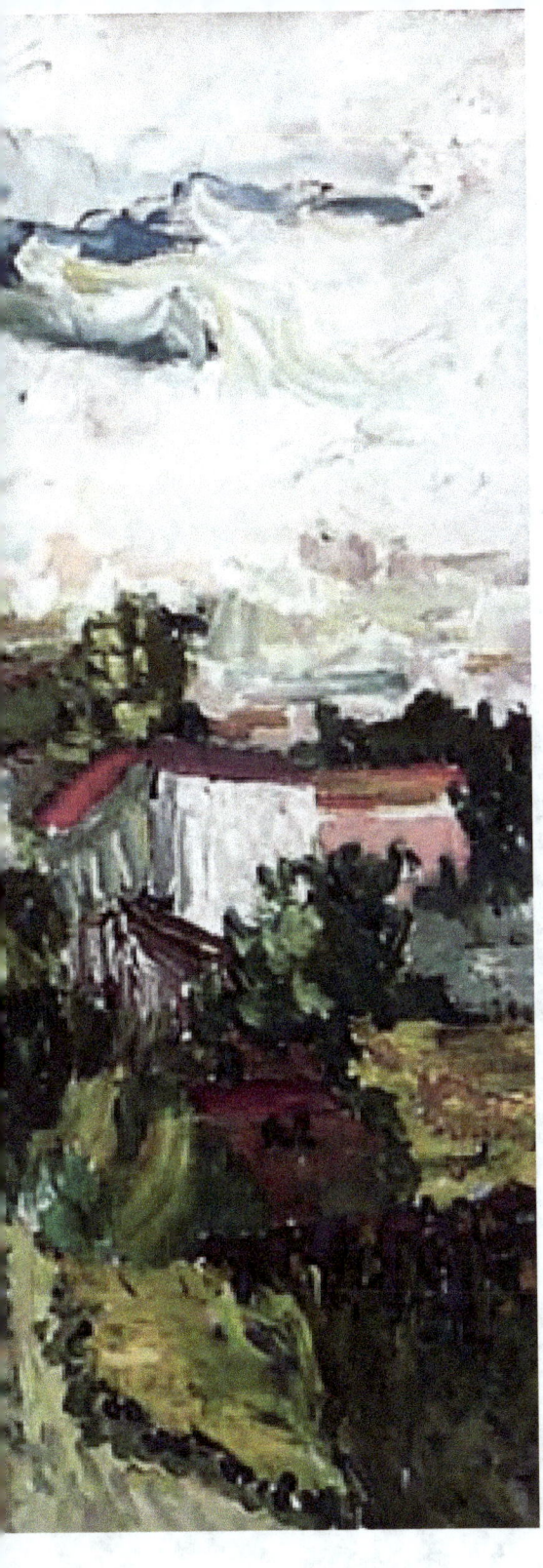

Ferrovia dalla via Colombo,
Roma, luglio 1972
Olio su tela, 50x60

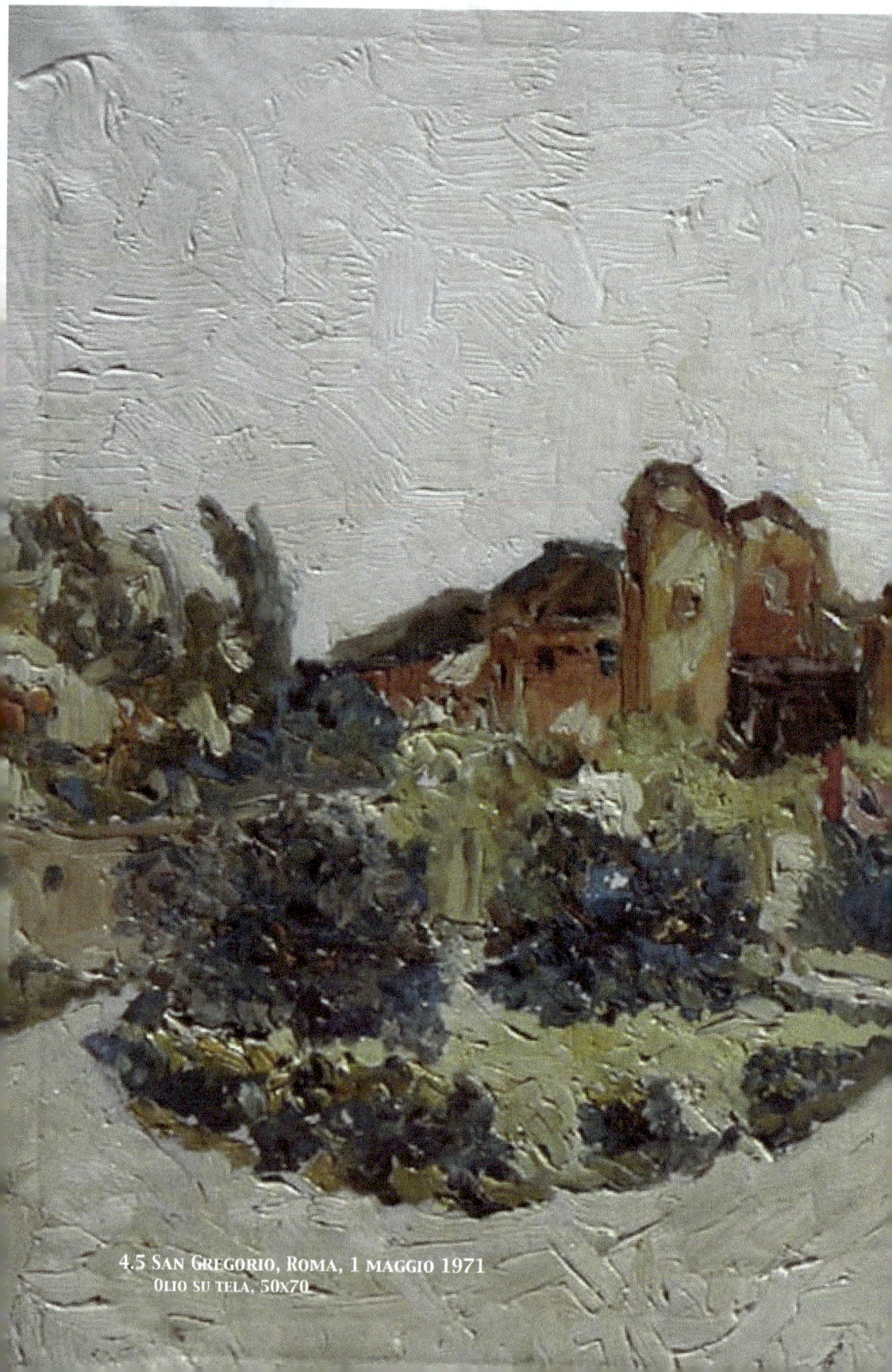

4.5 San Gregorio, Roma, 1 maggio 1971
Olio su tela, 50x70

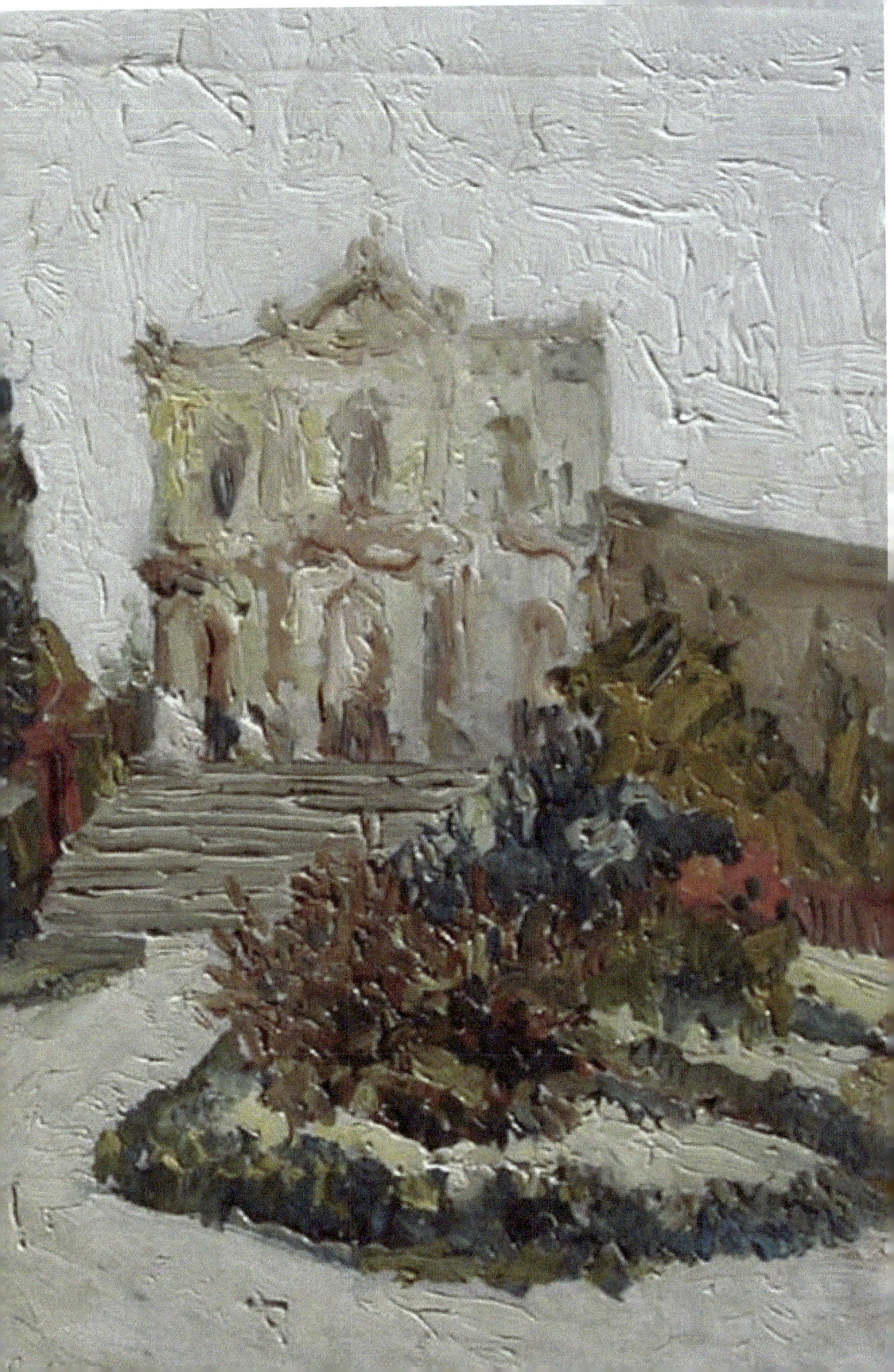

Ritorno in Sicilia

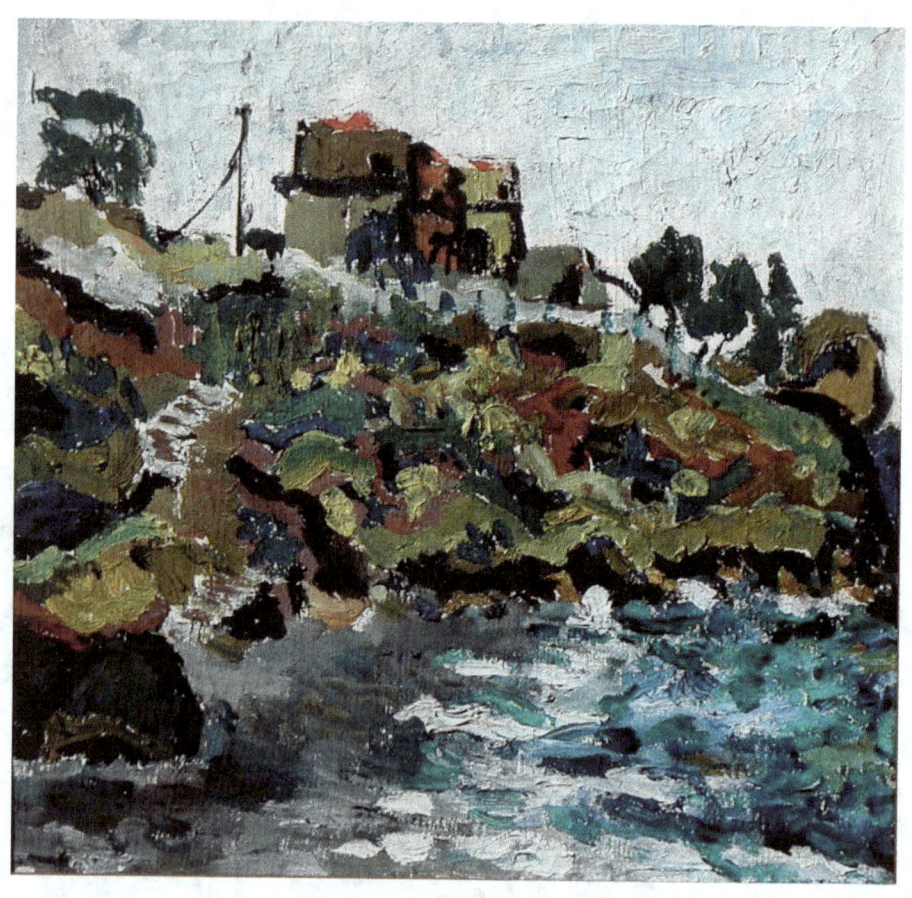

5.1 Spiaggia a Testa di Monaco, Scafa giugno 1971
   Olio su tela, 30x30
5.2 vista su Capo D'Orlando, Scafa. Giugno 1971
   Olio su tela, 50x70

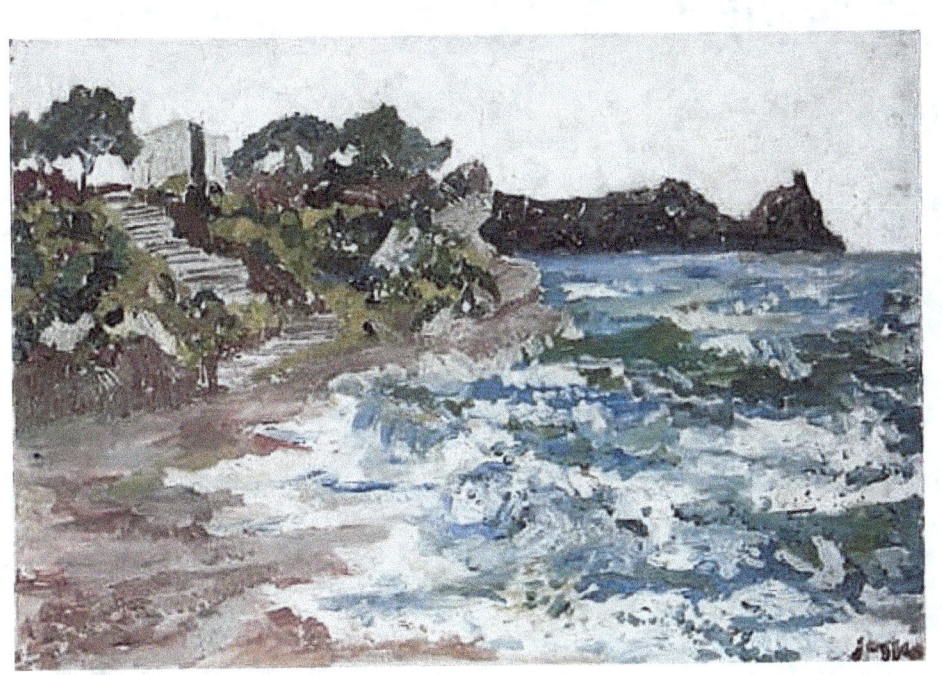

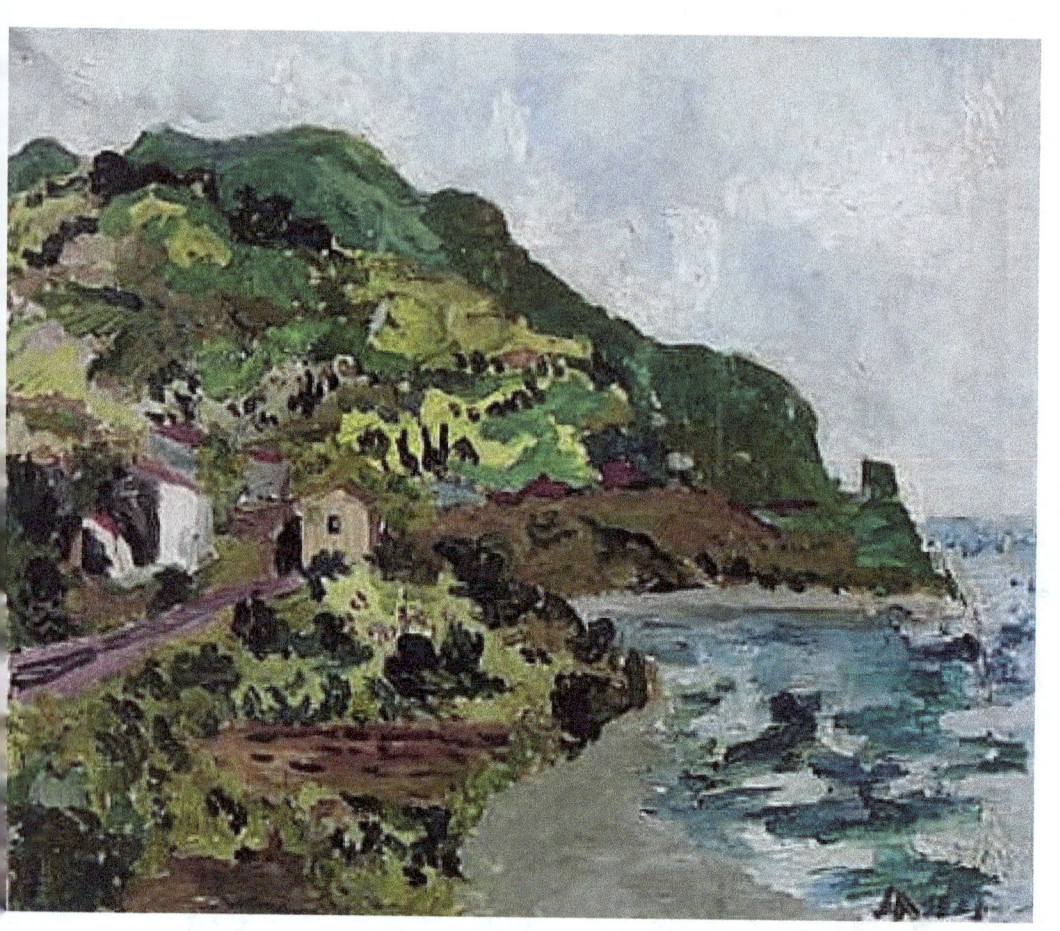

5.3, Montagna, mare e ferrovia, Villa Ridente, Gioiosa marea, giugno 1972
   Olio su tela, 60x70
5.4 La Fiumara, Brolo giugno 1972
   Olio su tela, 50x70

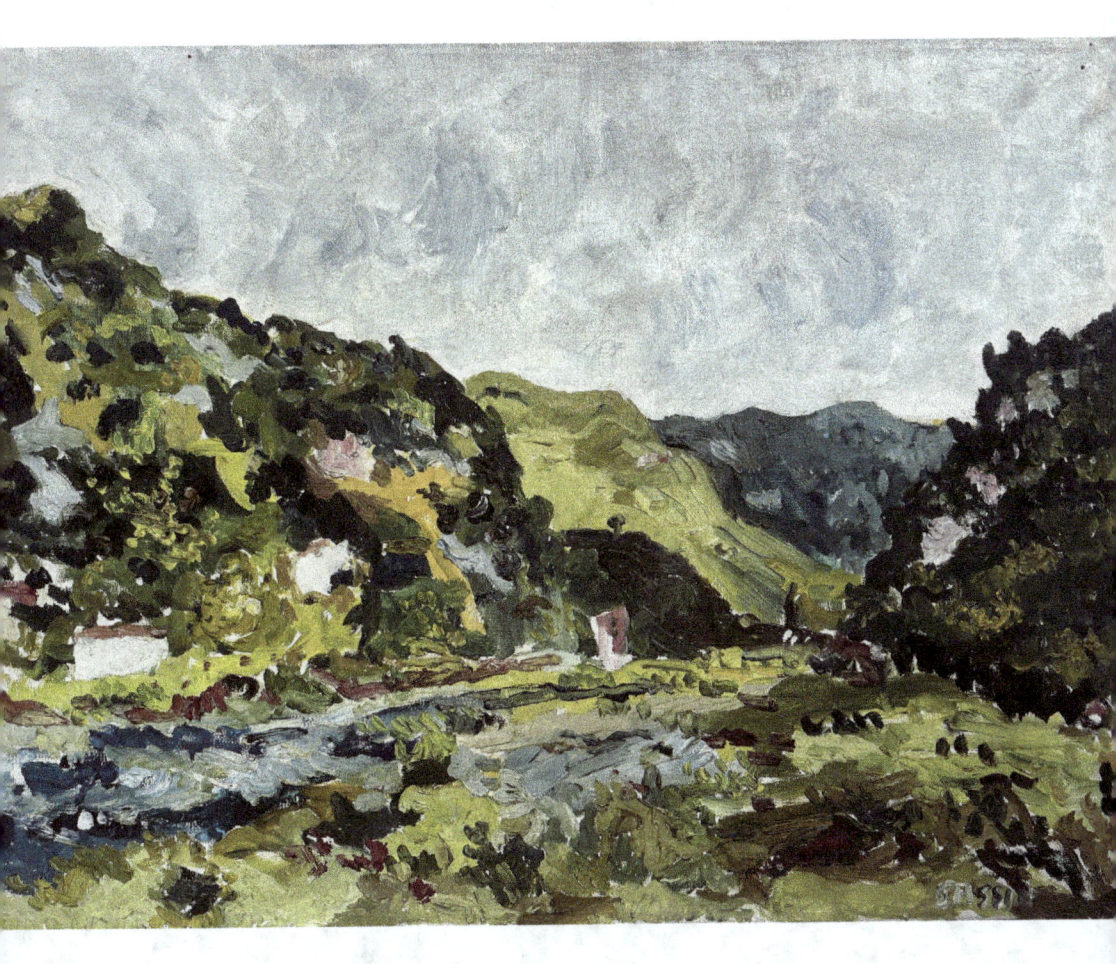

Vincent e Paul

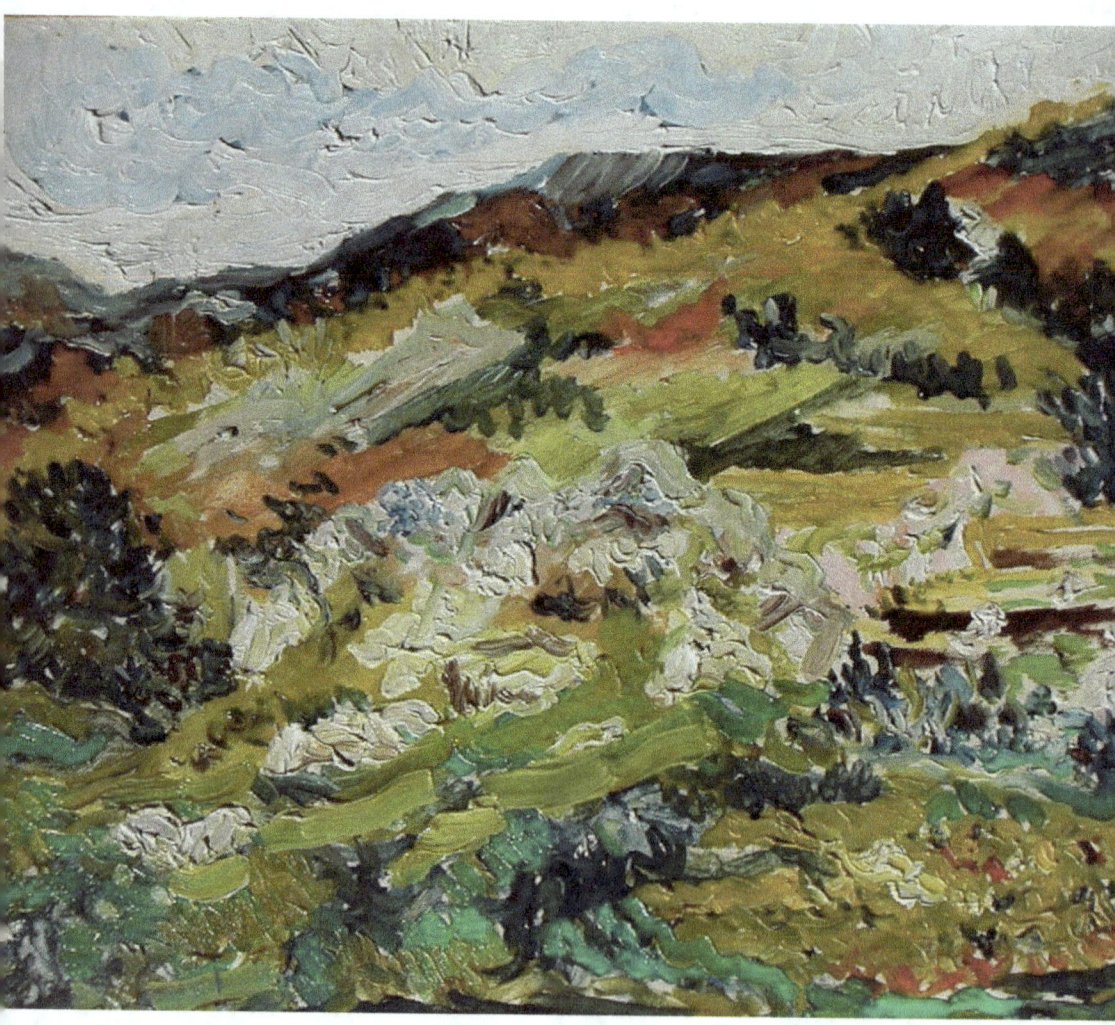

6.1 Monti, Prati di Tivoli l'Aquila, luglio 1971
 Olio su tela, 40x50

6.2 Vallonei, Prati di Tivoli l'Aquila, luglio 1971
 Olio su tela, 40x50

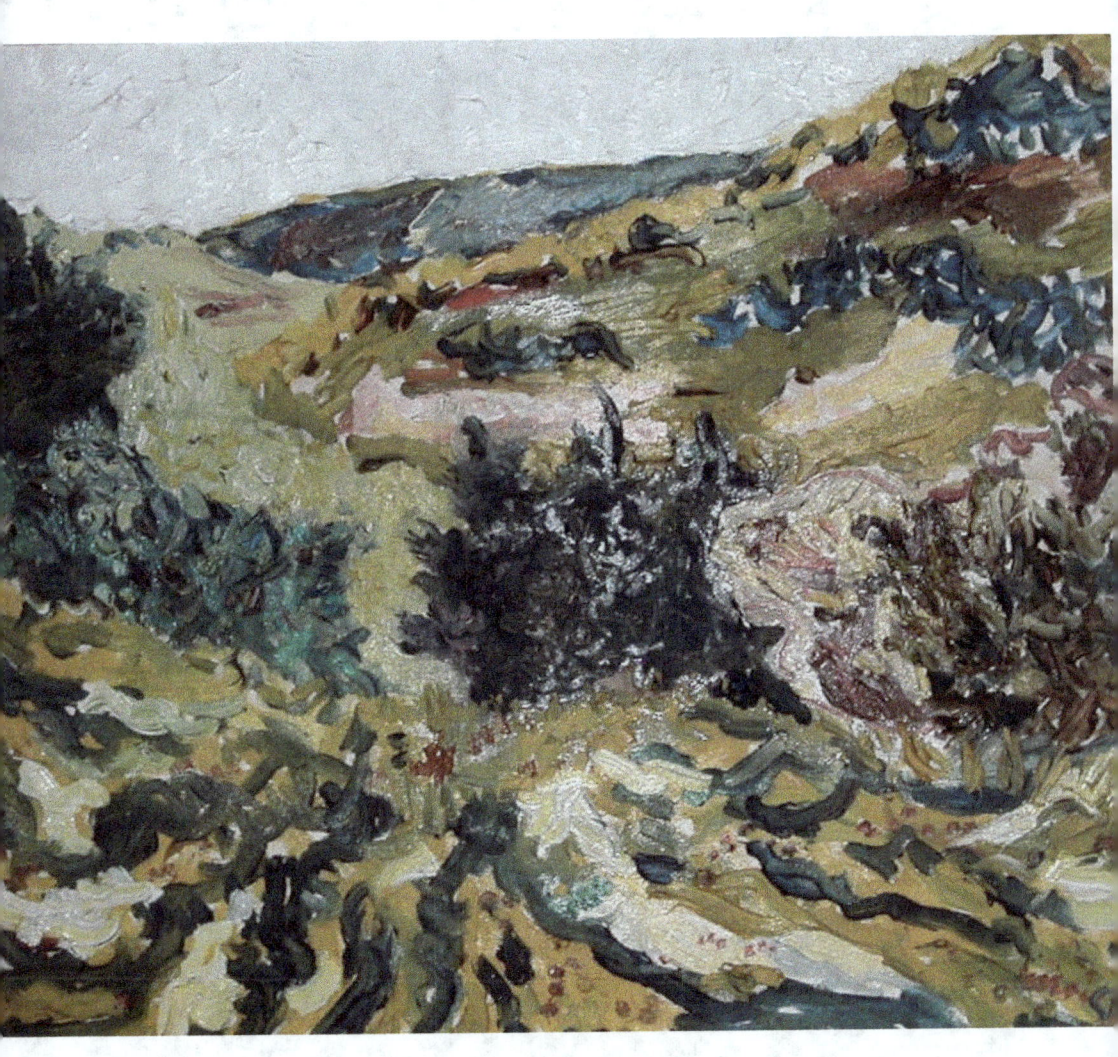

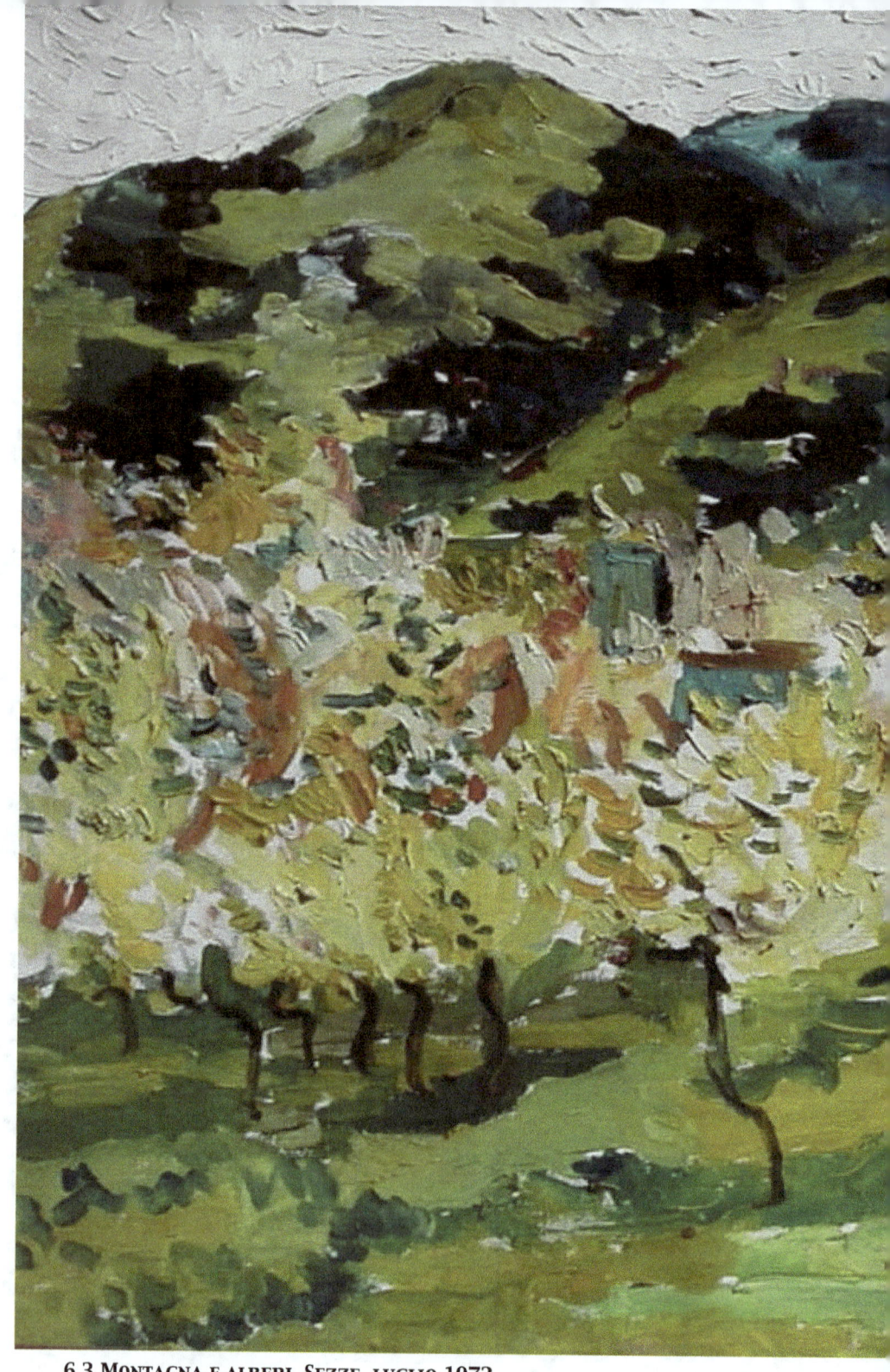

6.3 Montagna e alberi, Sezze, luglio 1972
Olio su tela 50x70

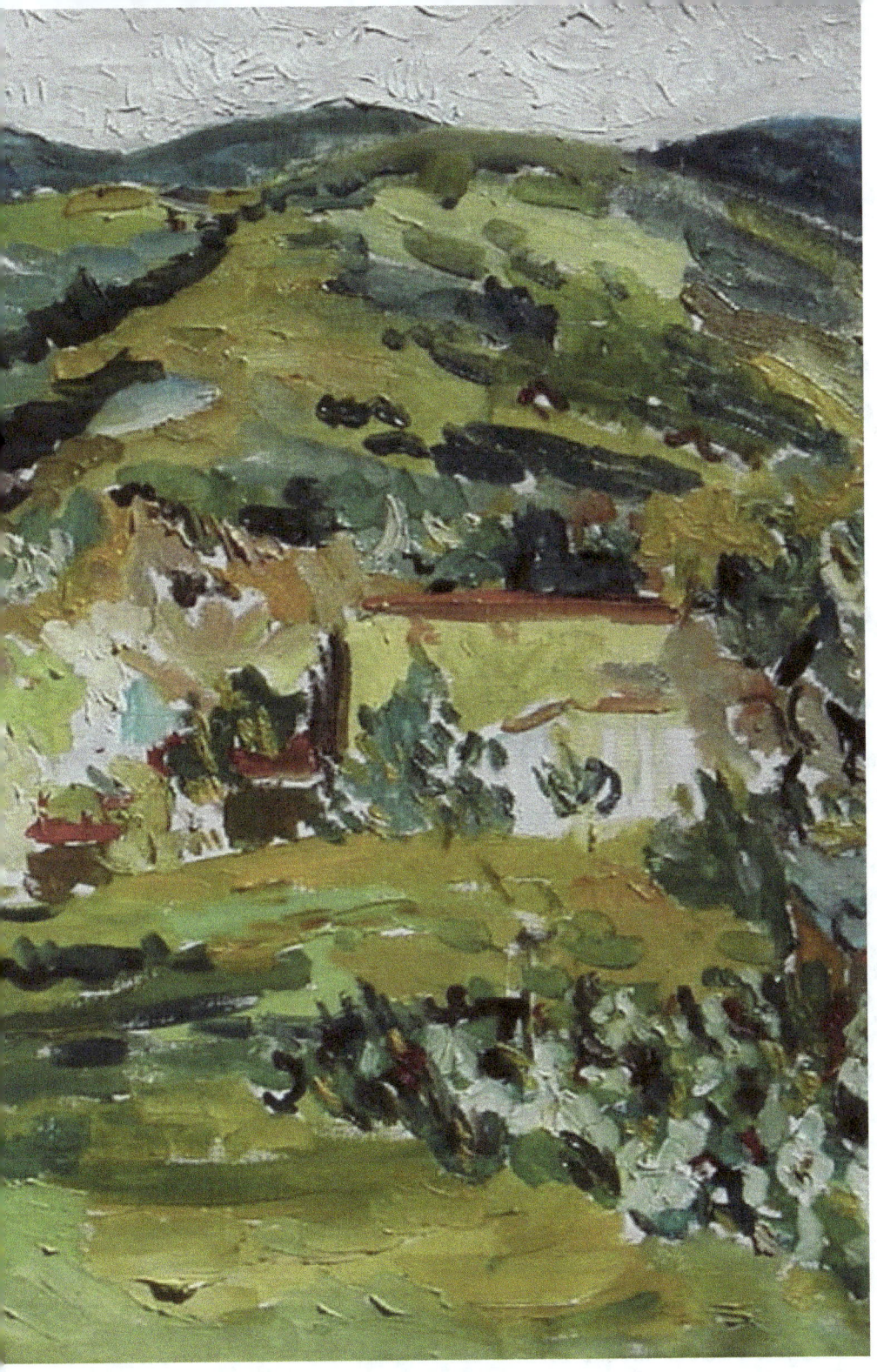

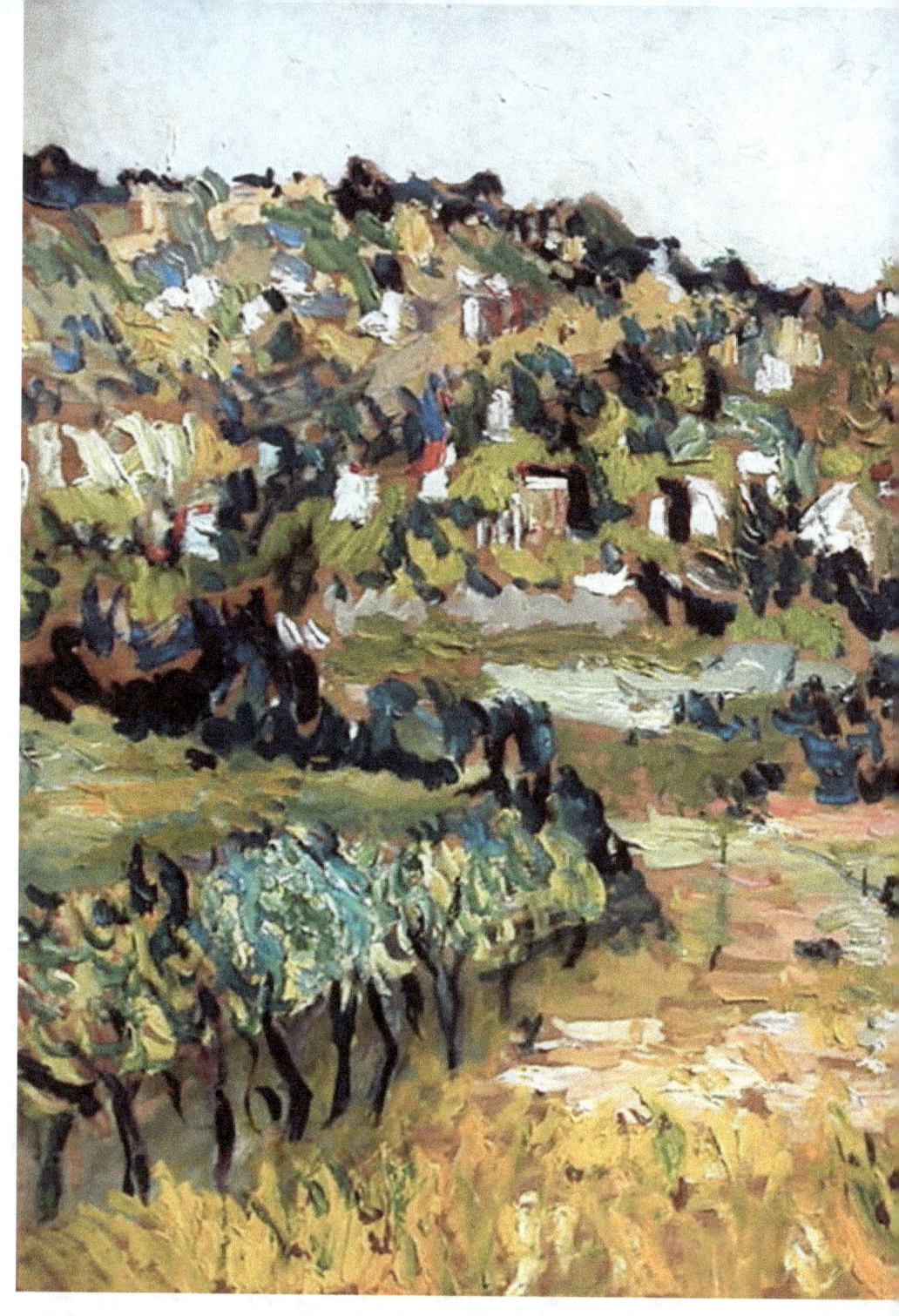

6.4 Mietitura, Sezze, giugno 1973
Olio su compensato, 50x70

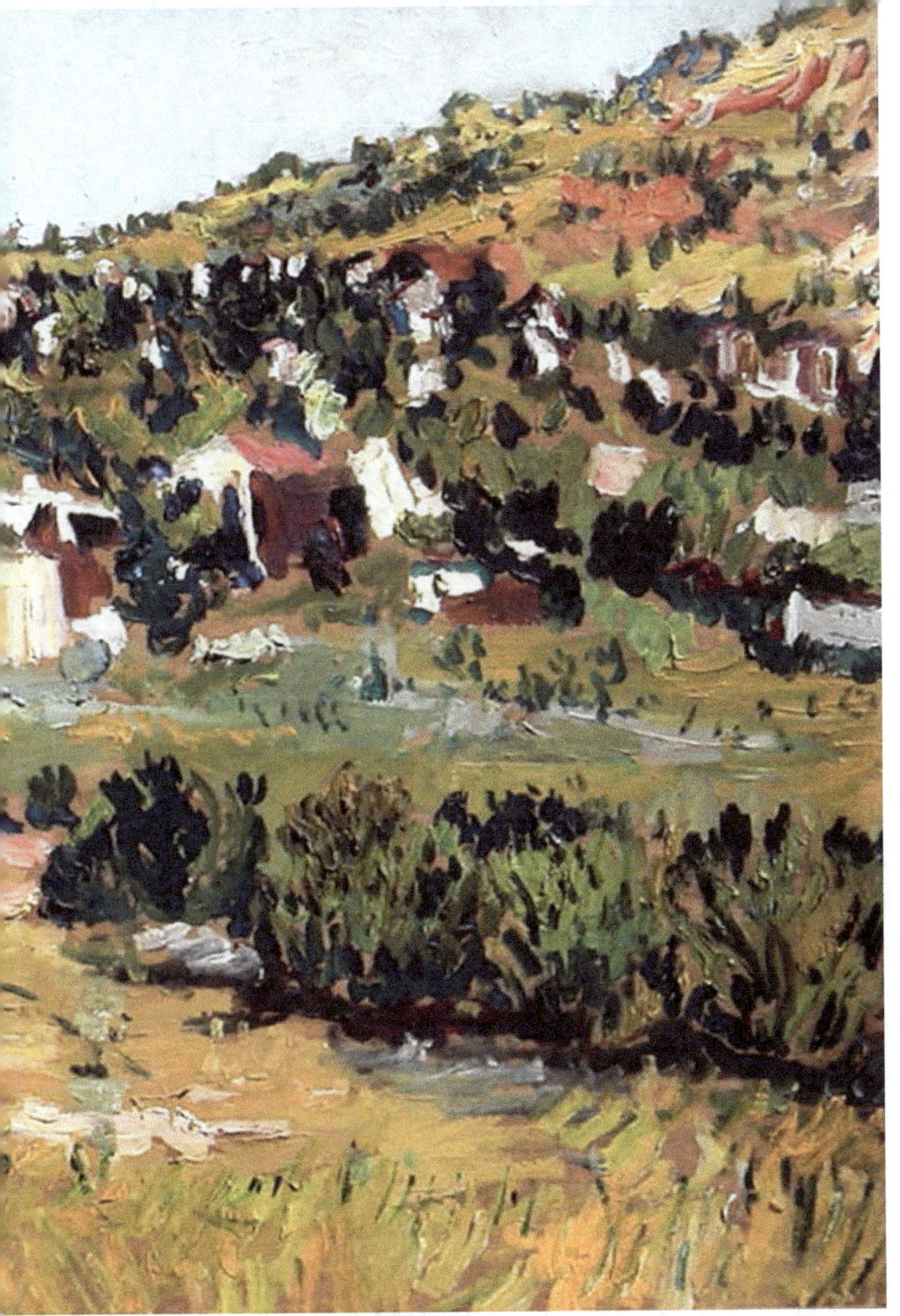

Magia Itinerante

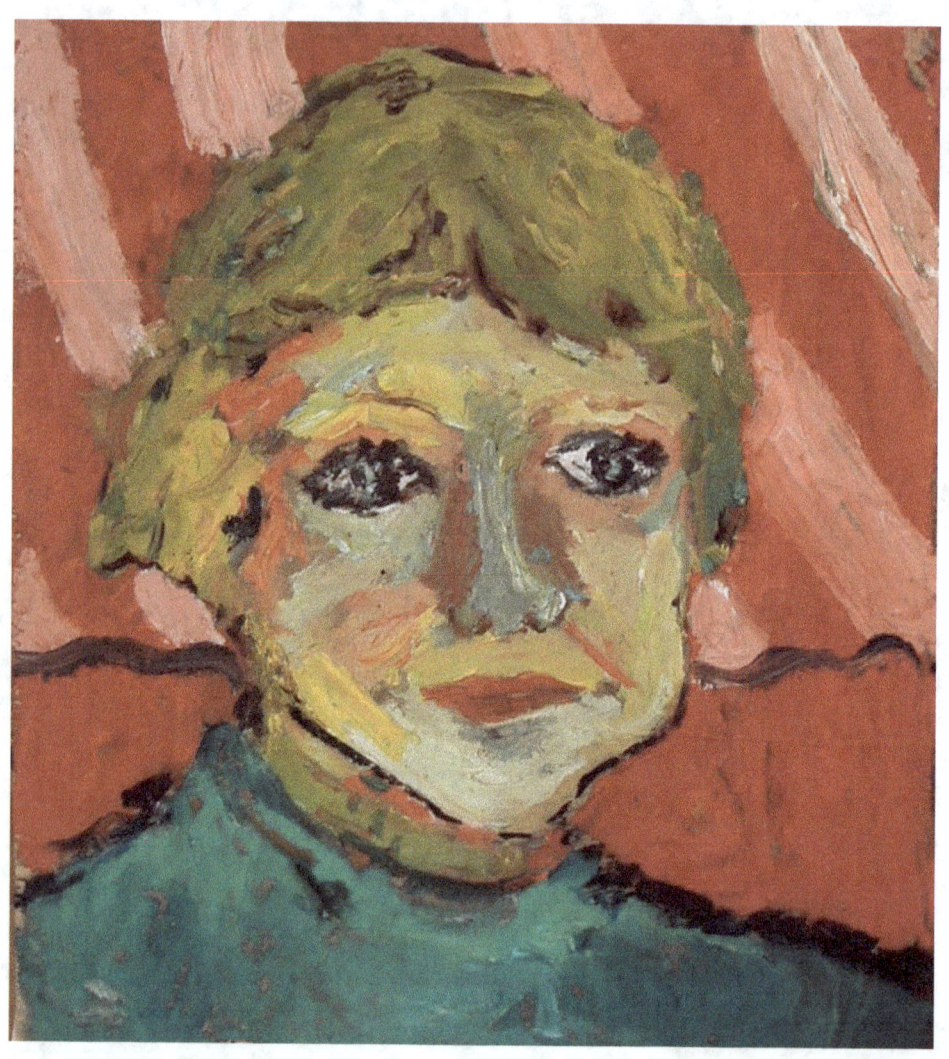

7.1 Caruso, Circo siciliano a v. Taranto, Roma, novembre 1974
   olio su compensato, 25x35
7.2 Caruso, Circo siciliano a v. Taranto, Roma, novembre 1974
   olio su compensato, 25x35

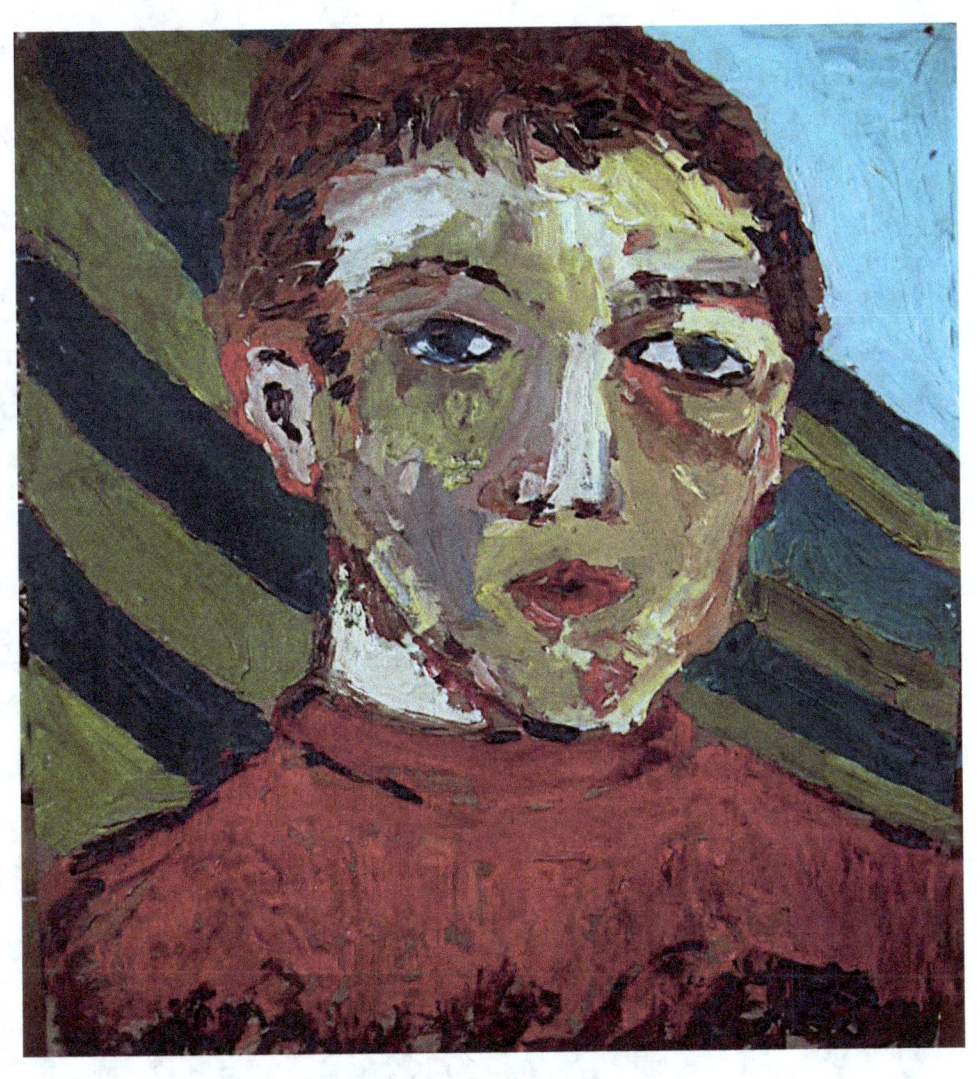

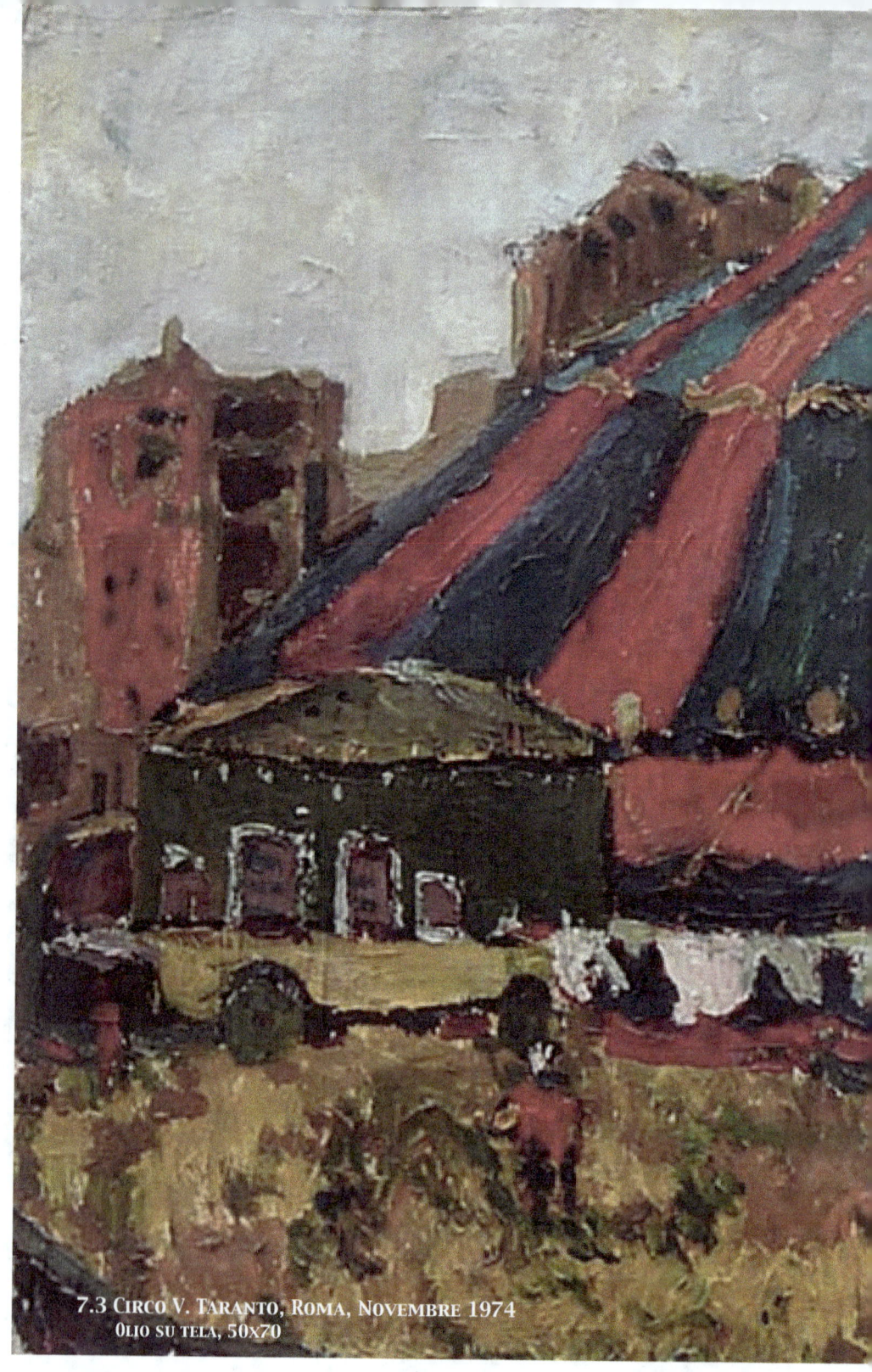

7.3 Circo V. Taranto, Roma, Novembre 1974
Olio su tela, 50x70

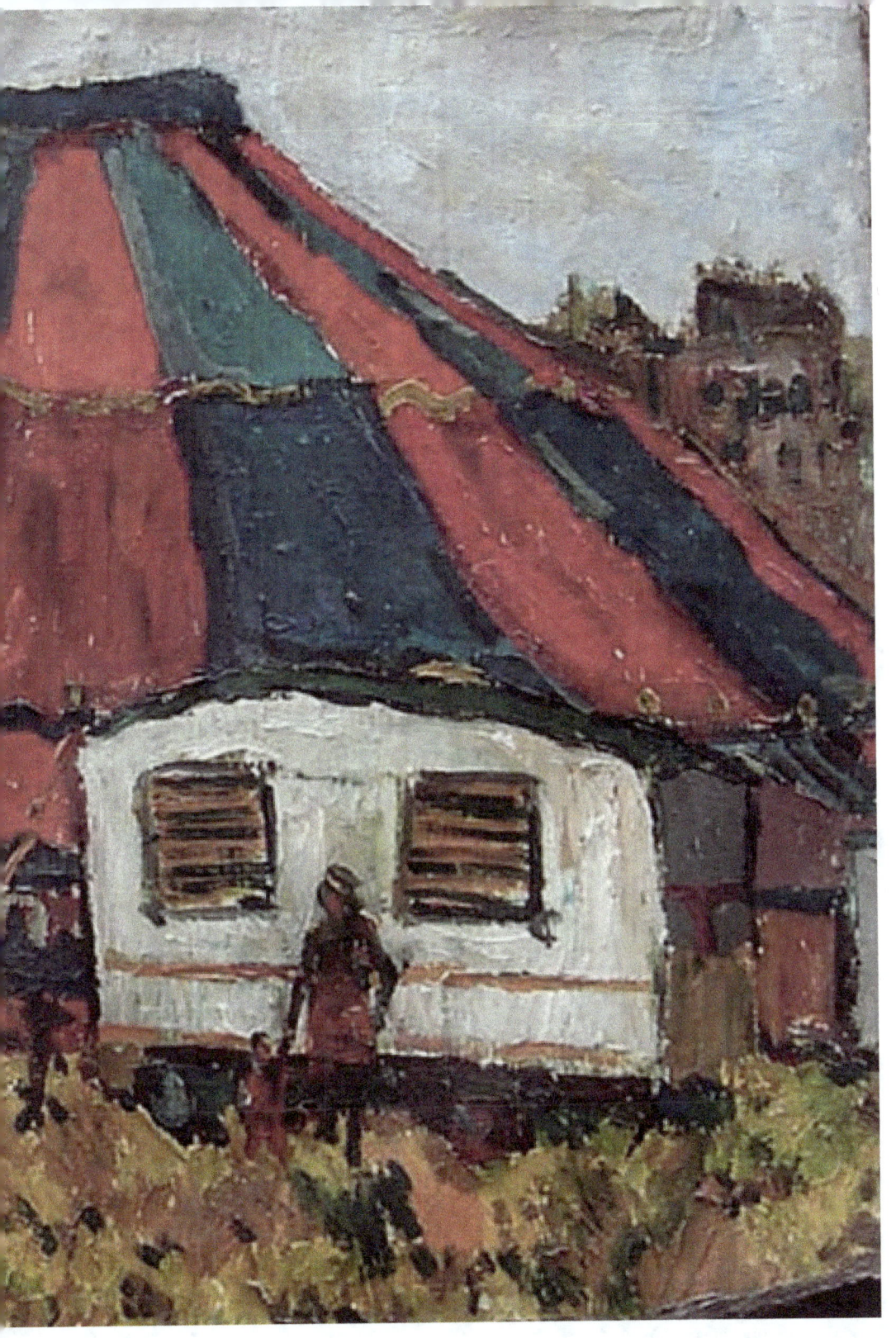

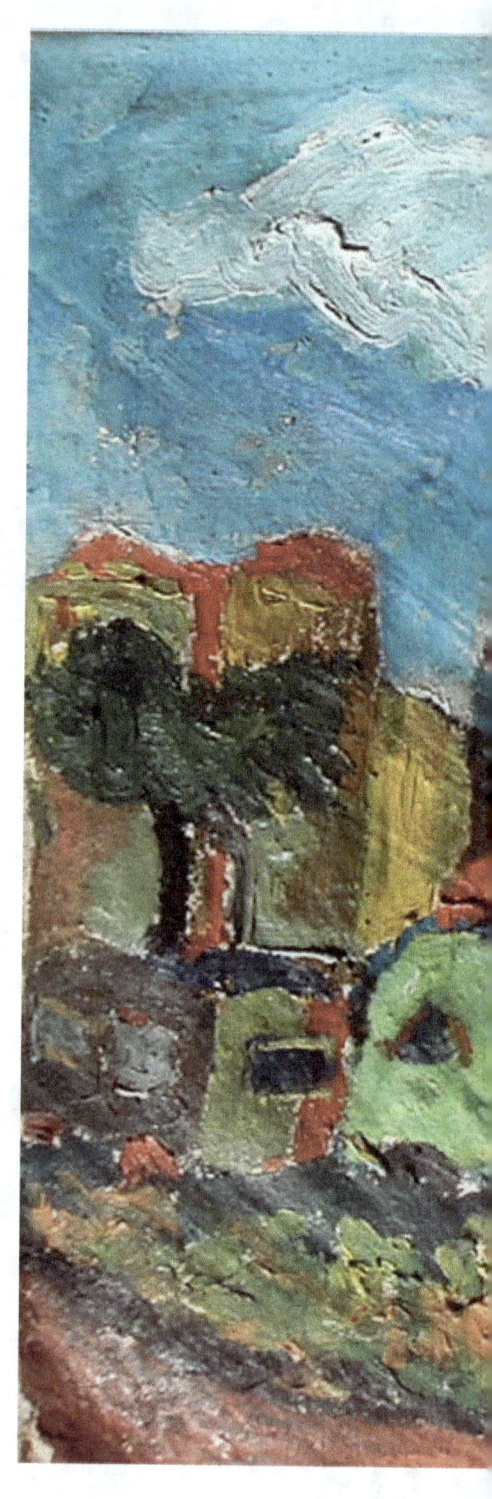

7.3 CIRCO A V. TARANTO, ROMA, NOVEMBRE 1974
OLIO SU TELA, 50X60

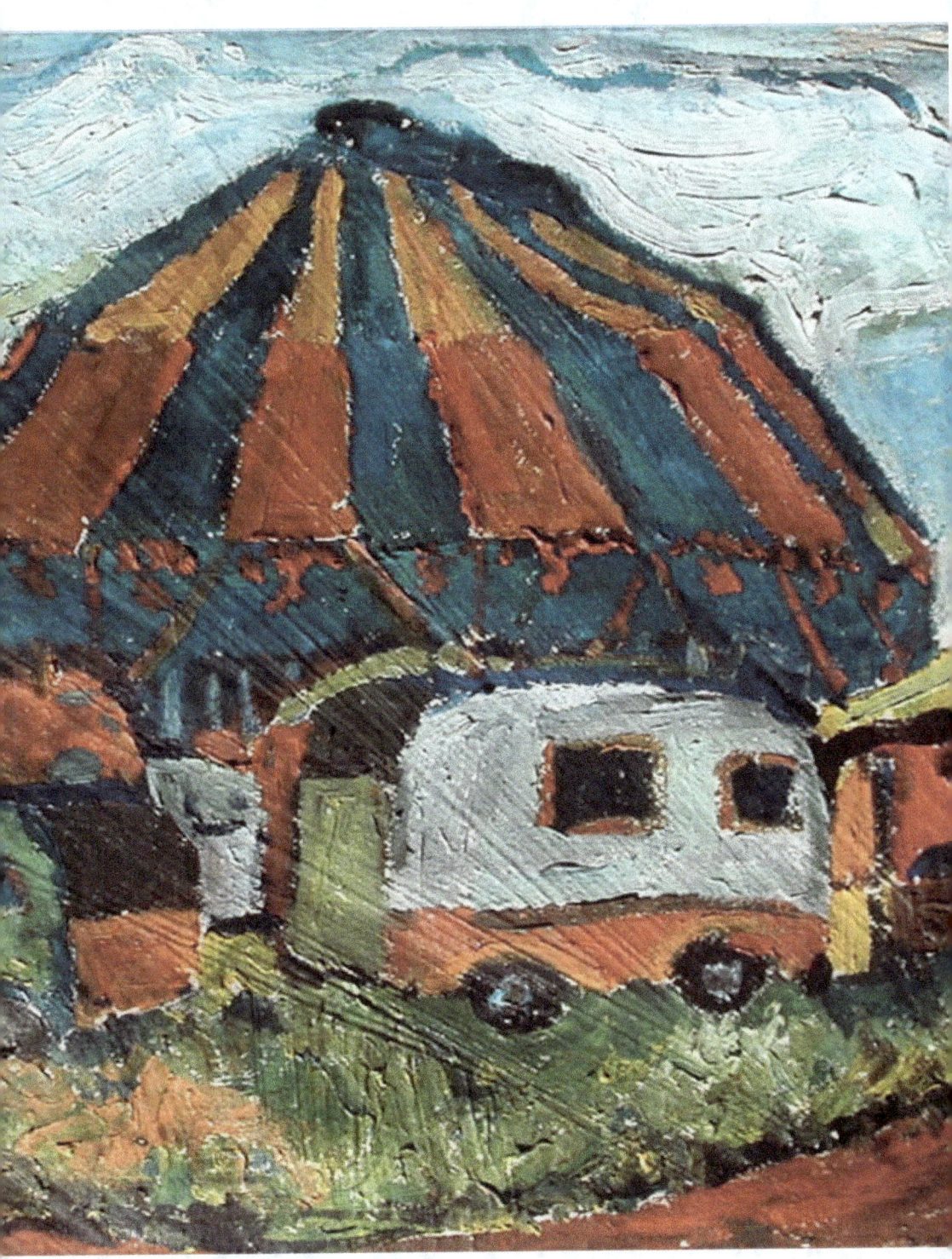

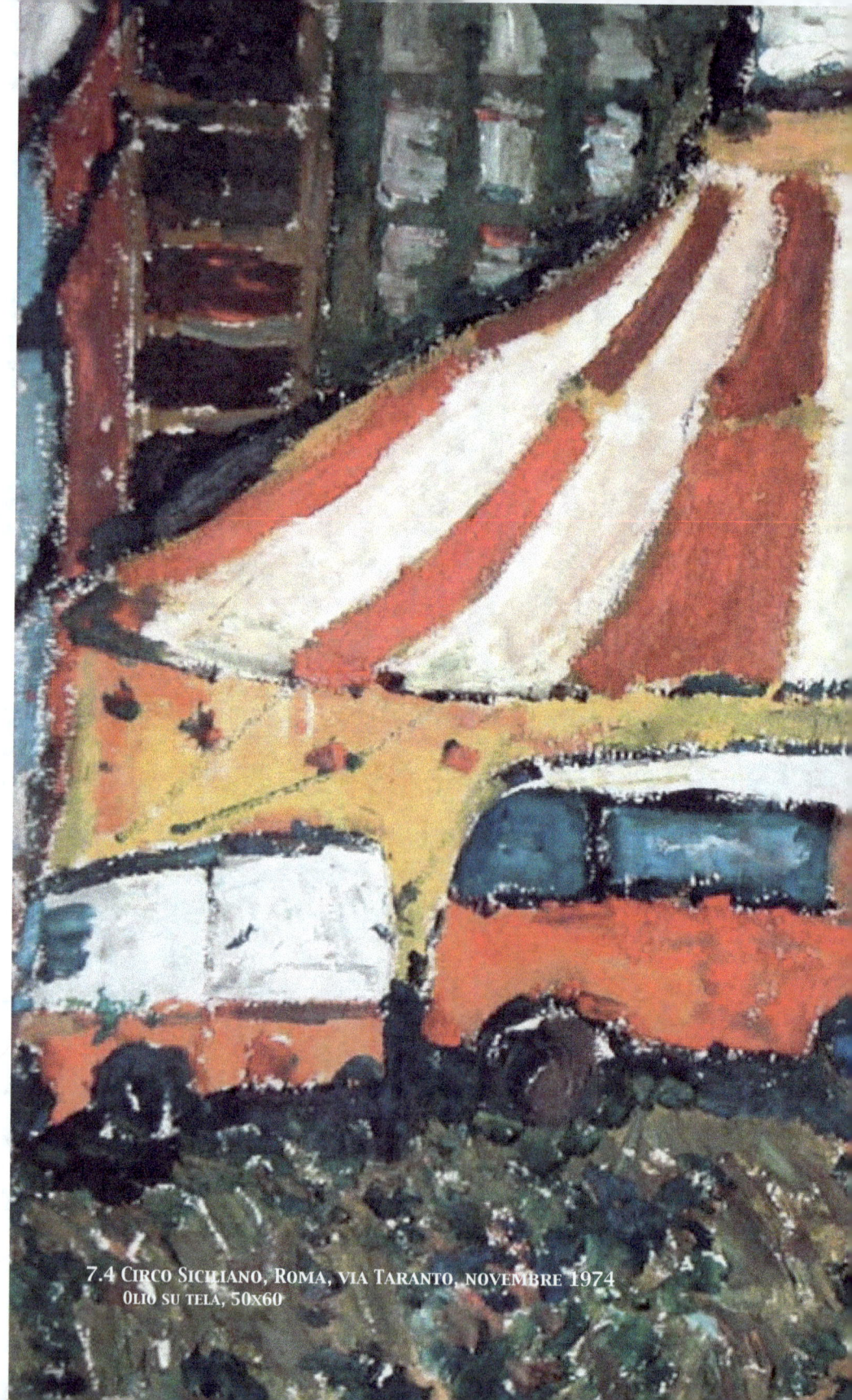

7.4 Circo Siciliano, Roma, via Taranto, novembre 1974
Olio su tela, 50x60

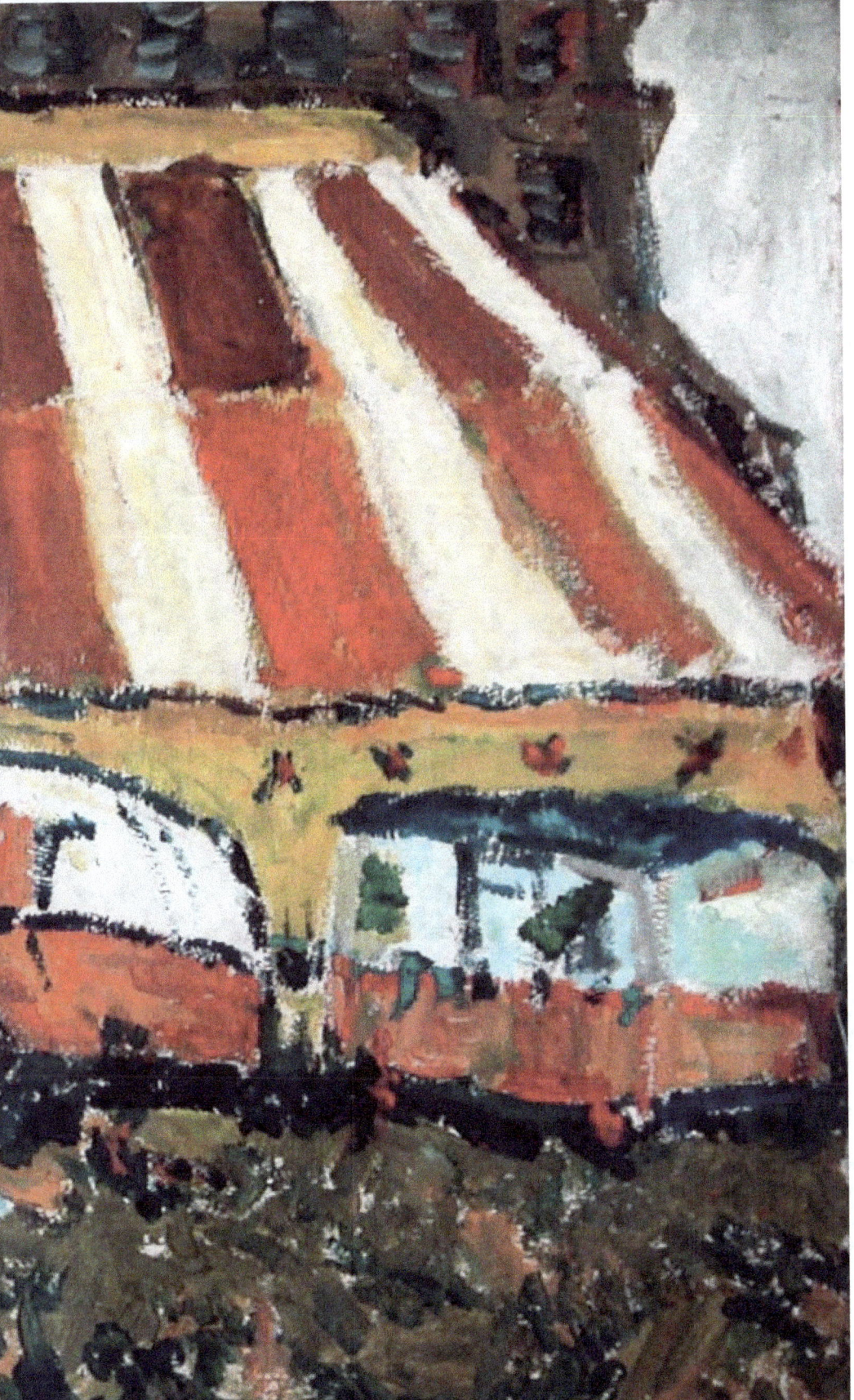

TRE FONTANE

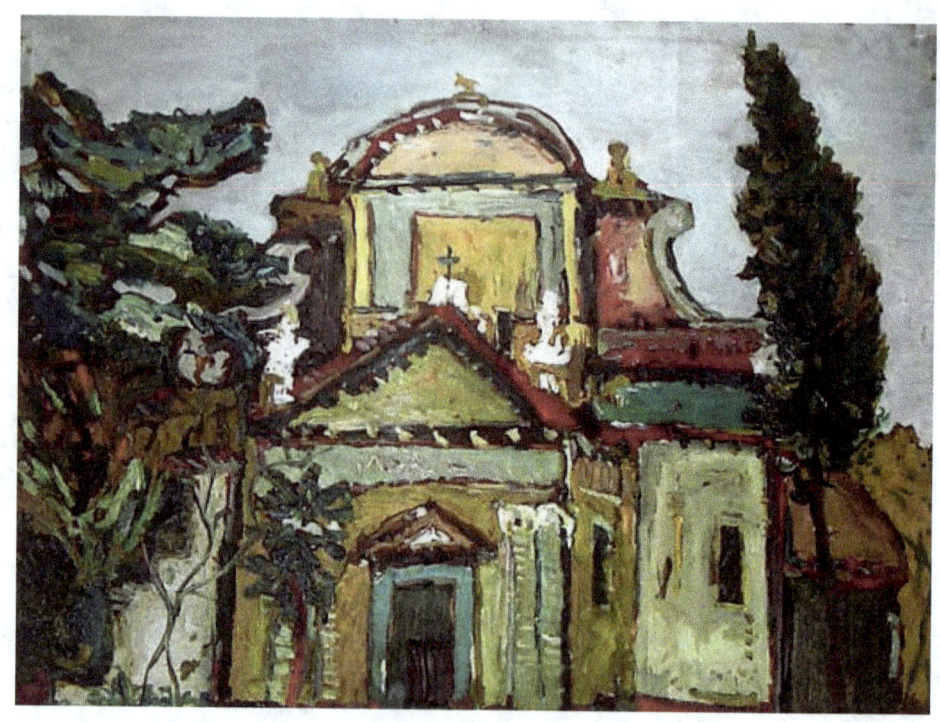

8.1 CHIESA DEL MARTIRIO DI PAOLO, ABBAZIA DELLE TRE FONTANE ROMA, OTTOBRE 1974
OLIO SU COMPENSATO, 60x80

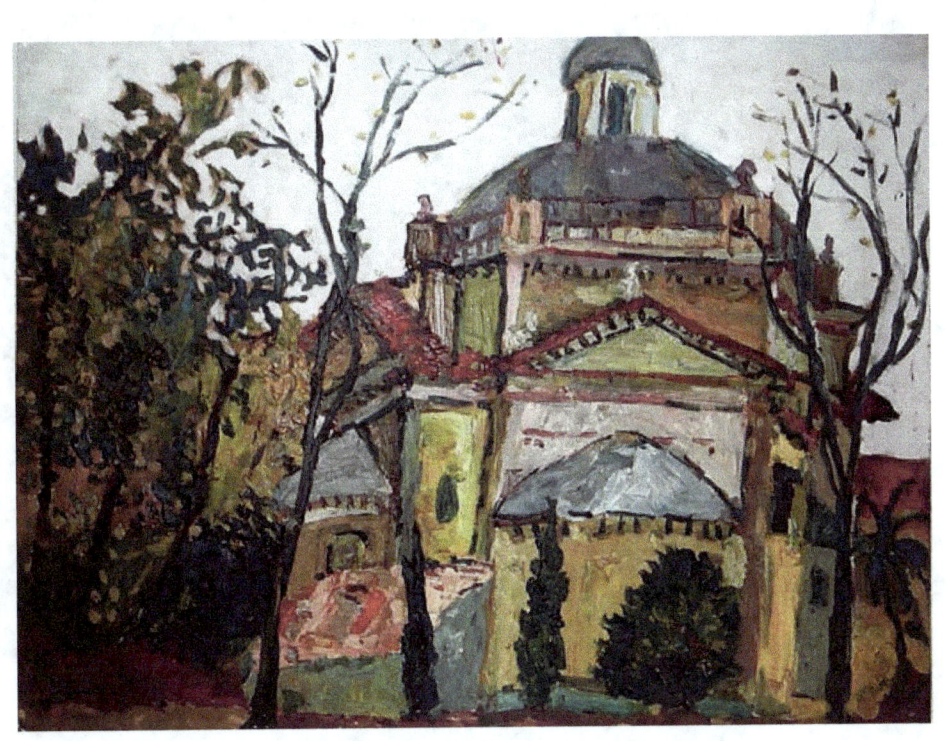

8.2 Chiesa di Santa Maria in Coeli Abbazia delle Tre fontane Roma, Ottobre 1974
Olio su compensato, 60x80

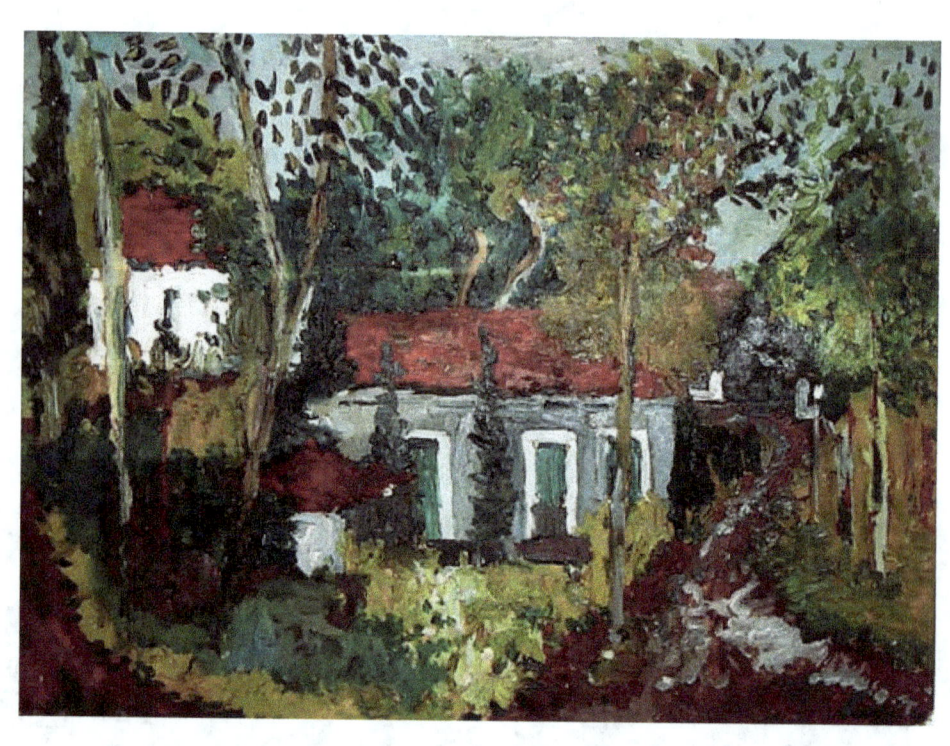

8.3 La casa nel Bosco, Abbazia delle Tre fontane Roma, ottobre 1974
Olio su compensato, 60x80

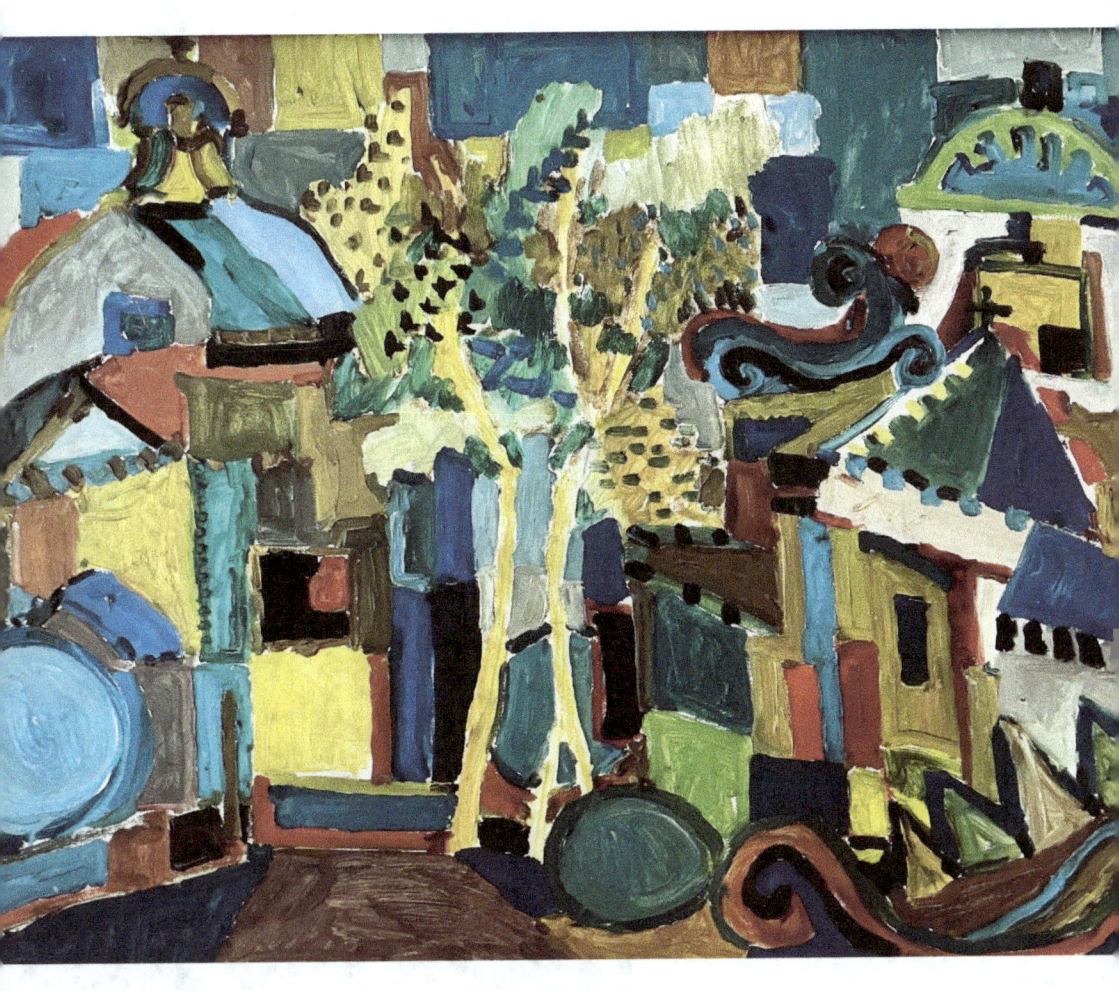

8.4 Santa Maria in Coeli e a destra chiesa del martirio di san paolo, Abbazia delle Tre fontane Roma, ottobre 1974
Olio su tela, 60x80

COLLI

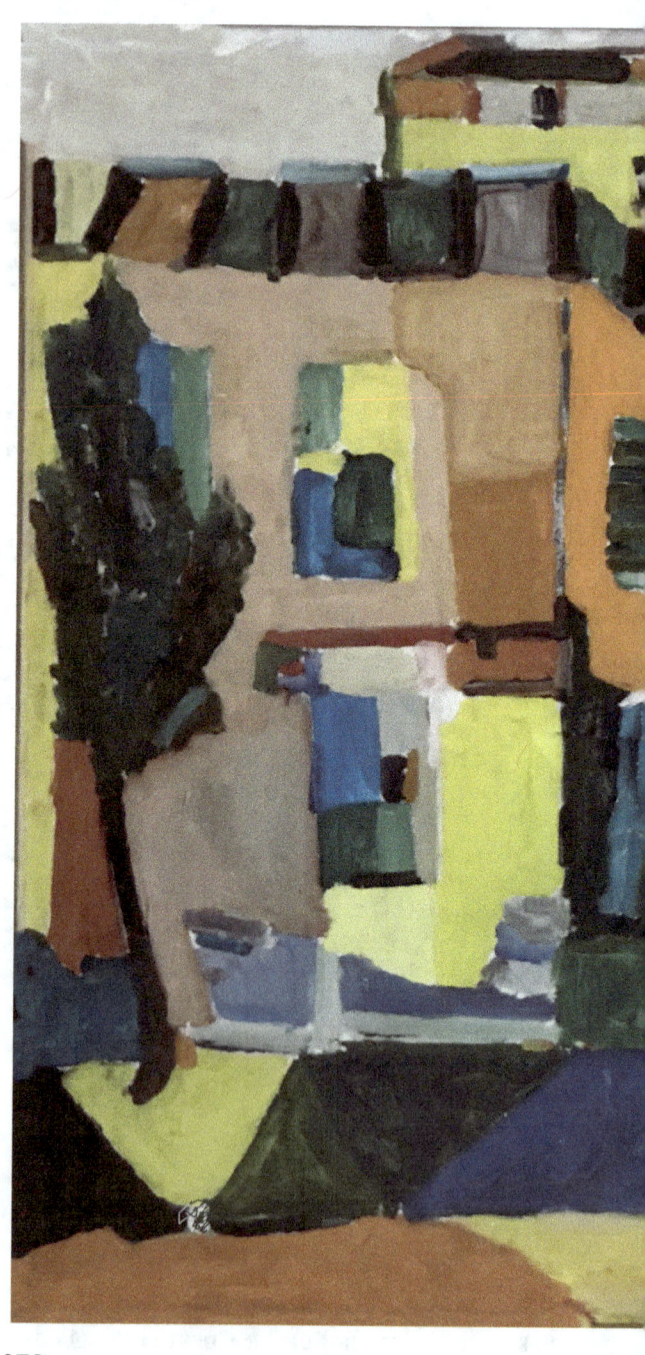

9.1 San Saba Roma, luglio 1978
Olio su tela, 60x80

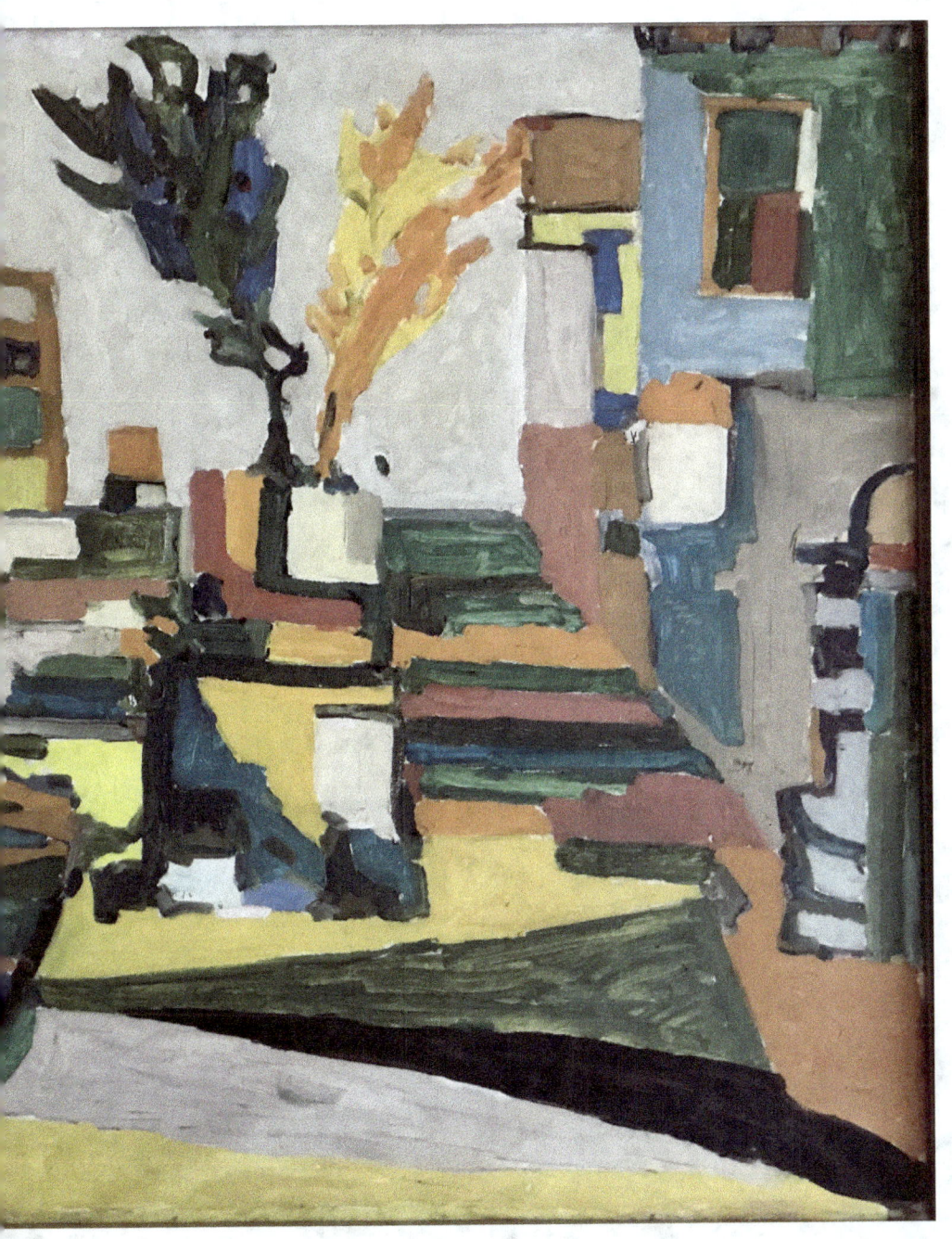

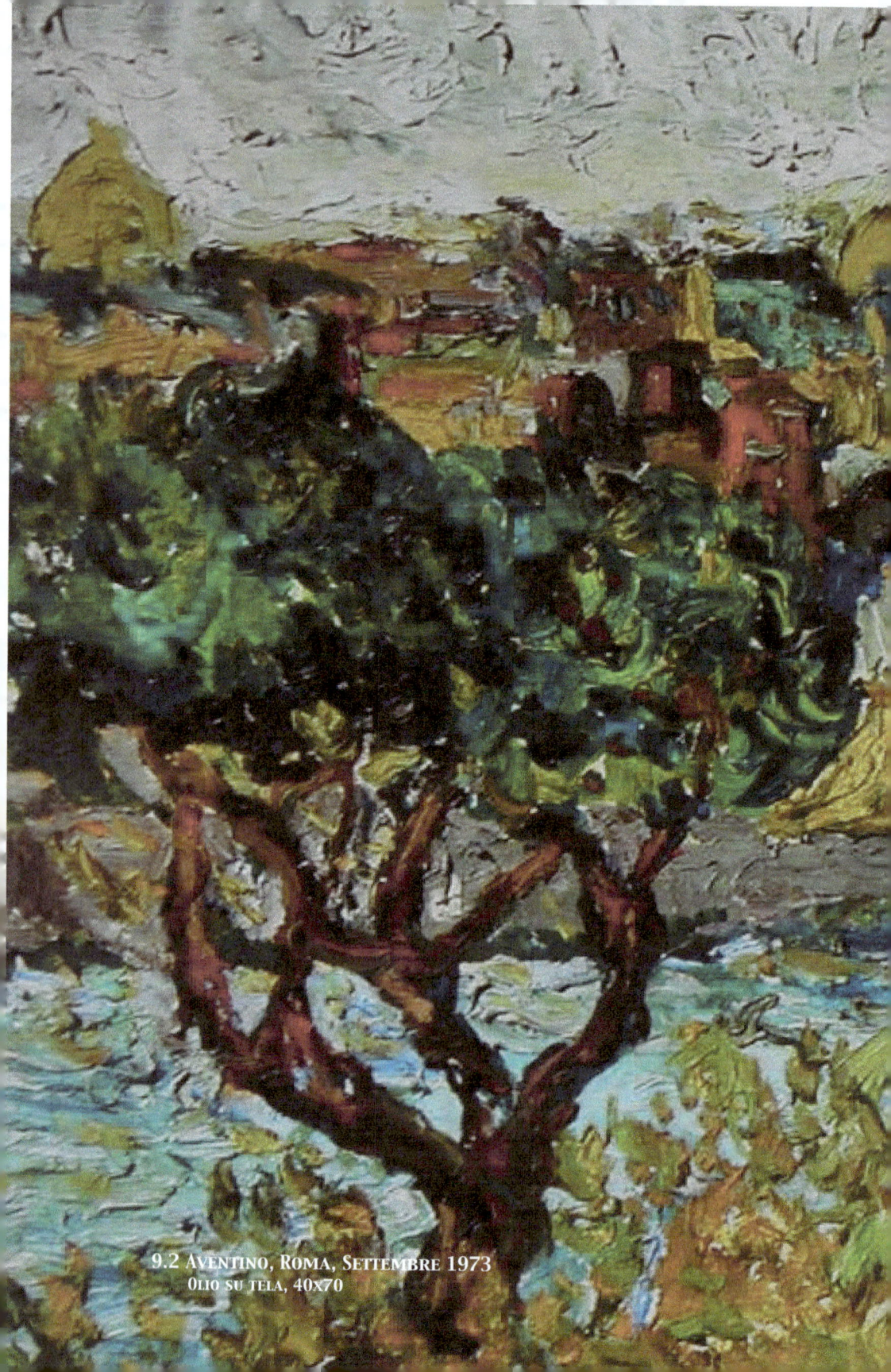

9.2 Aventino, Roma, Settembre 1973
Olio su tela, 40x70

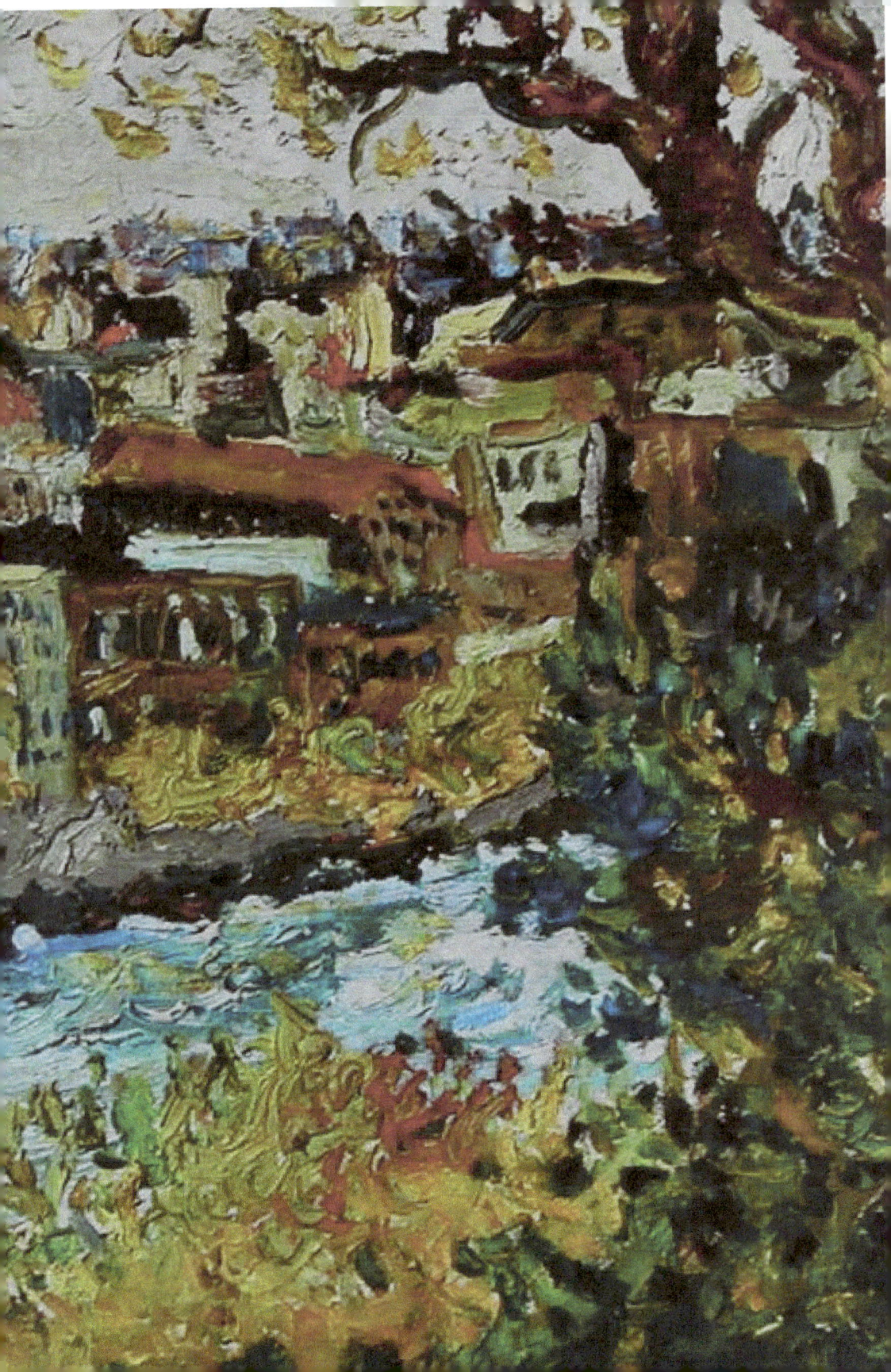

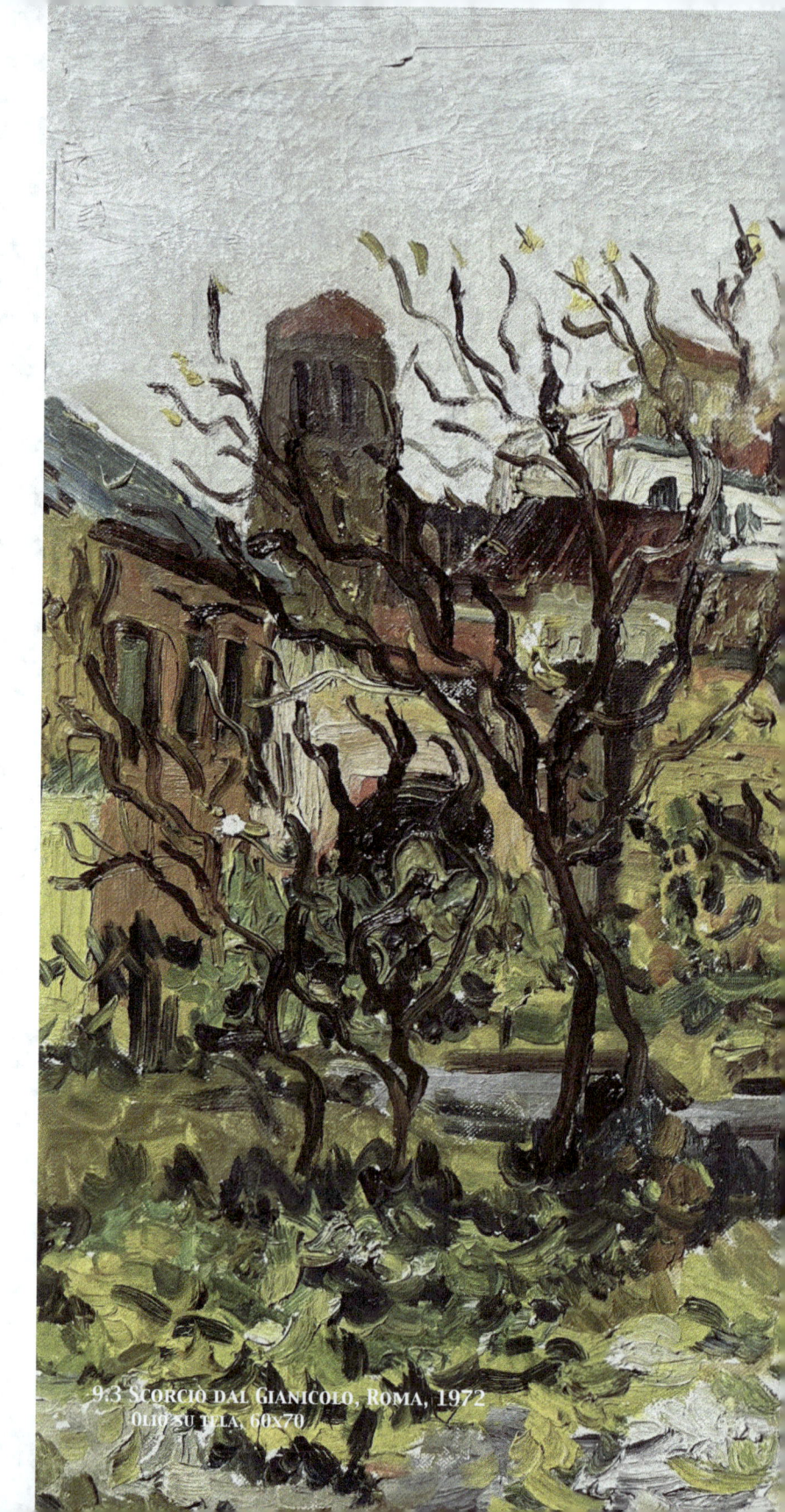

9.3 Scorcio dal Gianicolo, Roma, 1972
Olio su tela, 60x70

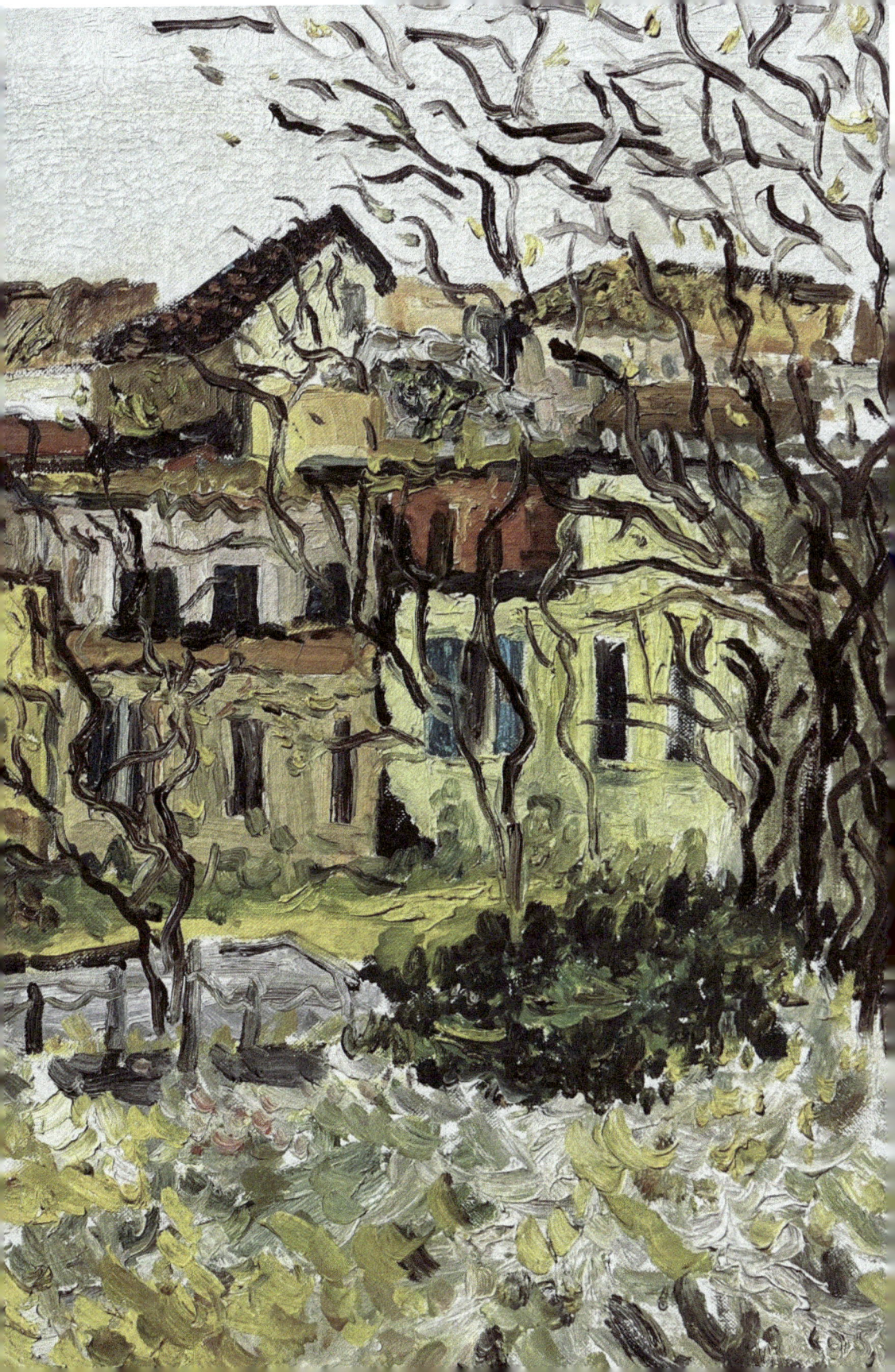

NUOVA CITTÀ

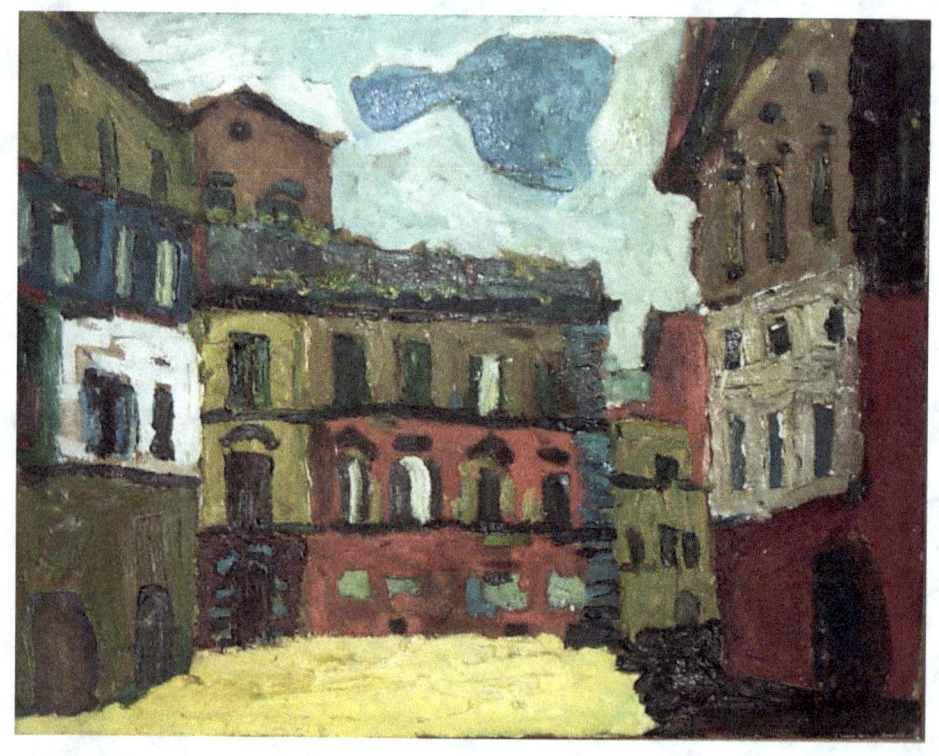

10.1 Ghetto, Roma, Settembre 1975
Olio su tela, 40x50

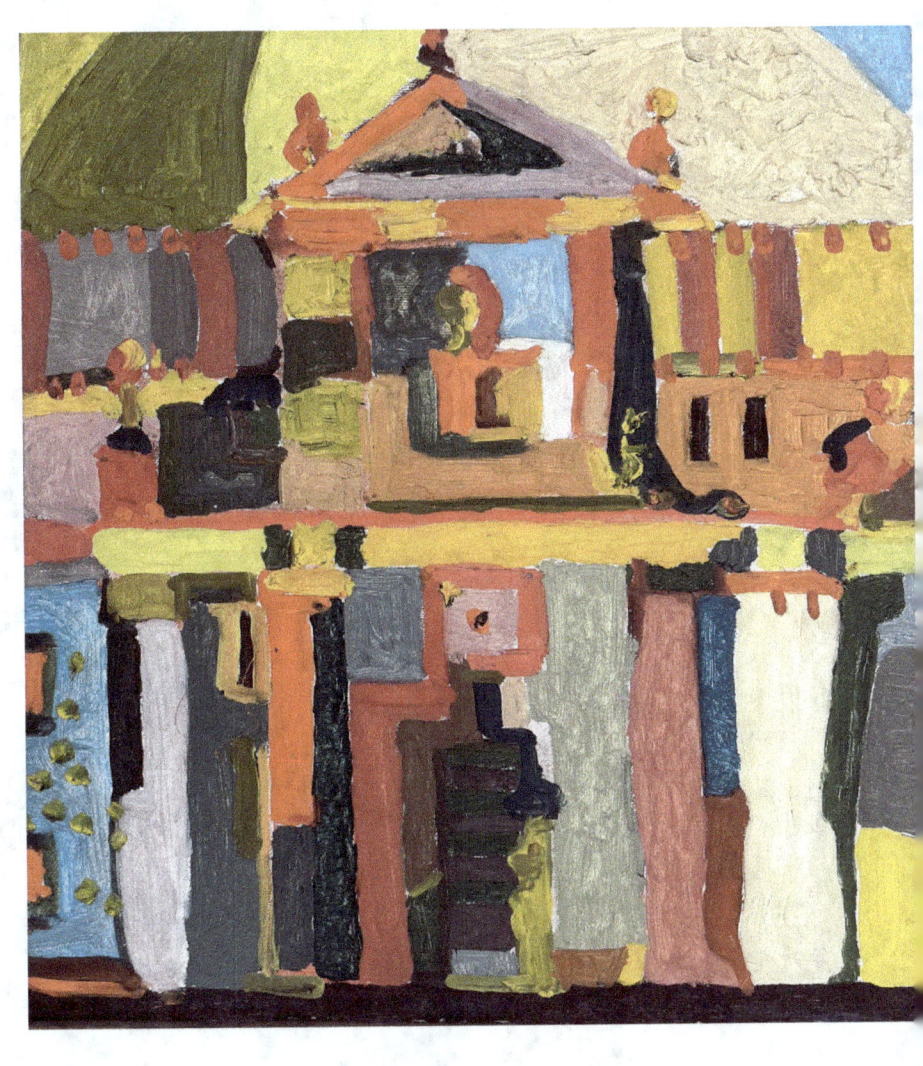

10.2 Chiesa romana, Roma, Settembre 1985
Olio su tela, 40x40

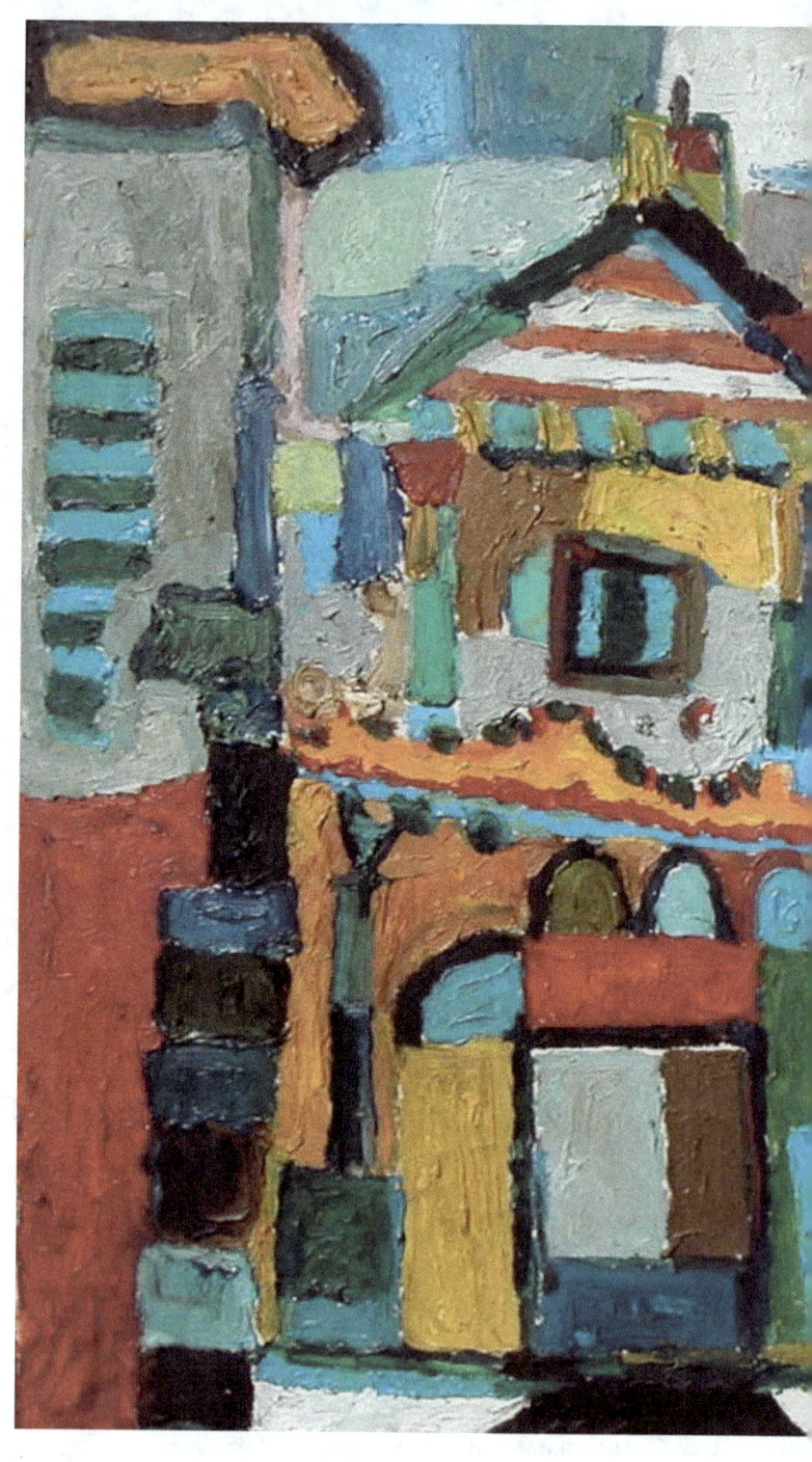

10.3 Santa Caterina dei Furnari, Roma, settembre 1975
Olio su tela, 60x70

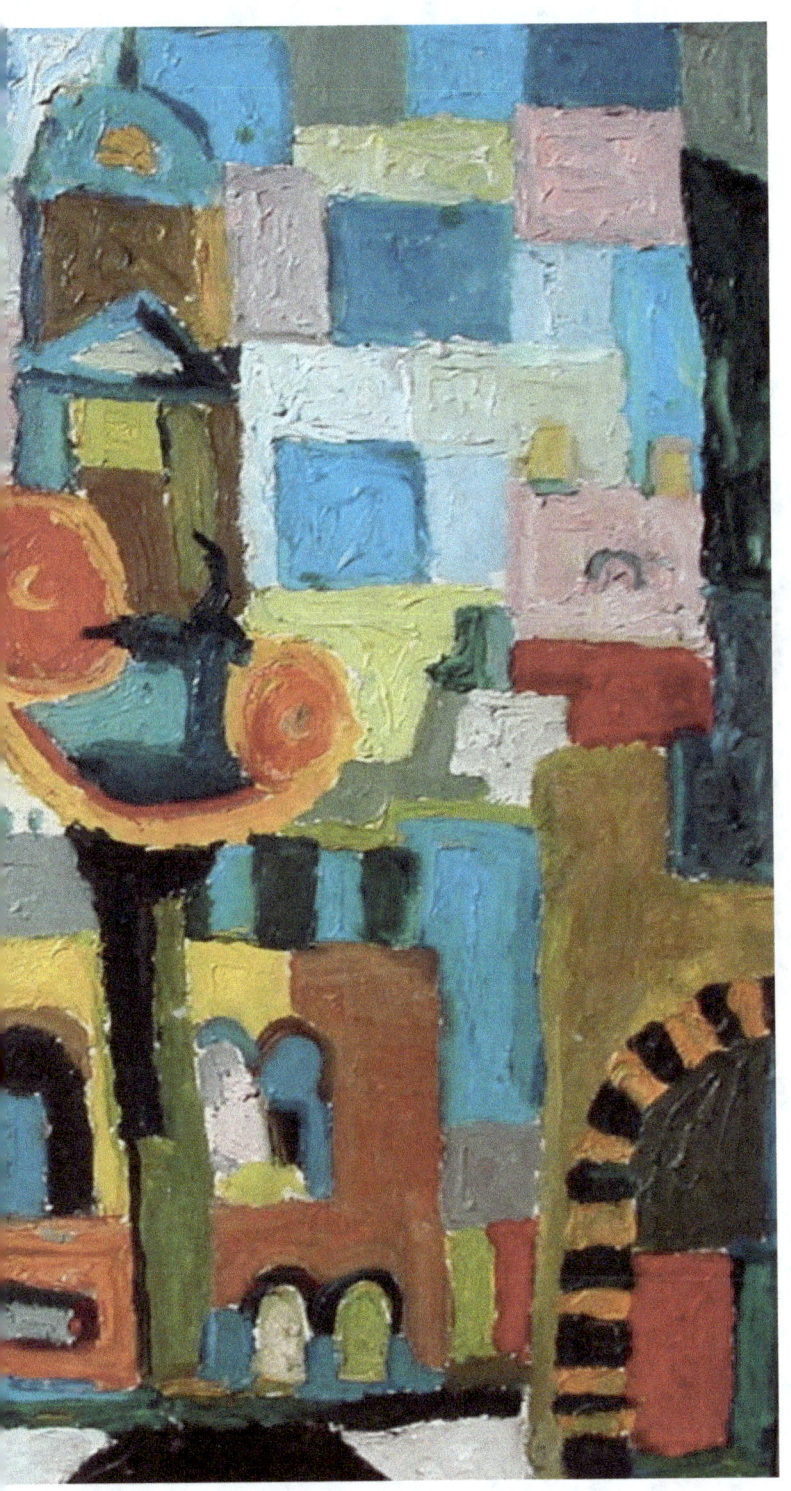

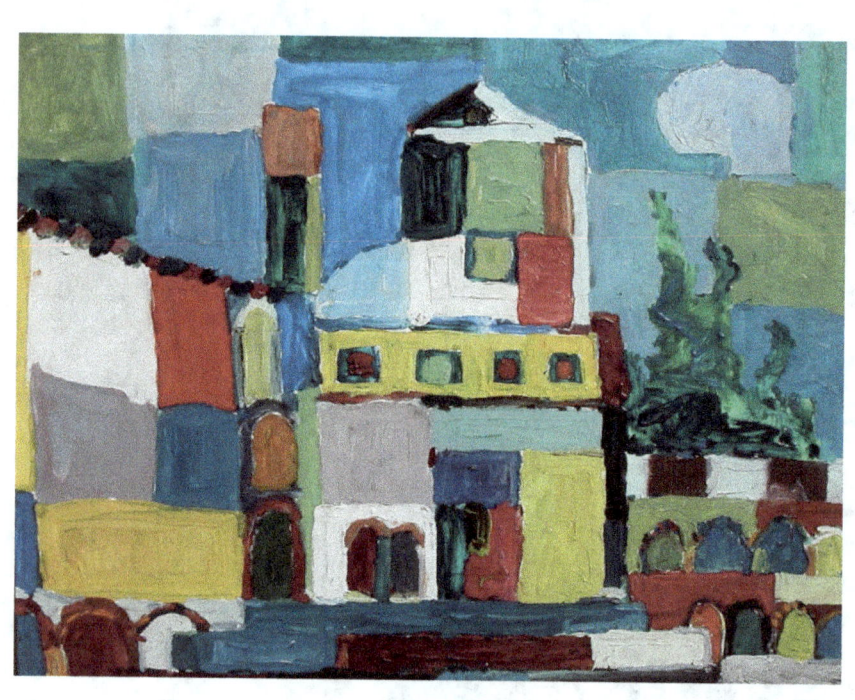

10.4 Santa Maria Novella, Firenze, ottobre 1975
  Acrilico 40x50

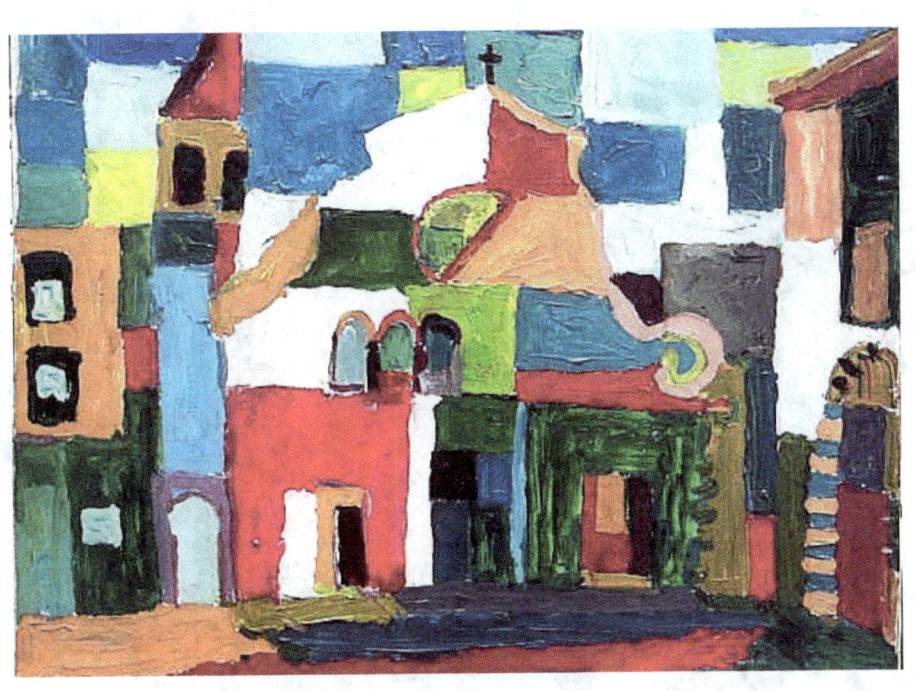

10.5 Santo Spirito, Firenze, ottobre 1975
Acrilico su tela 40x50

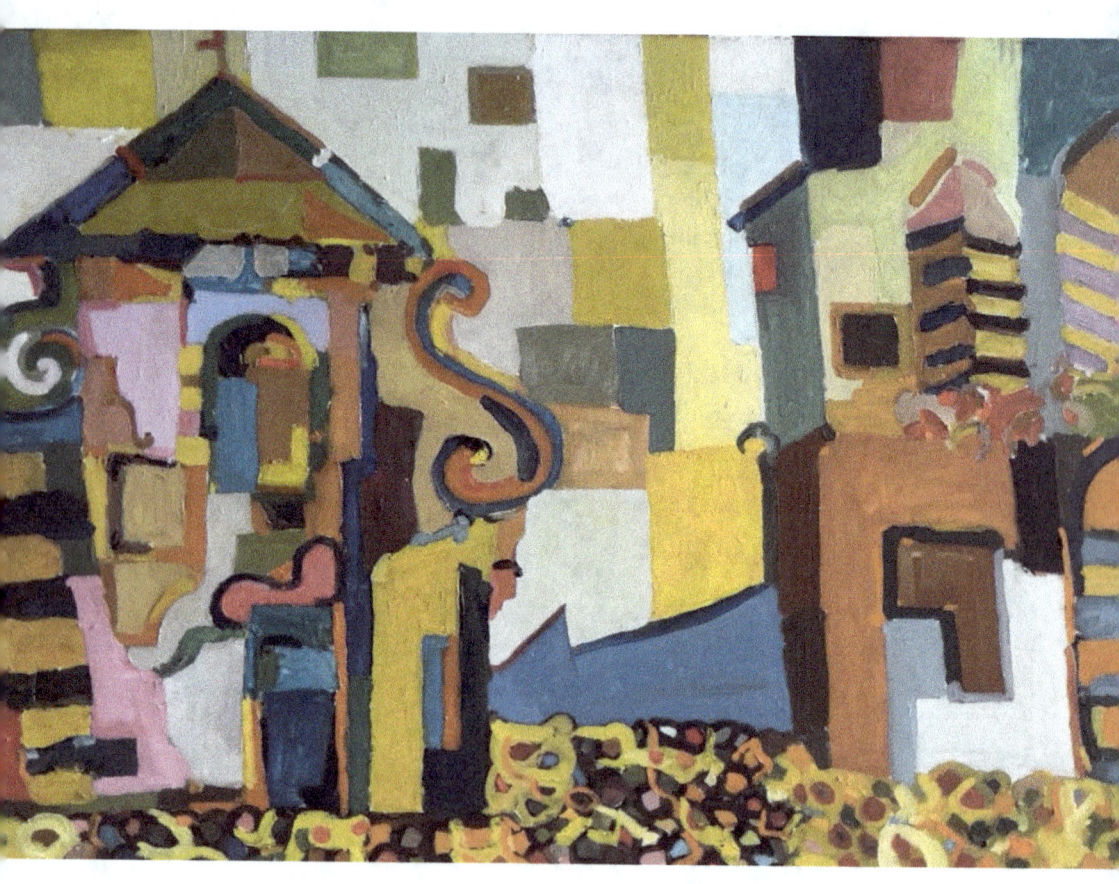

10.6 Piazza di Santa Caterina, Roma, ottobre 1987
Olio su tela, 70x100

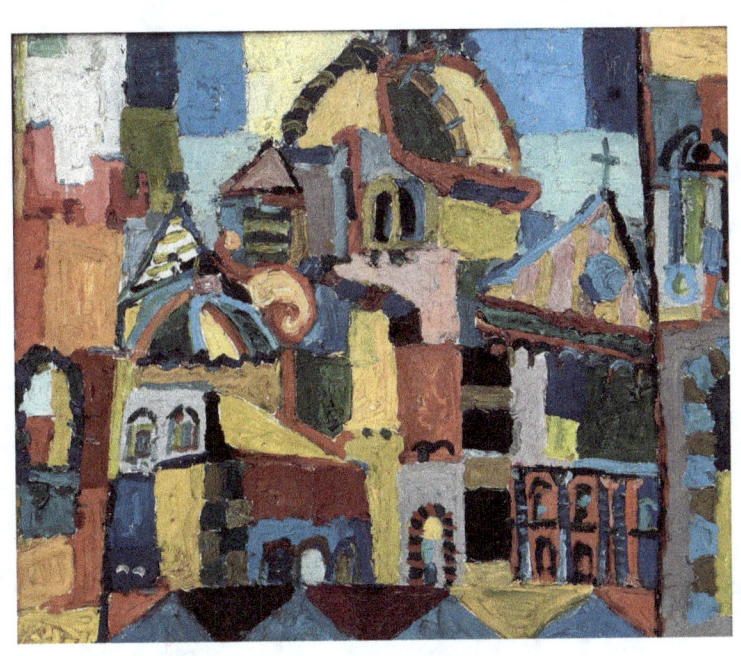

10.7 Scorcio romano, Roma, ottobre 1975
Olio su tela, 60x70

VITE TRASCORSE

11.1 AUTORITRATTO, ROMA, 1976
OLIO SU TELA, 60x50

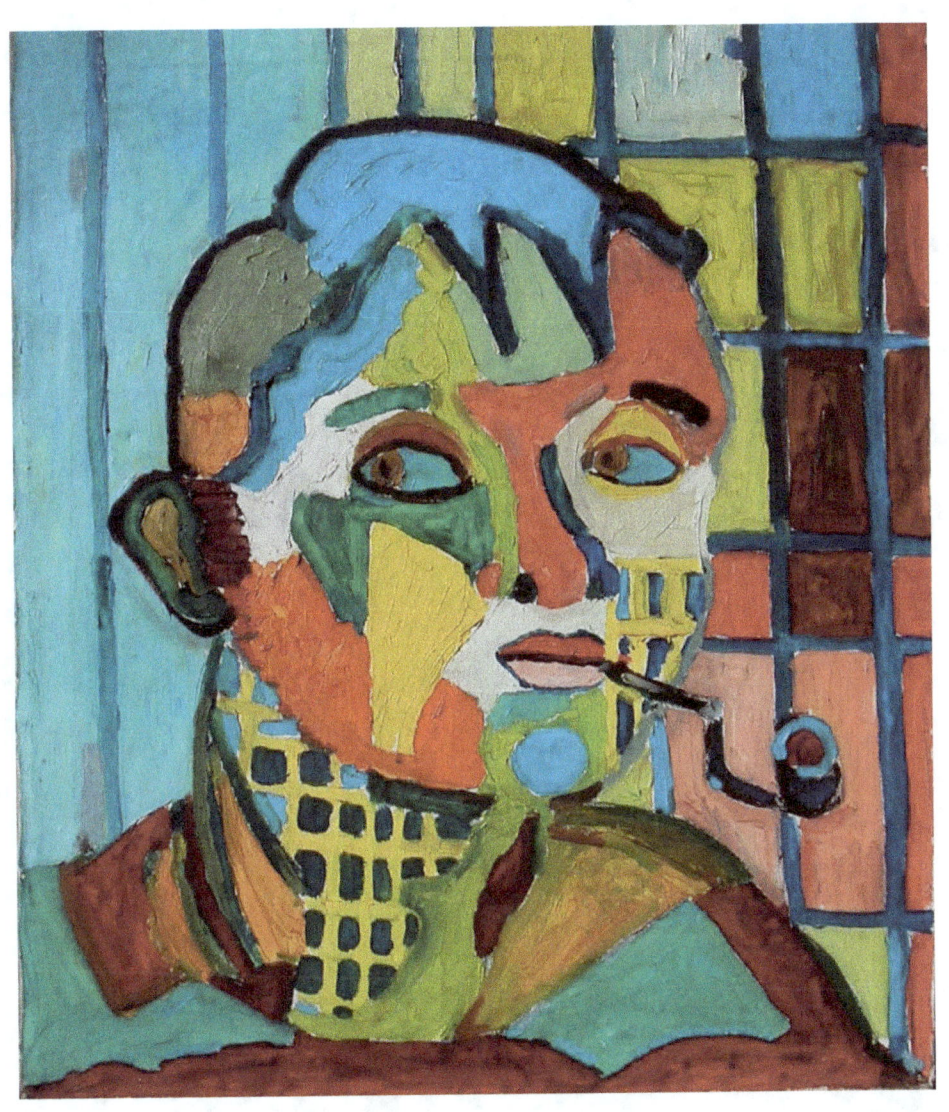

11.2 Gisella, Roma, settembre 1975
Olio su tela, 40x50

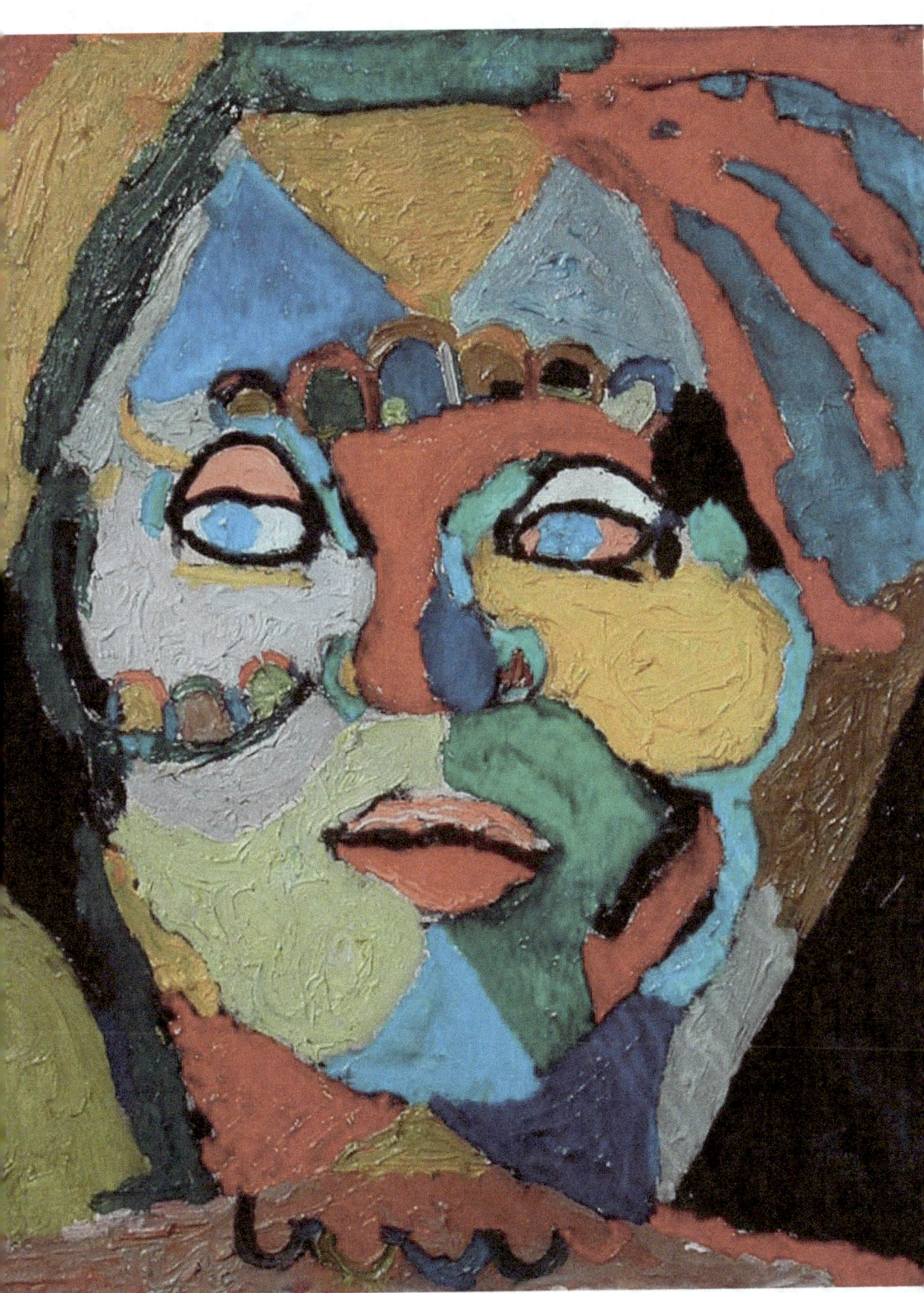

11.3 GISELLA, ROMA, 1978
OLIO SU TELA, 50X60

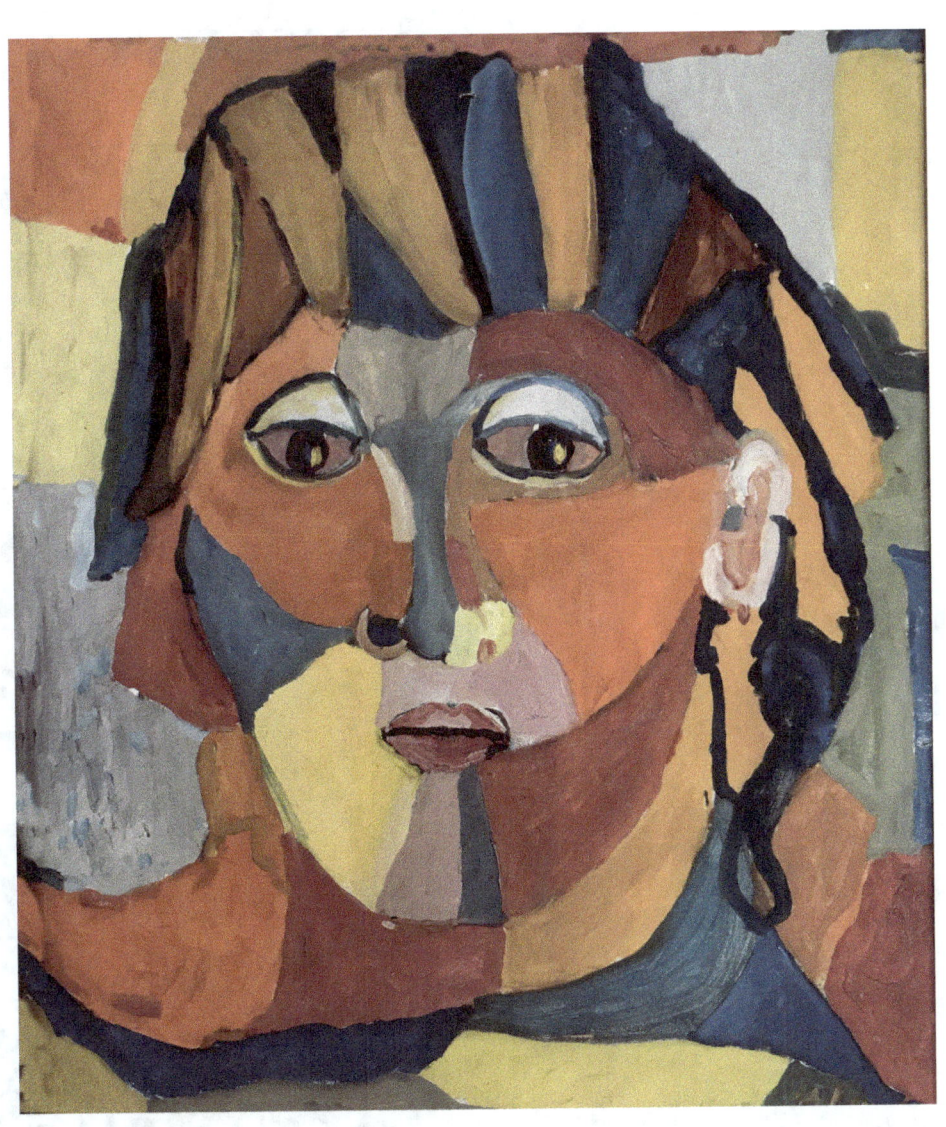

Tevere

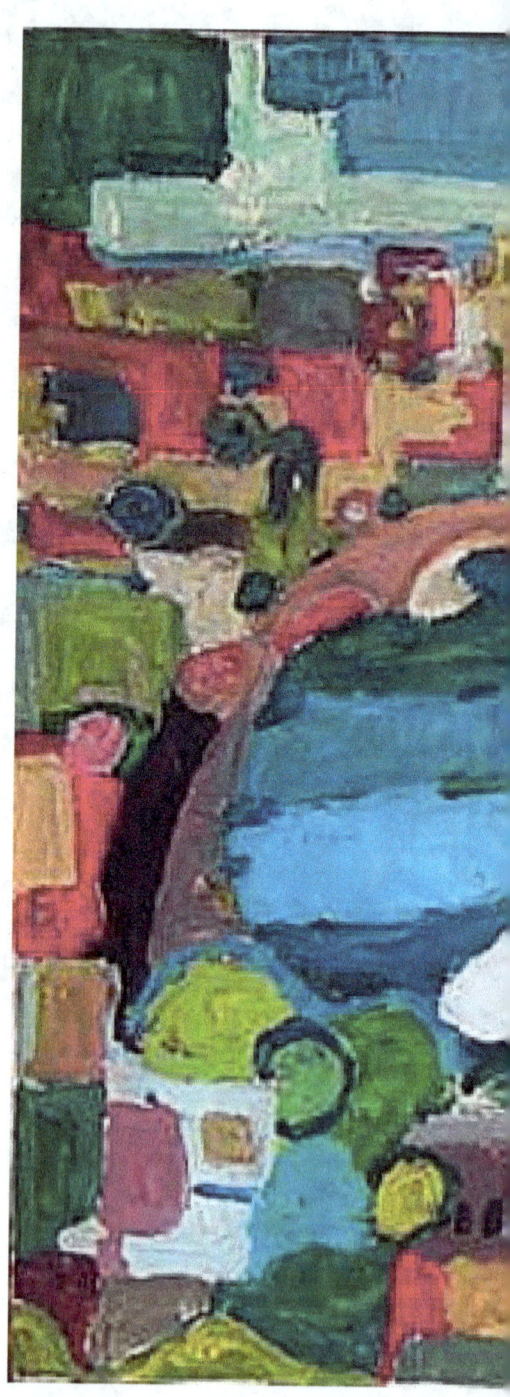

12.1 Vista da Montemario, Roma, Settembre 1975 olio su tela 60x80

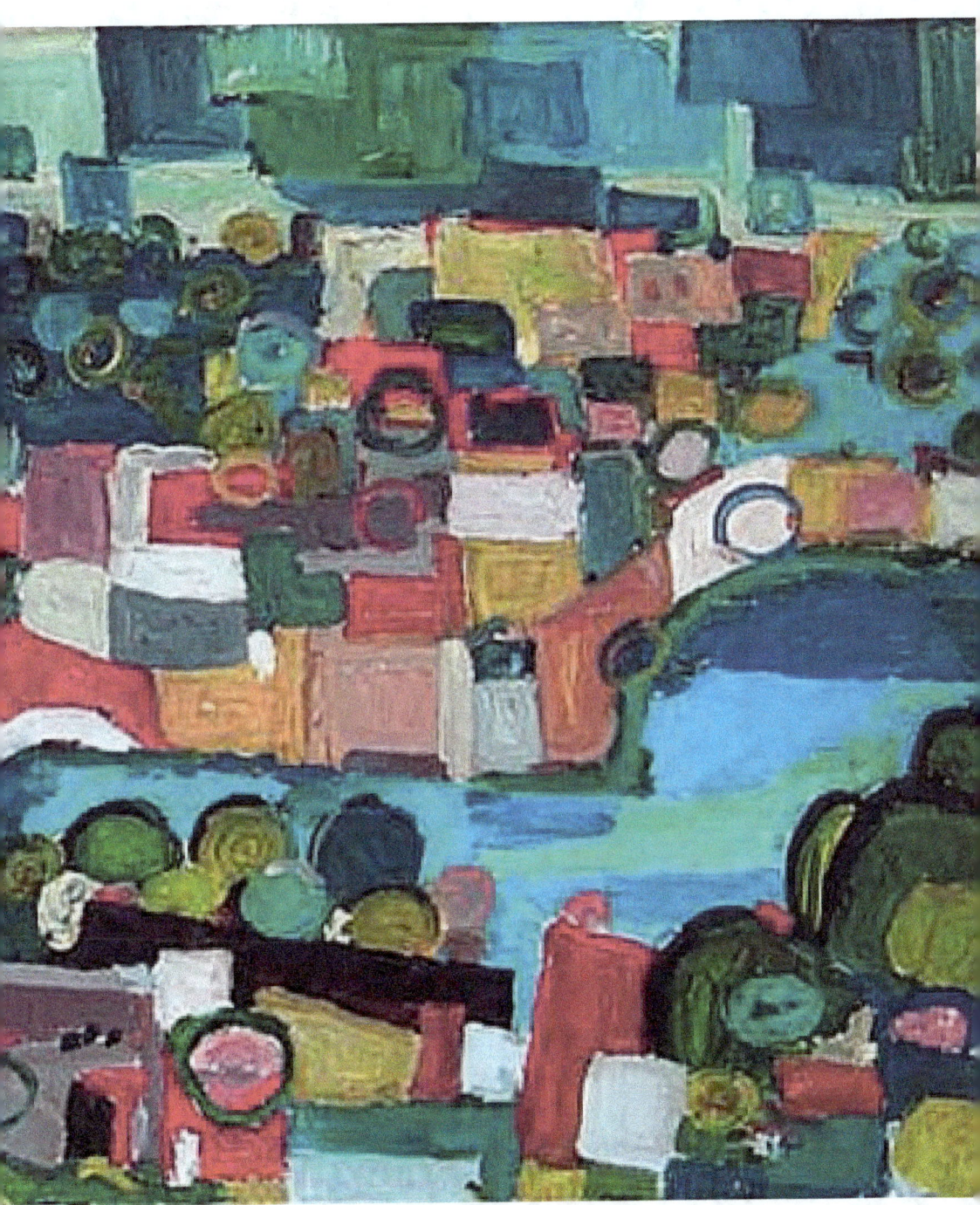

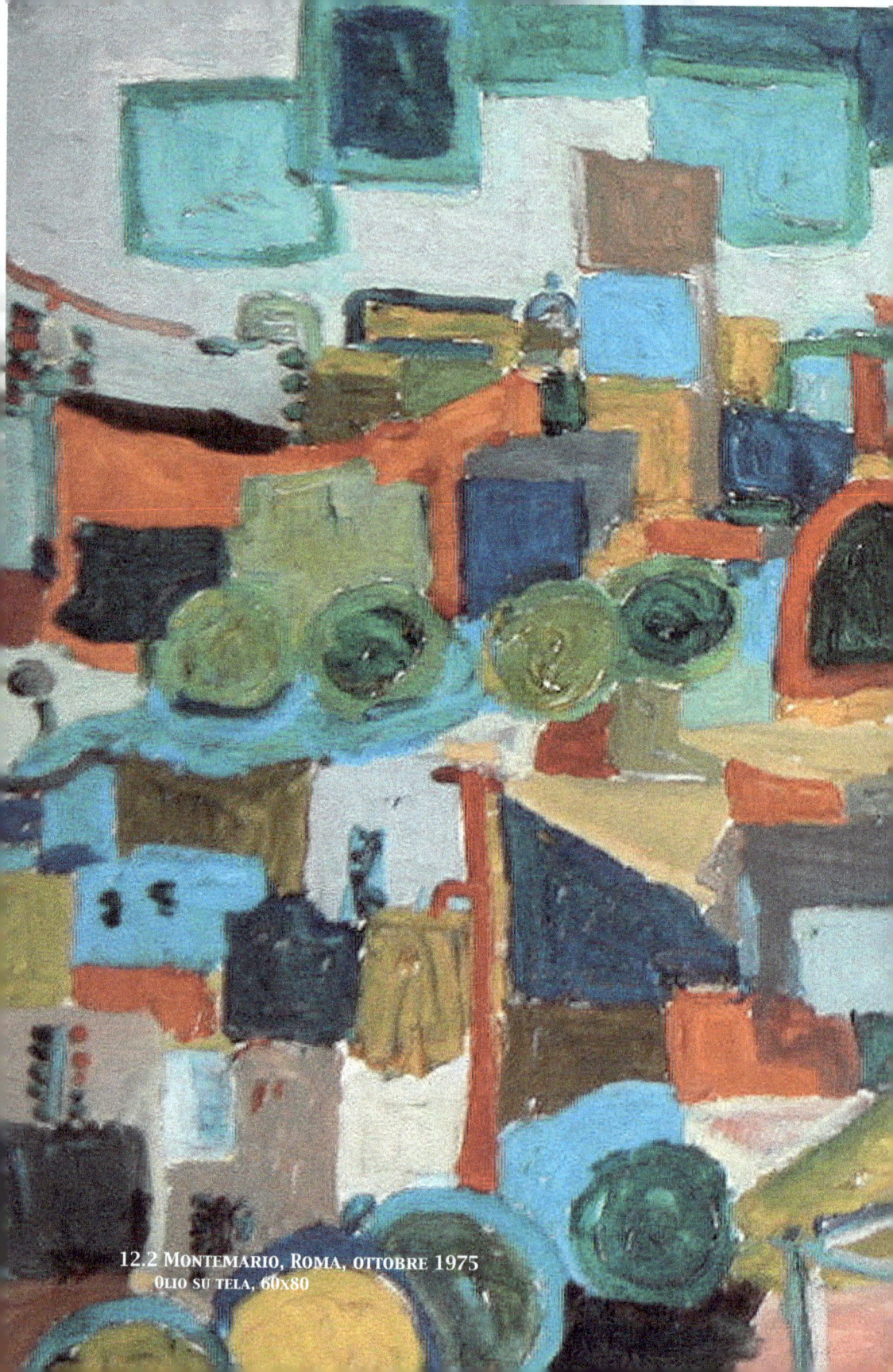

12.2 Montemario, Roma, ottobre 1975
Olio su tela, 60x80

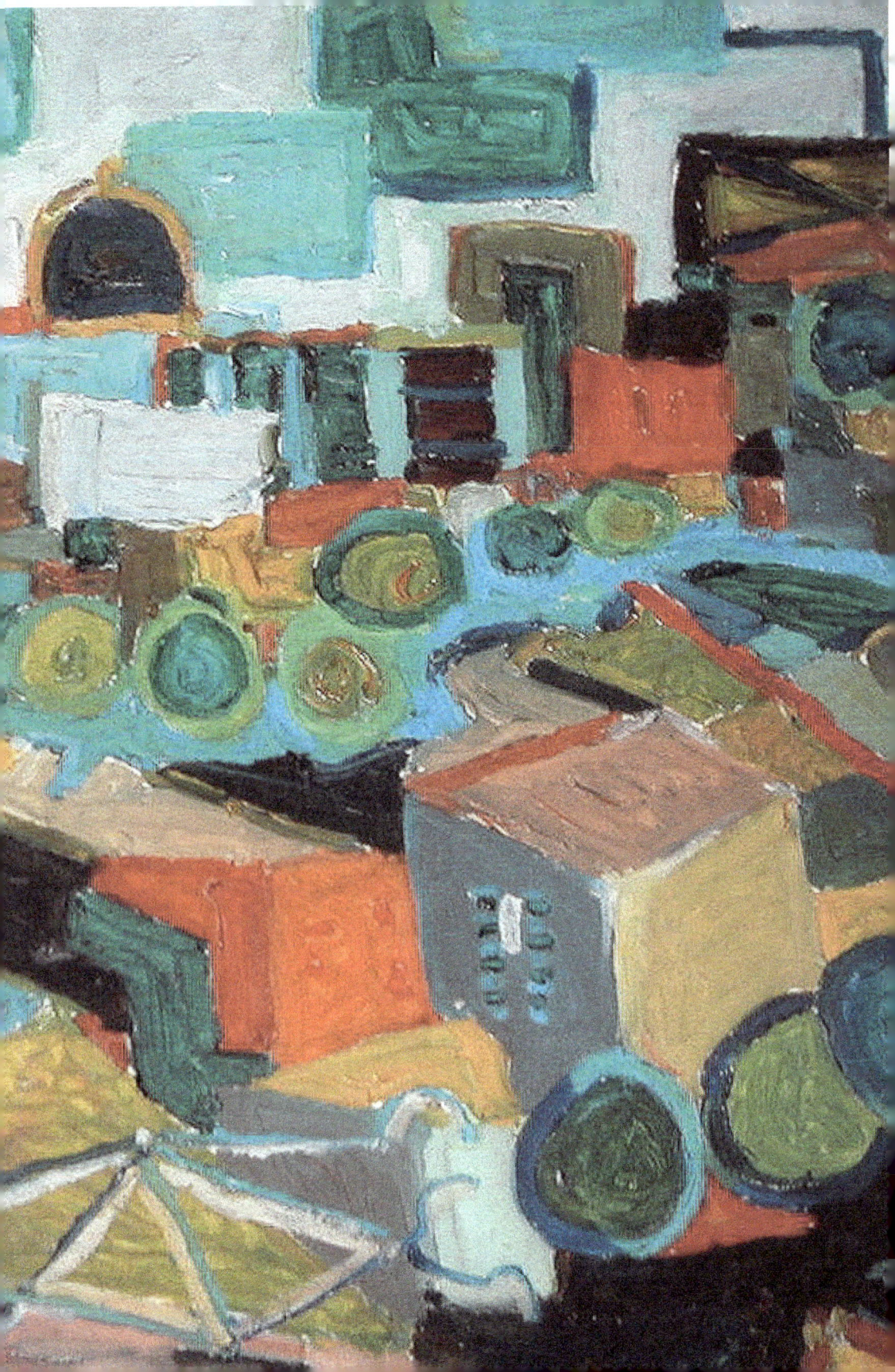

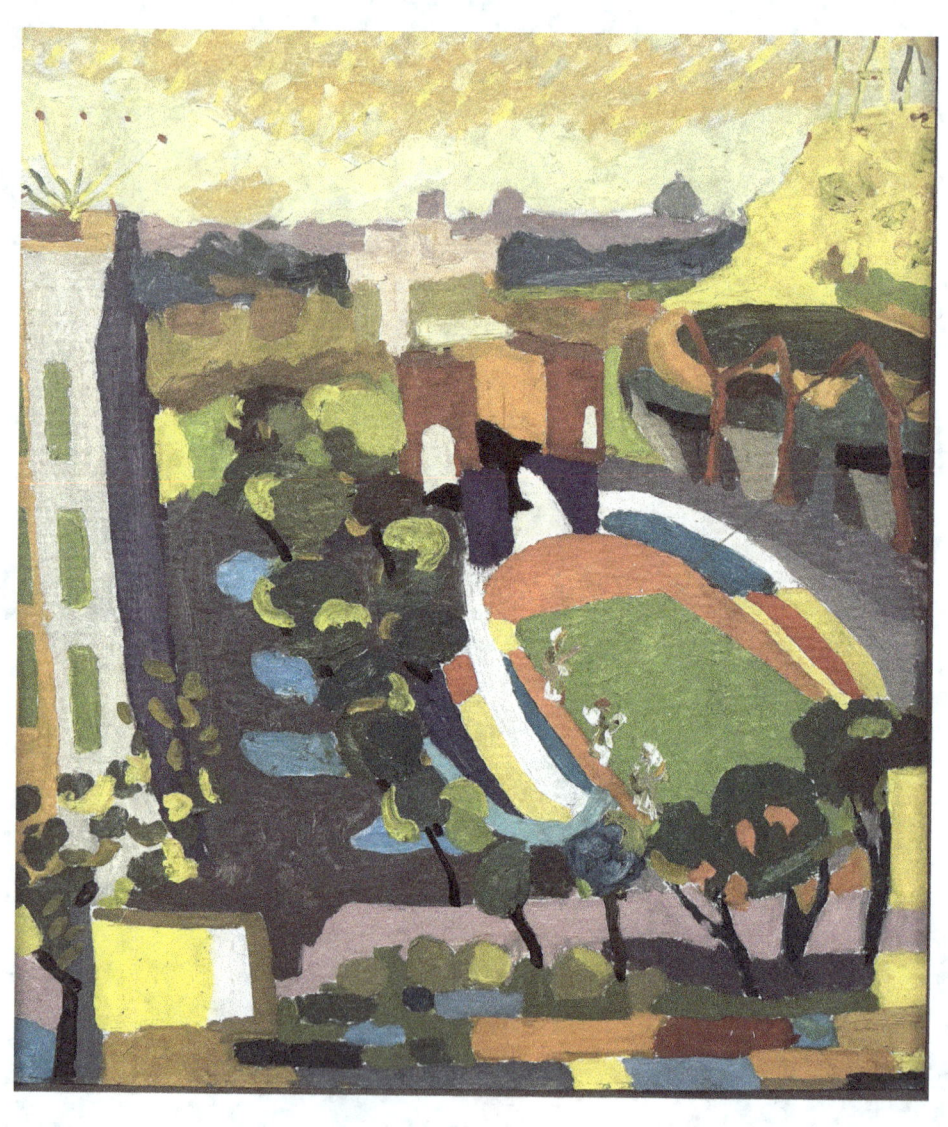

12.3. Vista del Foro italico da Mote Mario, Roma, 17 ottobre 1999
Olio su tela, 60x70

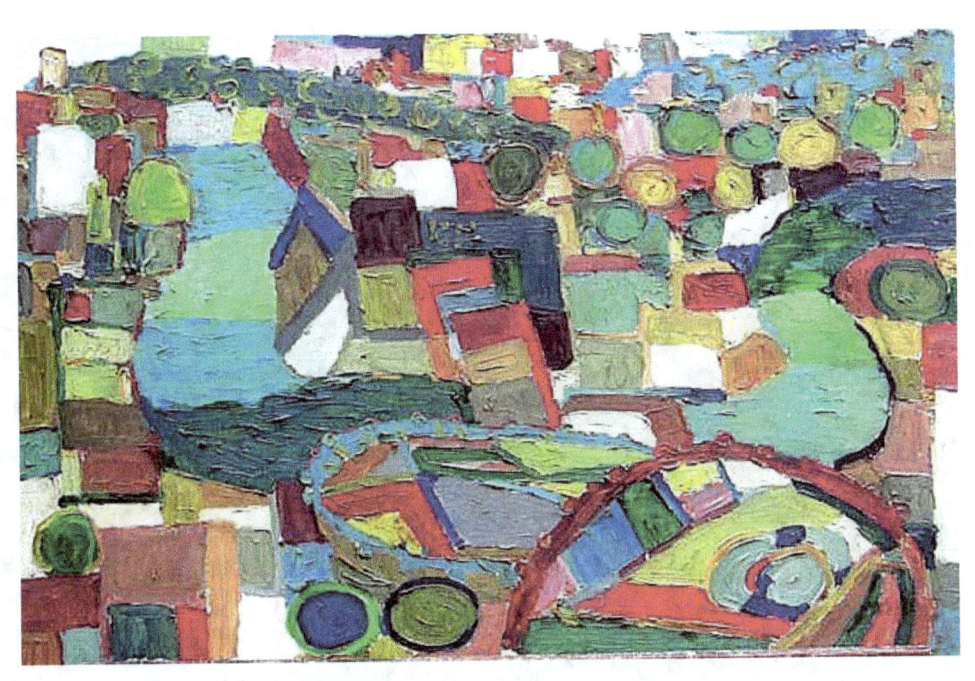

12.4. Vista dell'ansa olimpica, Roma, Settembre 1975
  Olio su tela, 60x80

Squarci Urbani

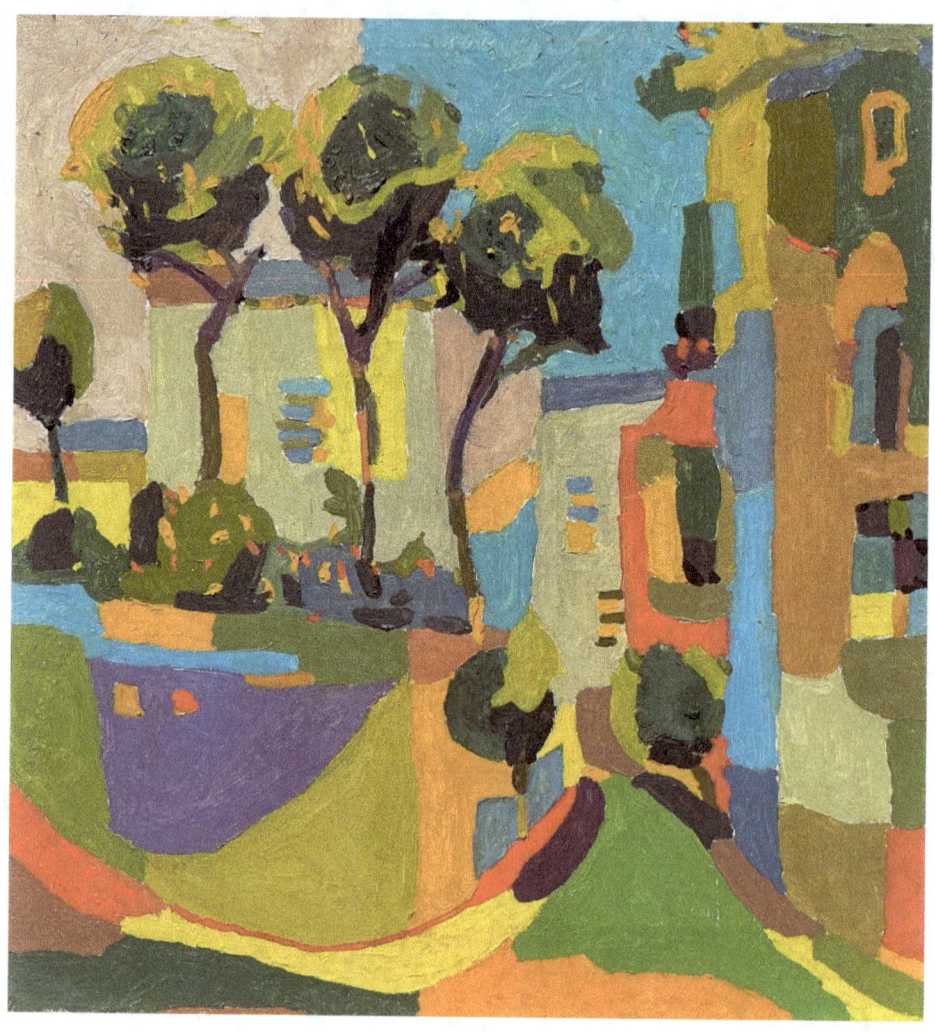

13.1 SALITA AI PARIOLI, 3 SETTEMBRE 1992
   Olio su tela, 45x55

13.2 SAN CRESCENZIO, ROMA, MARZO 1990
   Olio su tela, 40x40

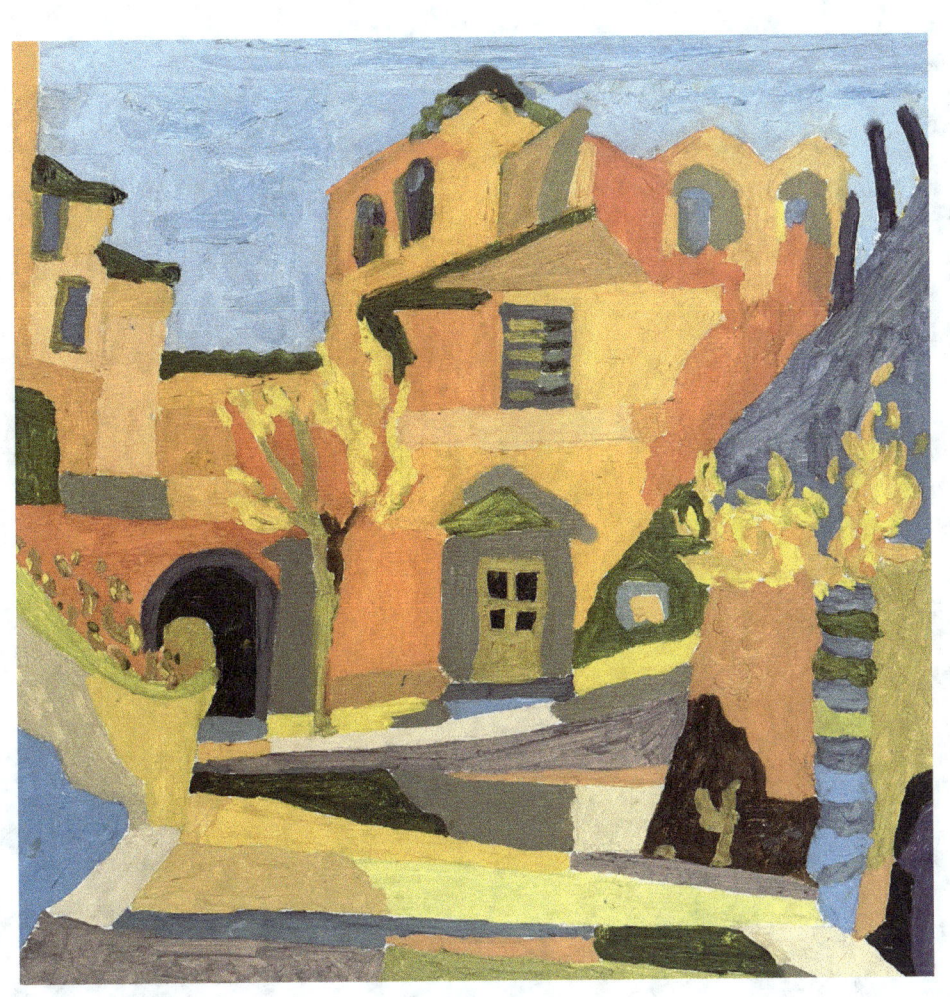

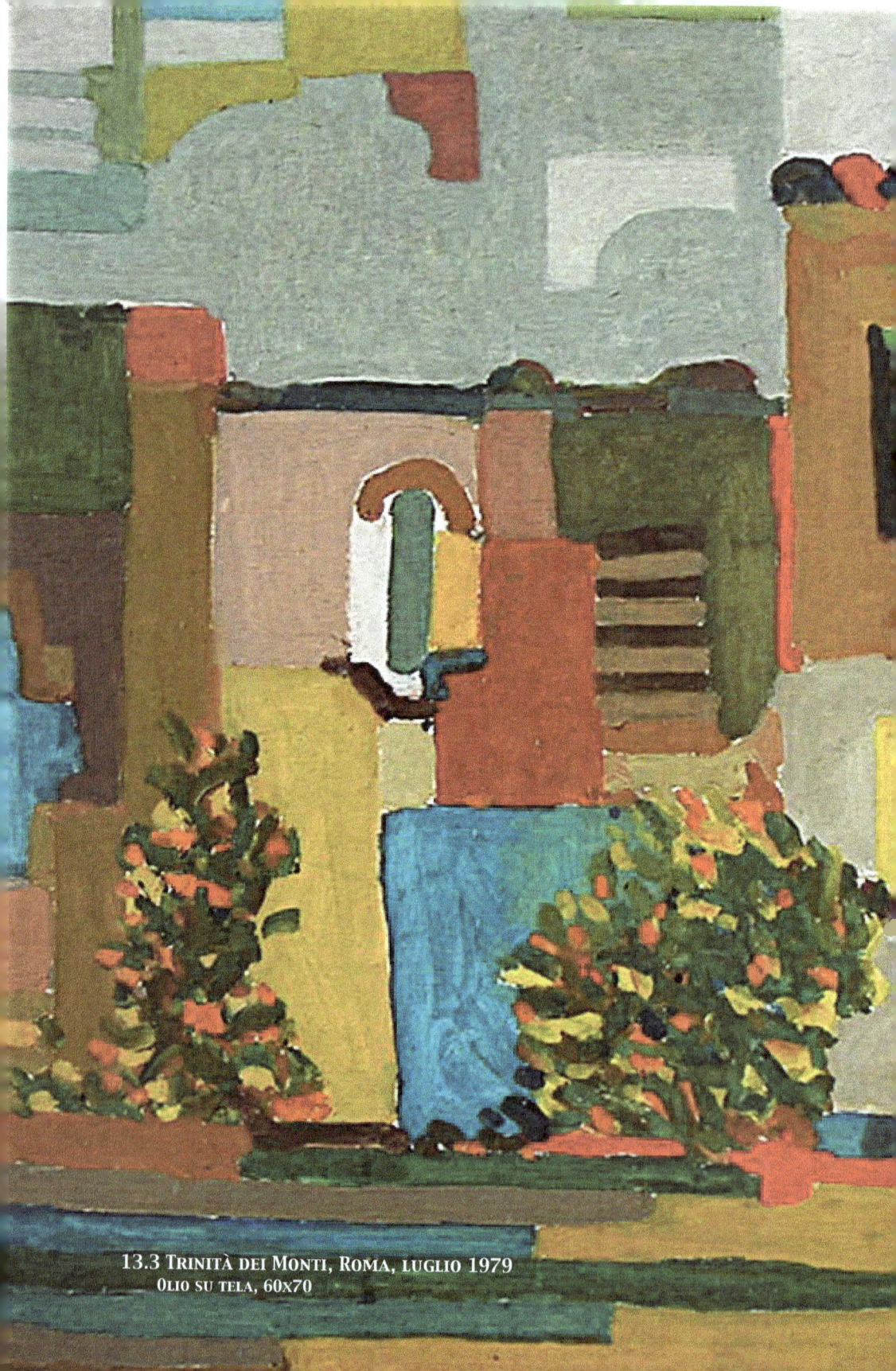

13.3 Trinità dei Monti, Roma, luglio 1979
Olio su tela, 60x70

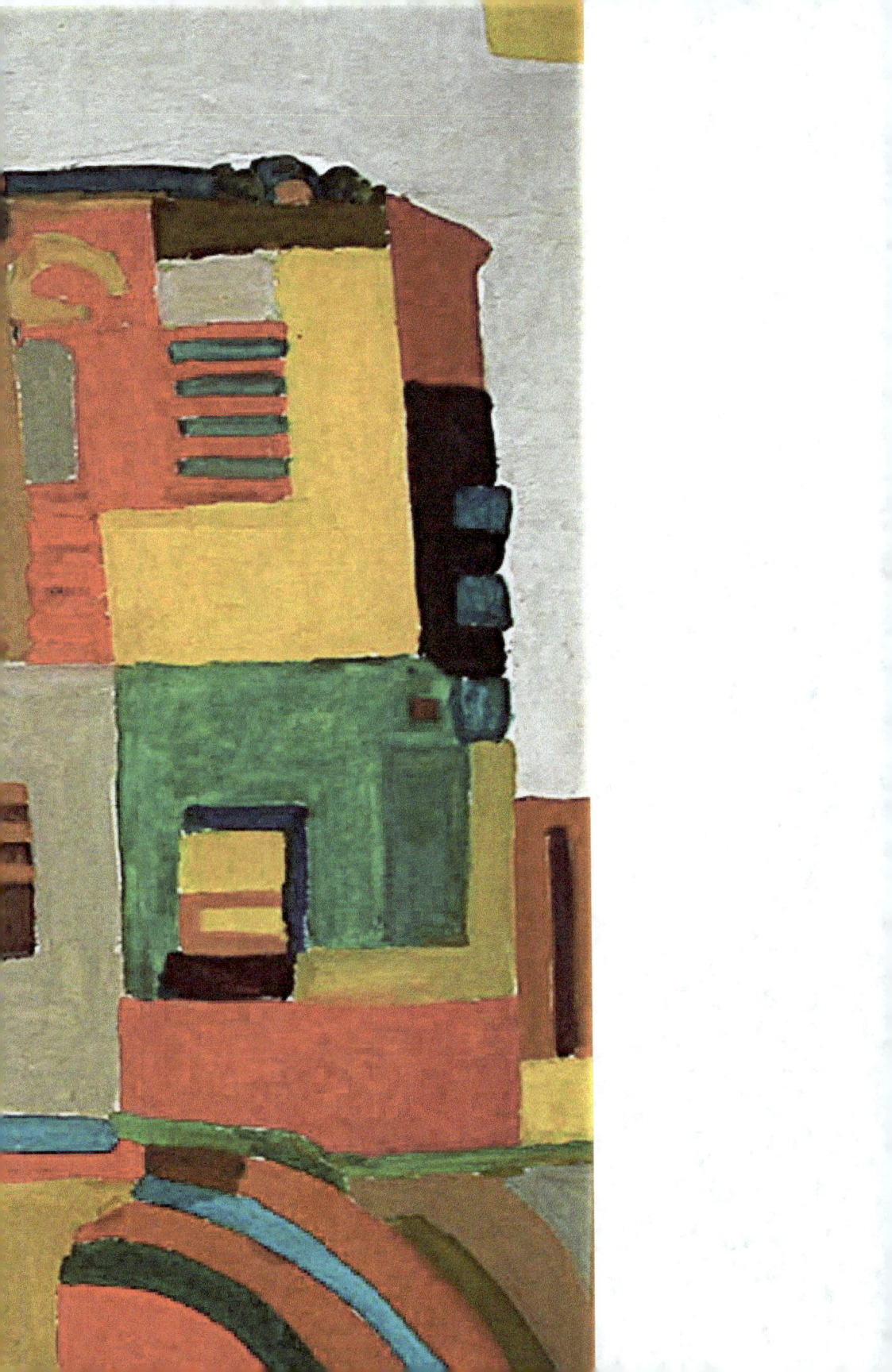

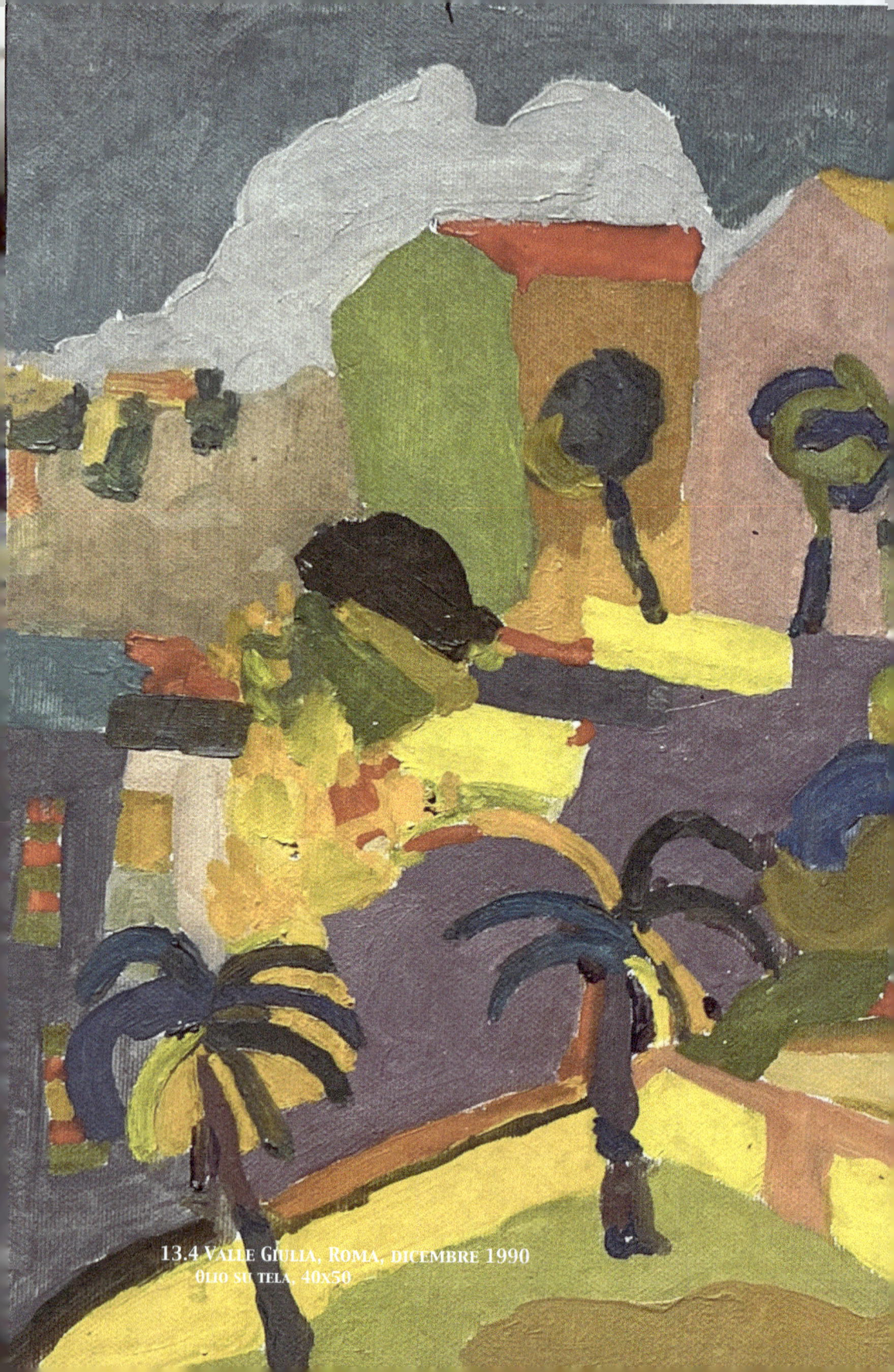

13.4 Valle Giulia, Roma, dicembre 1990
olio su tela, 40x50

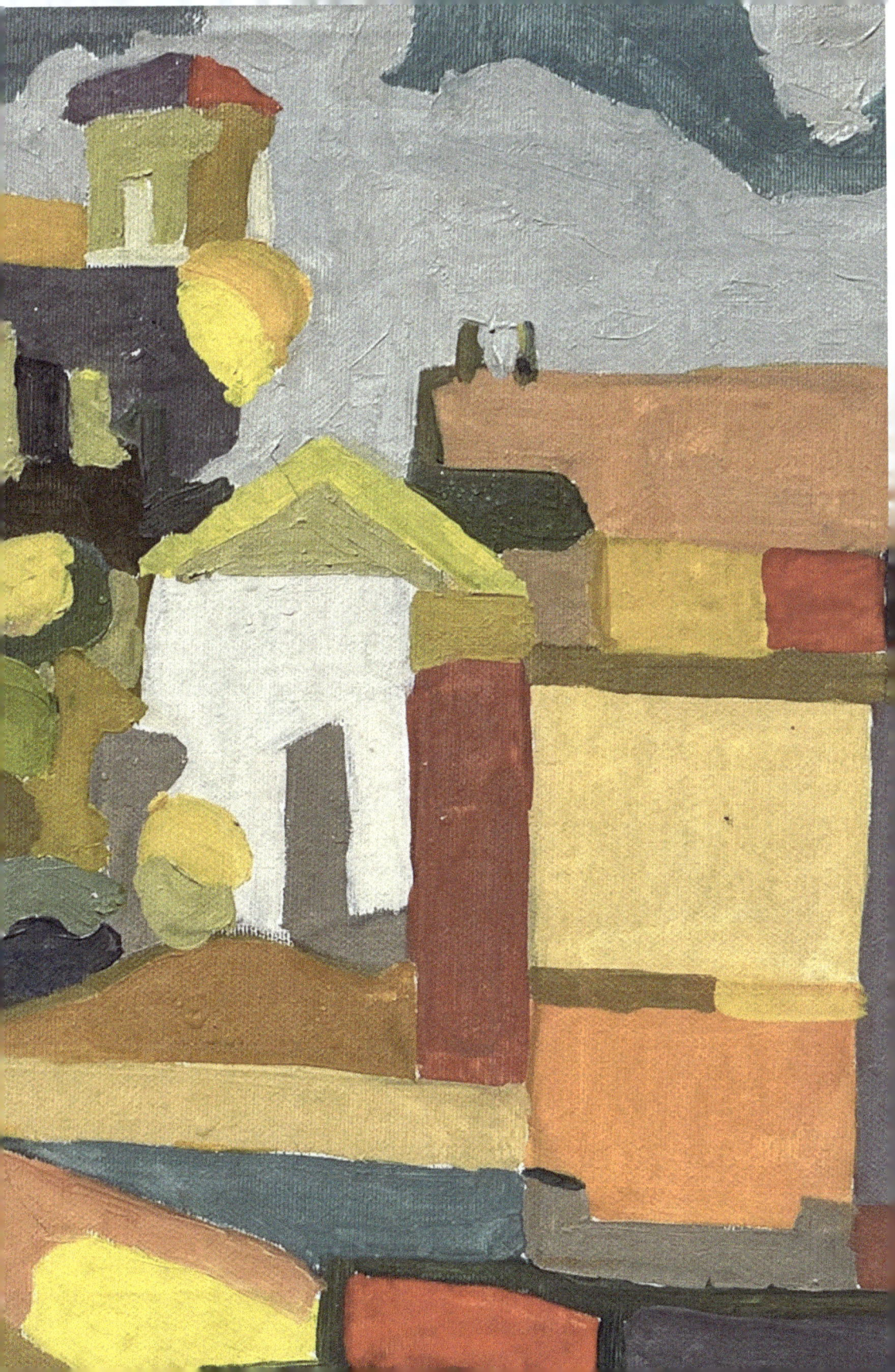

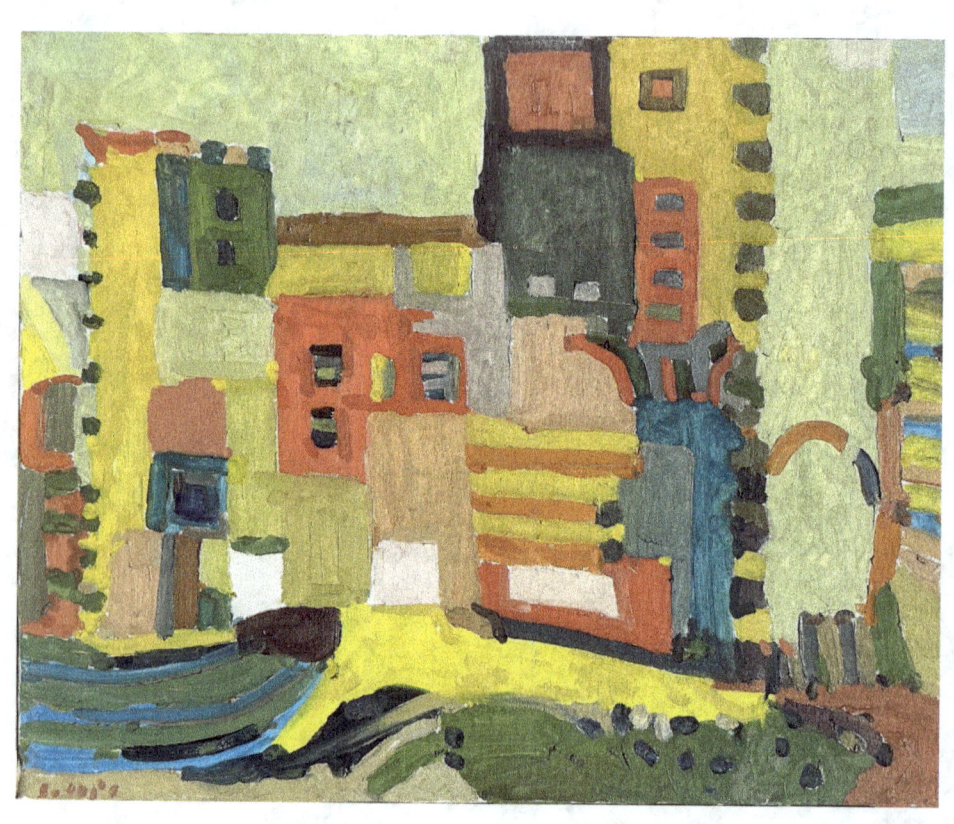

13.5 Trinità dei Monti, Roma, 1986
Olio su tela, 50x60

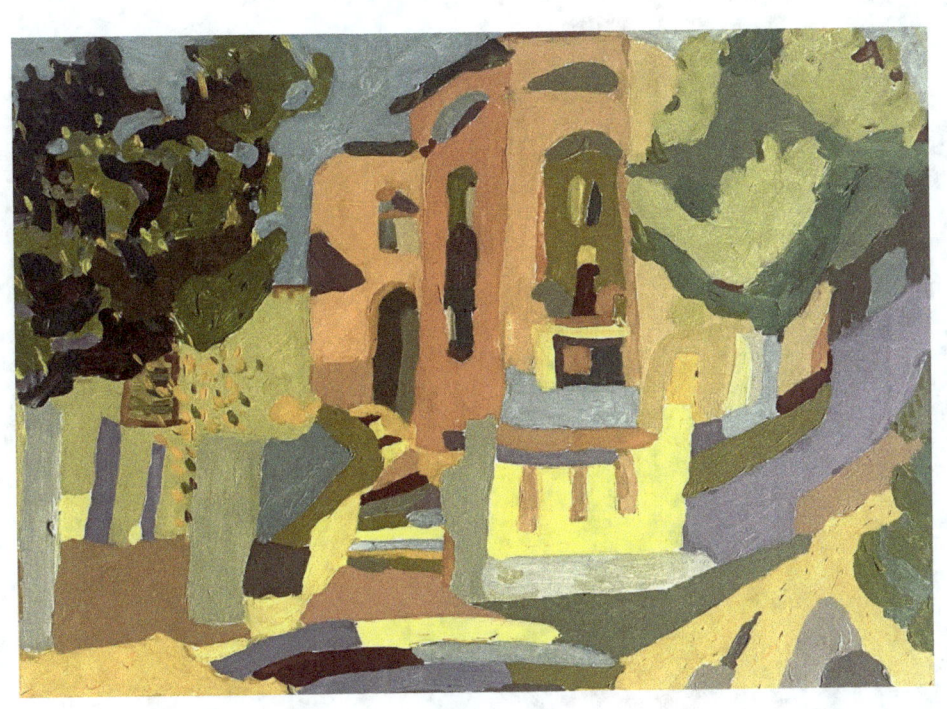

13,6 Scuola al parco nemorense Roma, 1986
Olio su tela, 45x55

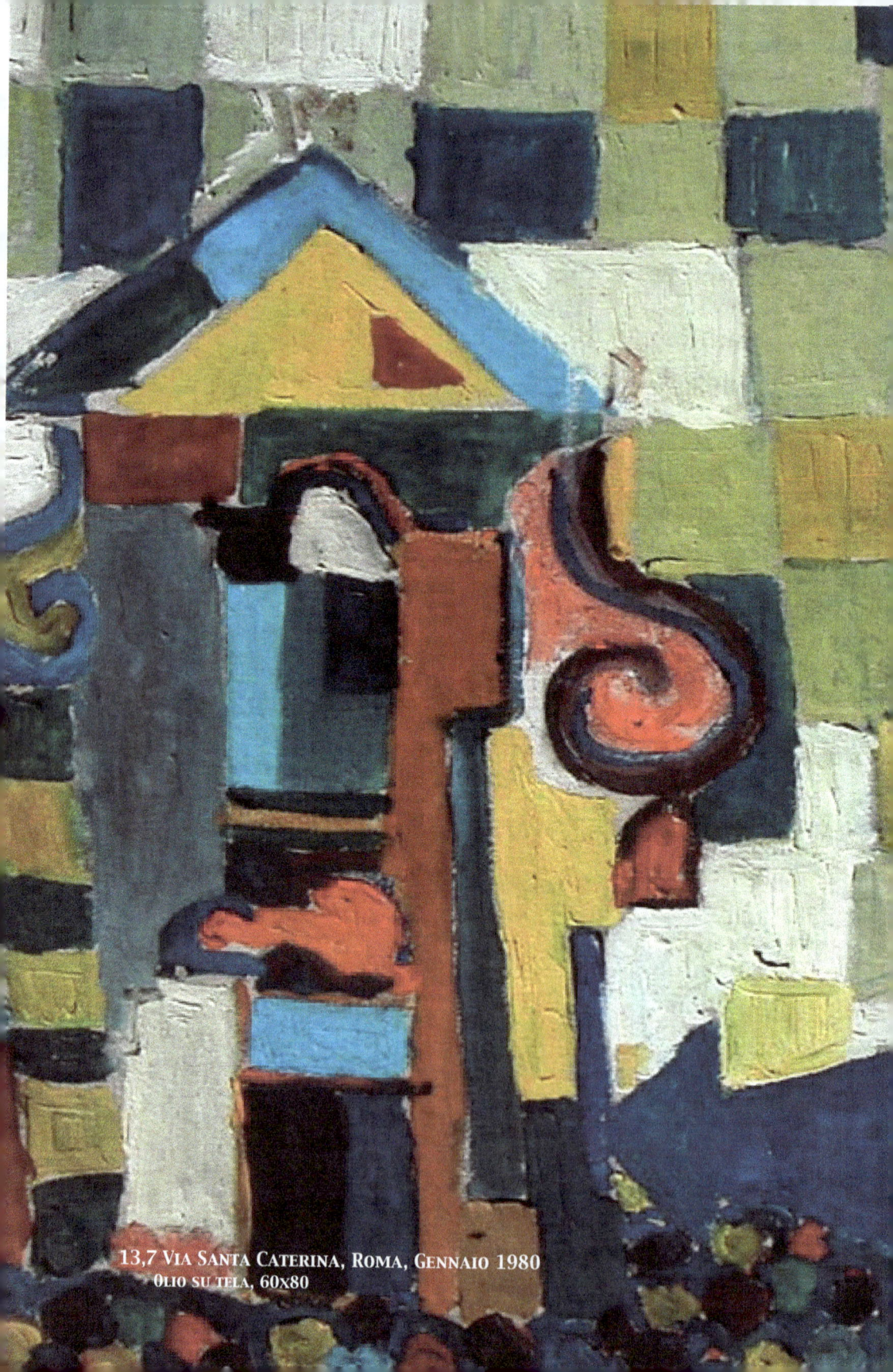

13,7 Via Santa Caterina, Roma, Gennaio 1980
Olio su tela, 60x80

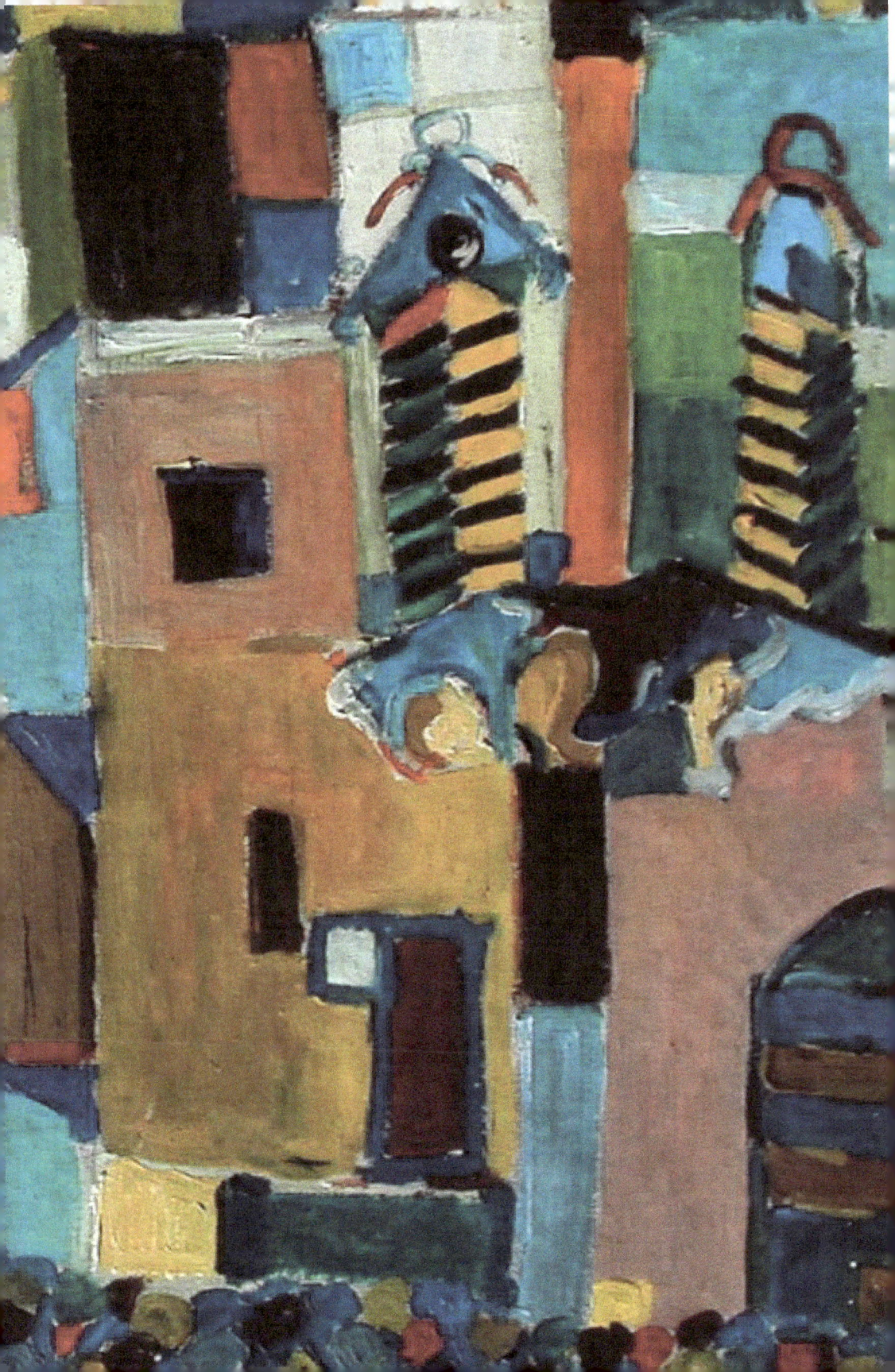

Paesaggi italiani

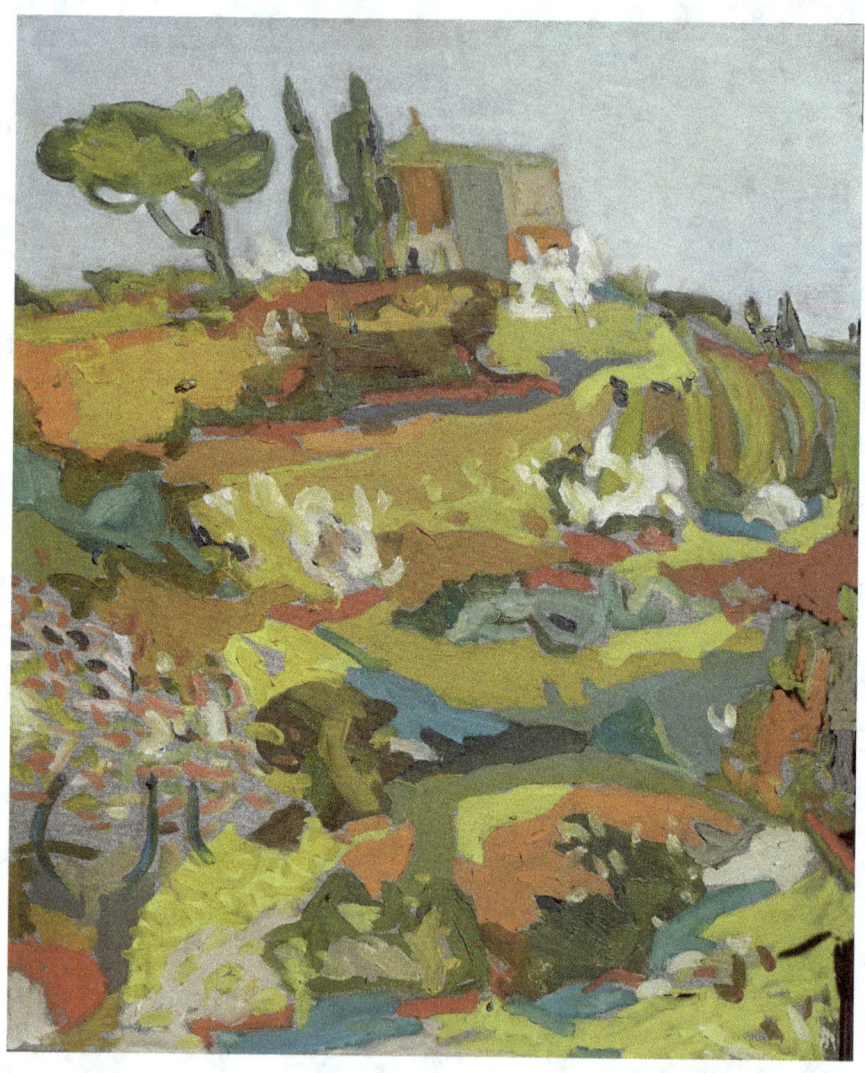

14.1 Paesaggio Italiano pensando a Giorgio Morandi, 1978
   Olio su tela, 60x70

14.2 Paesaggio italiano pensando a Franco Fontana, 1978
   Olio su tela60x70

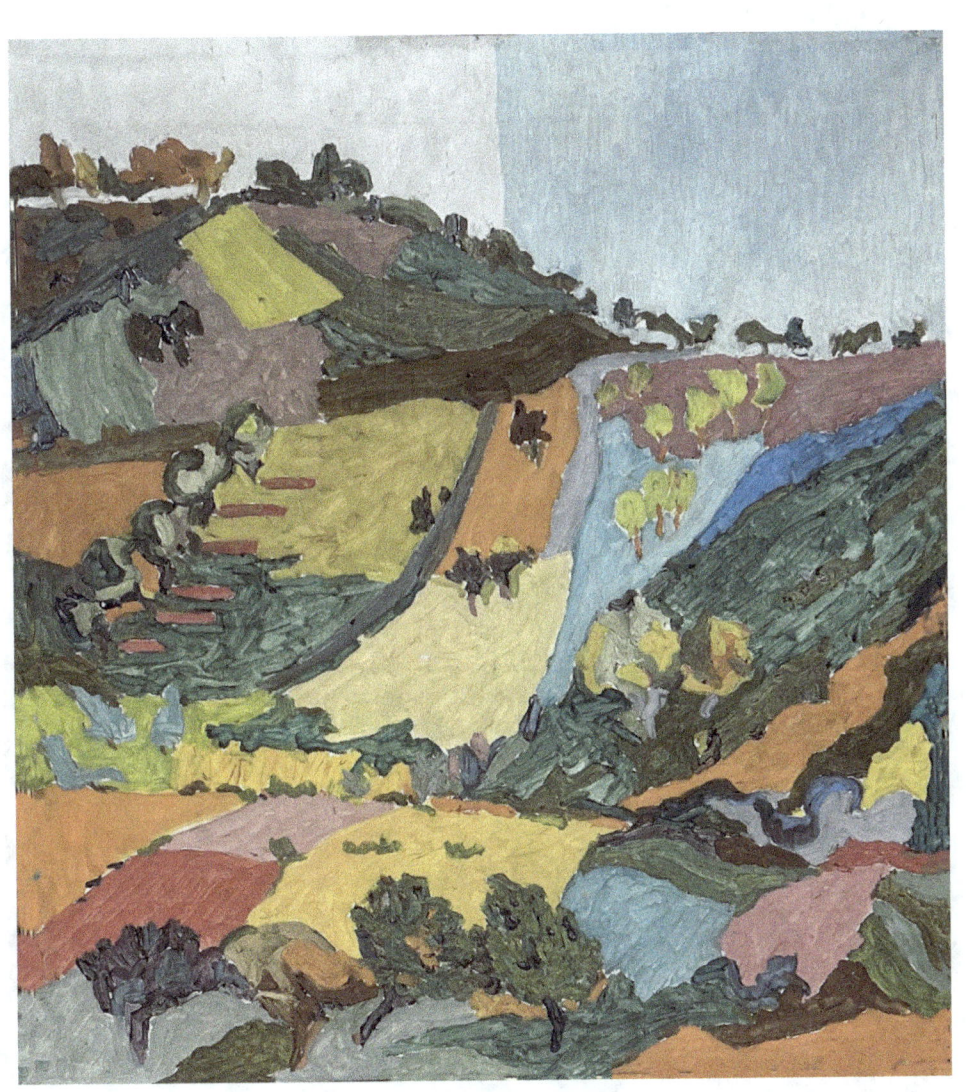

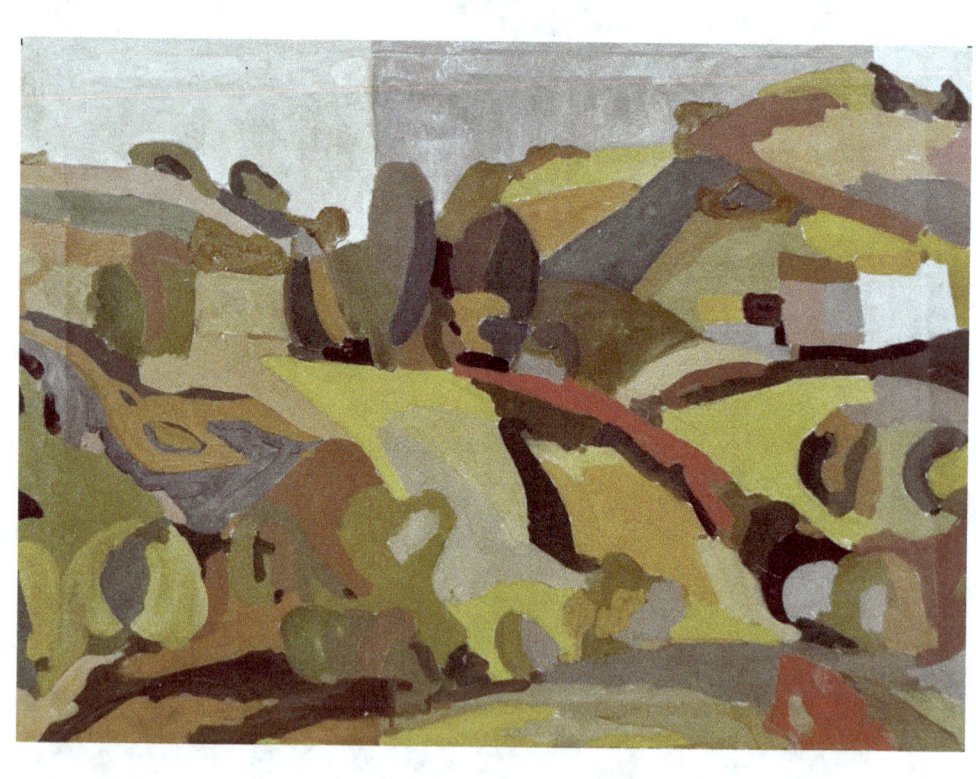

14.3 Paesaggio italiano pensando a Giotto Roma, 1985
Olio su tela, 70x100

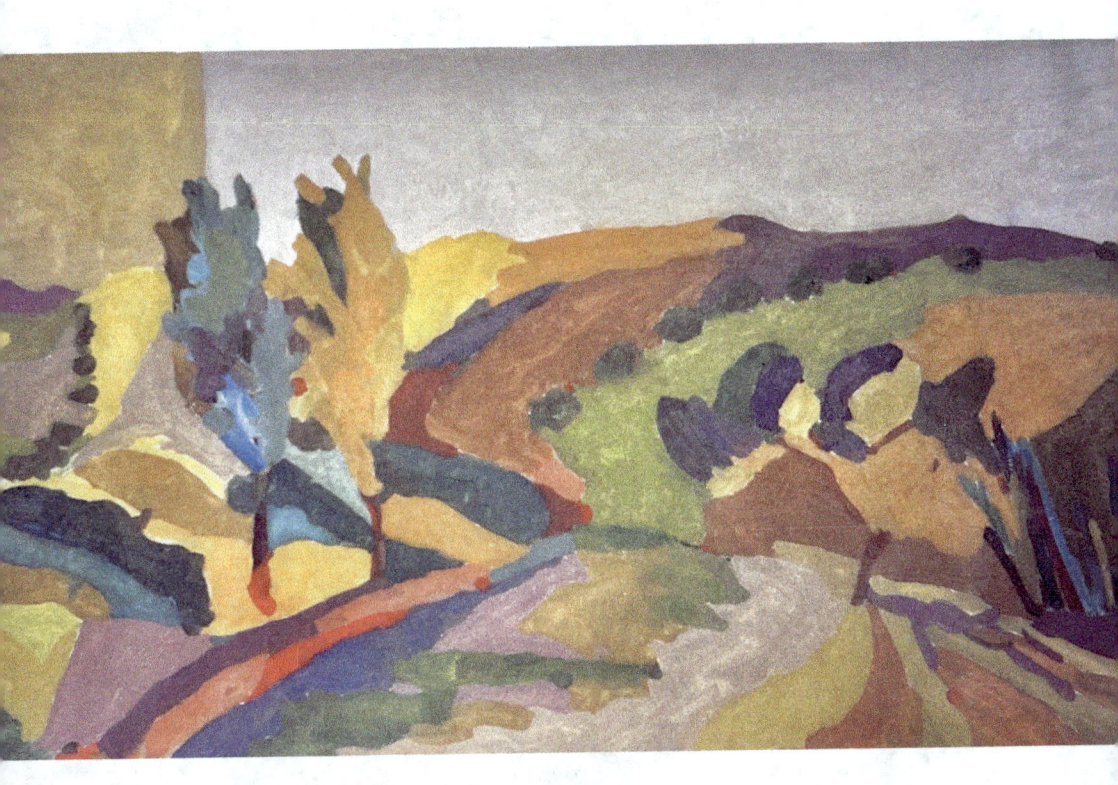

14.4 Paesaggio italiano Roma, 1985
Olio su tela, 70x120

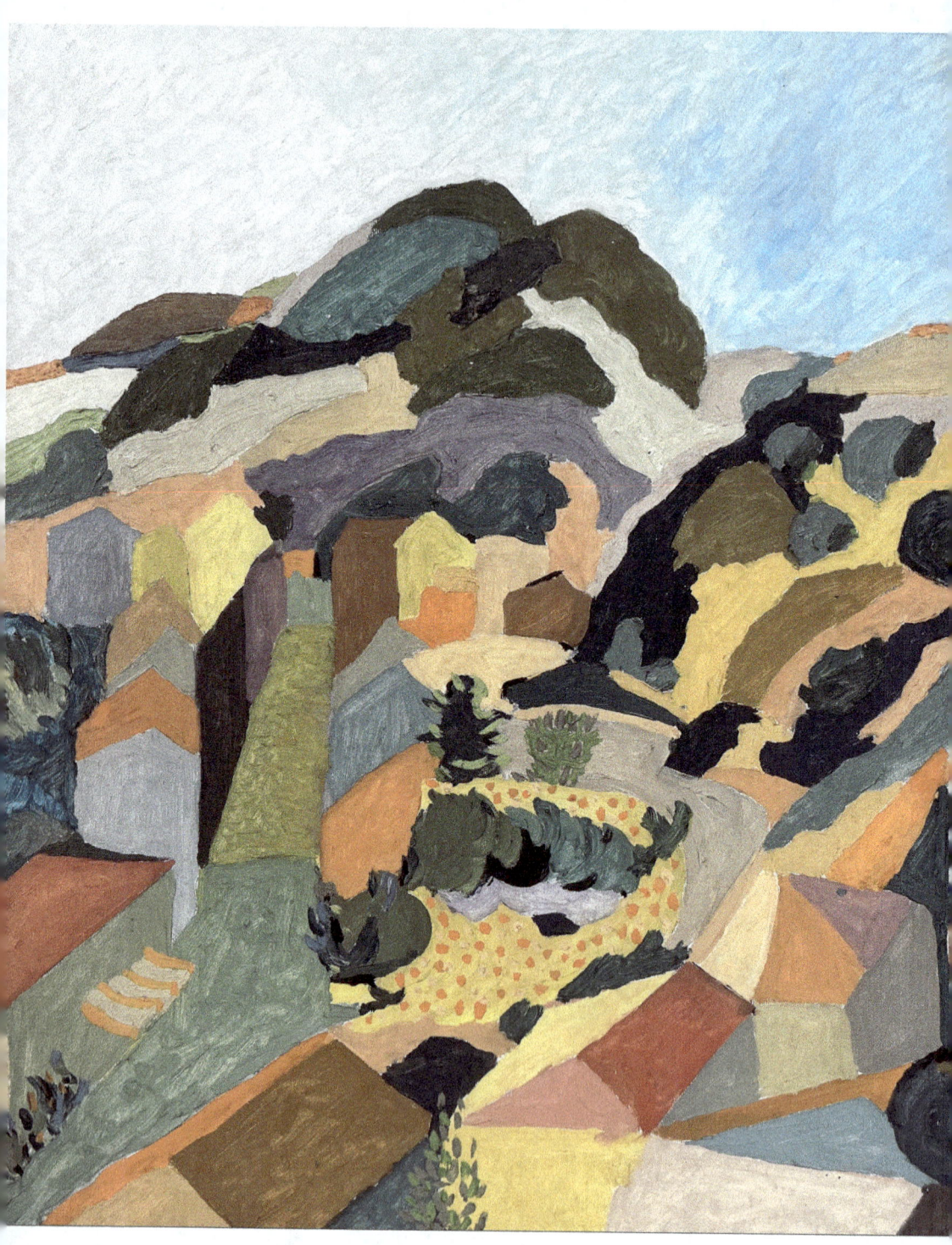

14.5 La Montagna dei sogni, Patti Luglio 1990
Olio su tela, 60x70

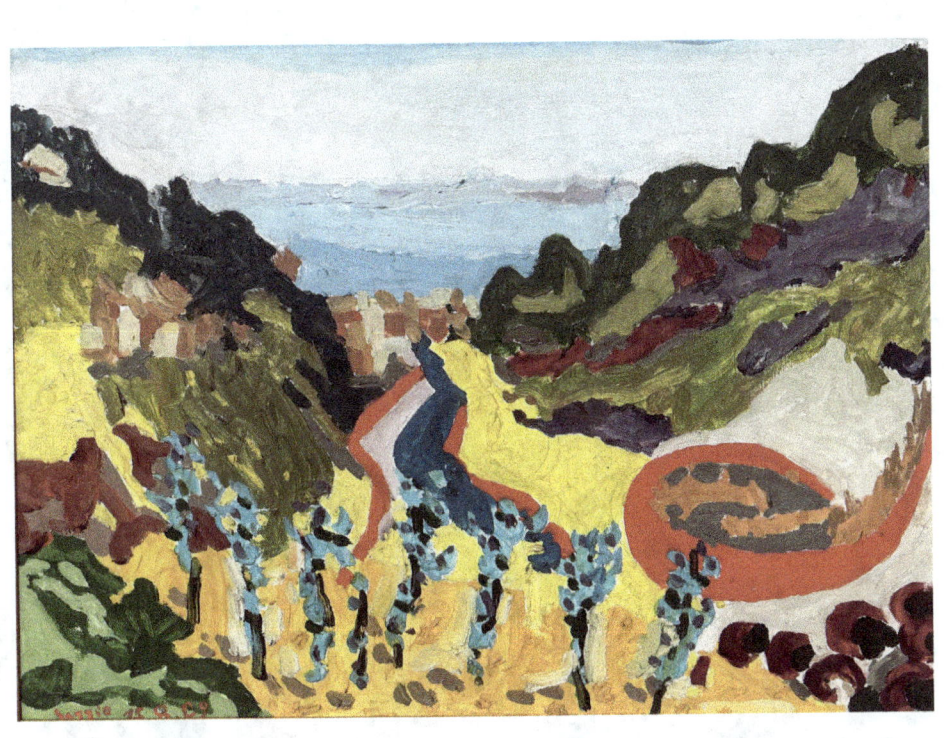

14.6 Torrente Zappardno, Gioiosa Marea agosto 2010 Luglio 1990
Olio su tela, 90x100

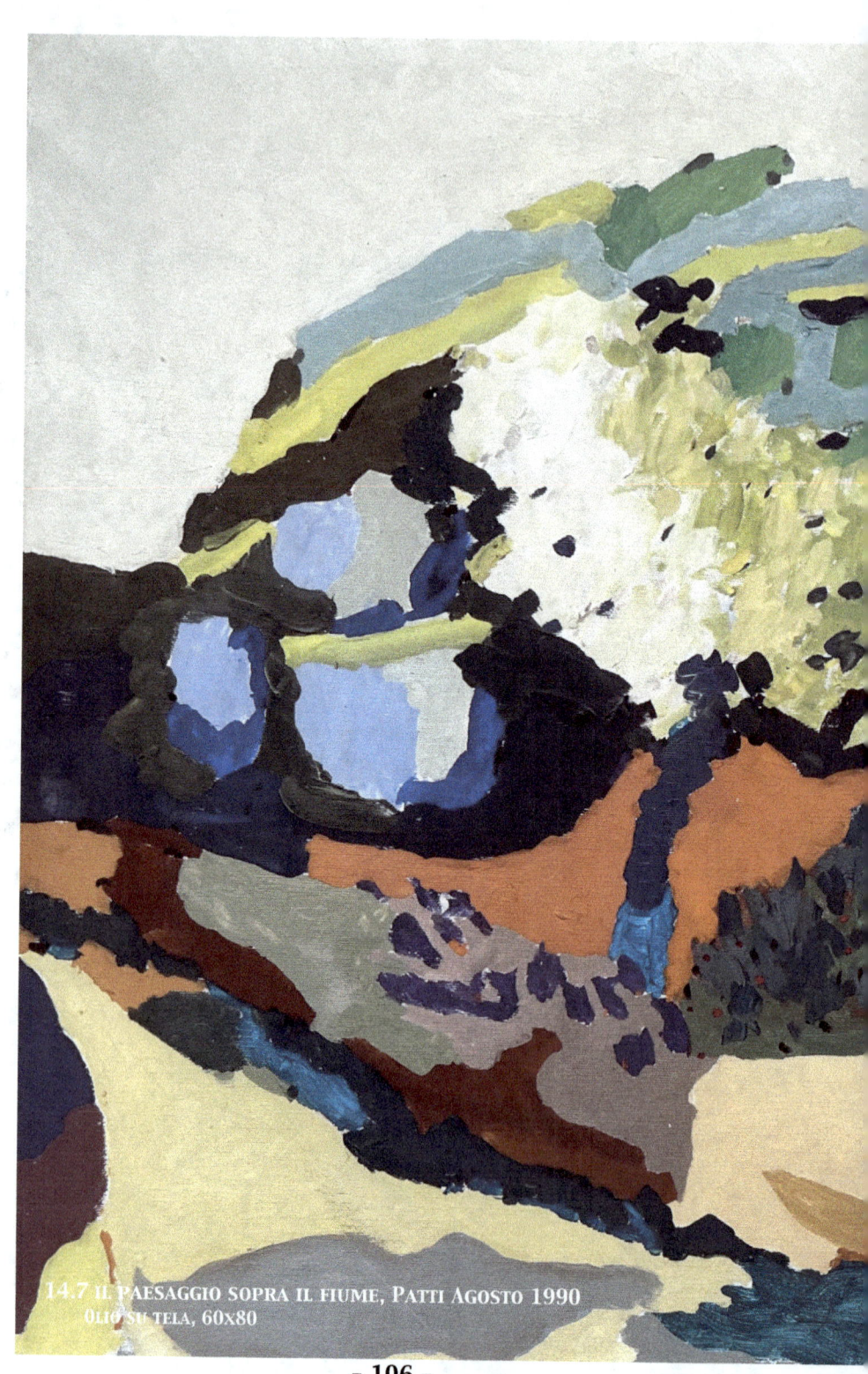

14.7 Il paesaggio sopra il fiume, Patti Agosto 1990
Olio su tela, 60x80

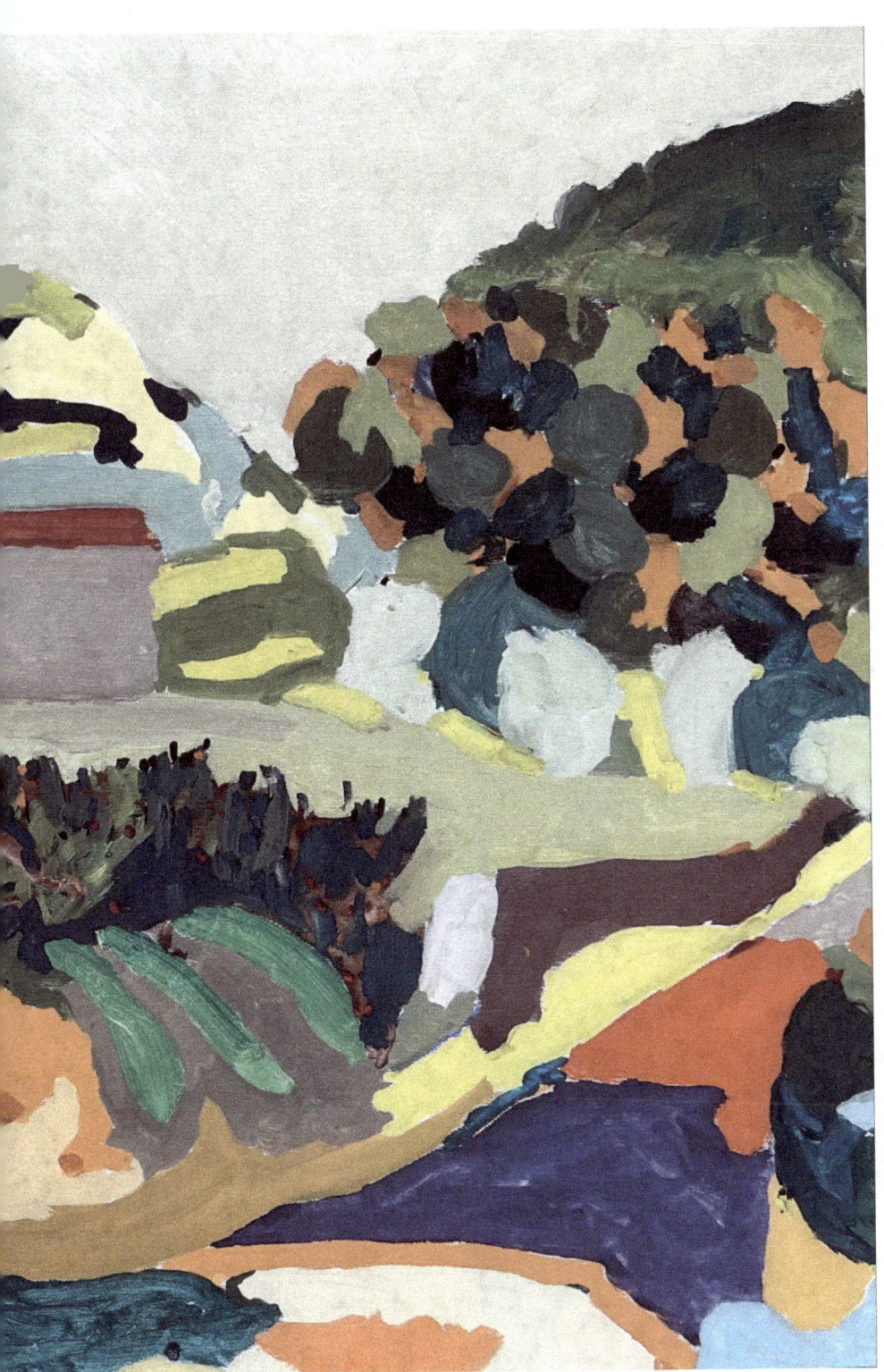

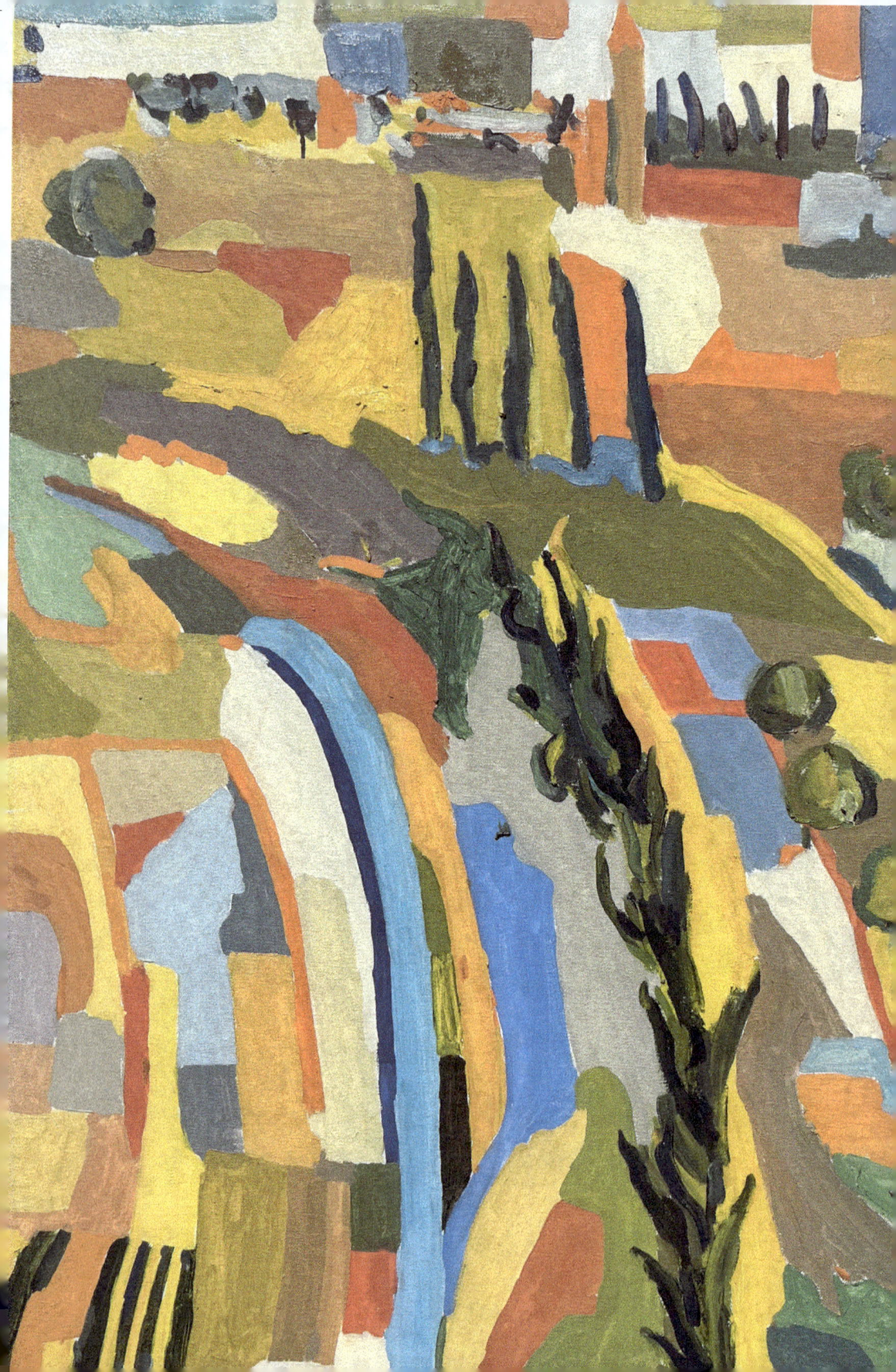

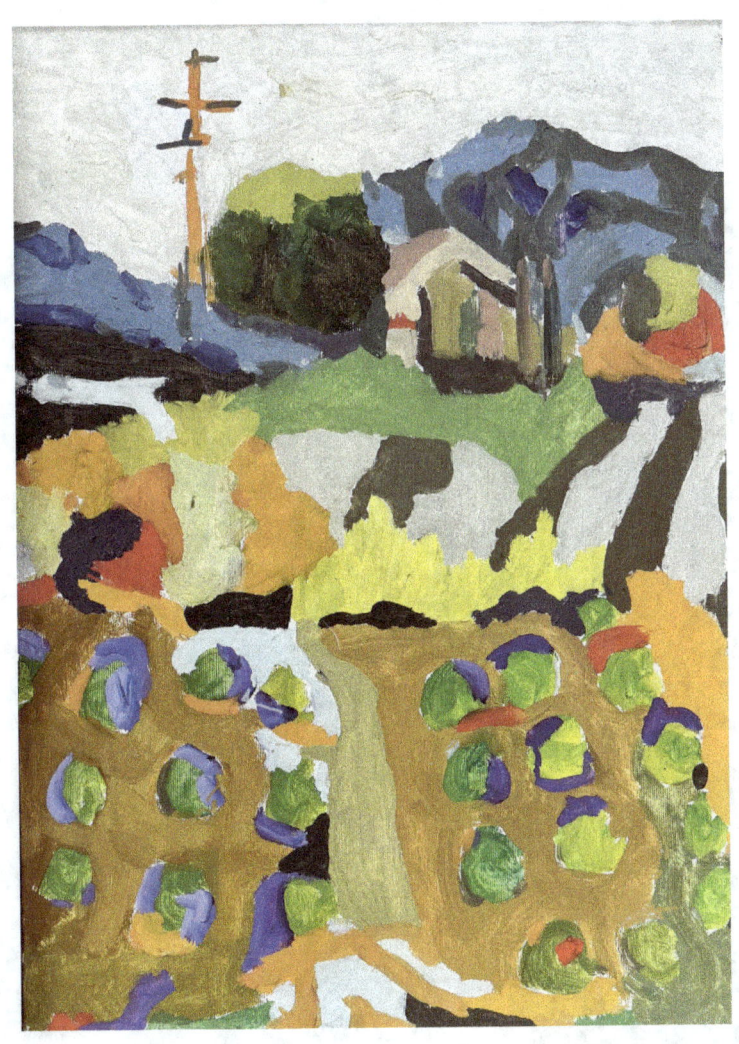

14.8 Paesaggio italiano Pensando a Klee Roma, 1985
    Olio su tela, 70x100
14.9 Paesaggio italiano vicino Rignano, Rignano dicembre 1990
    Olio su tela, 35x50

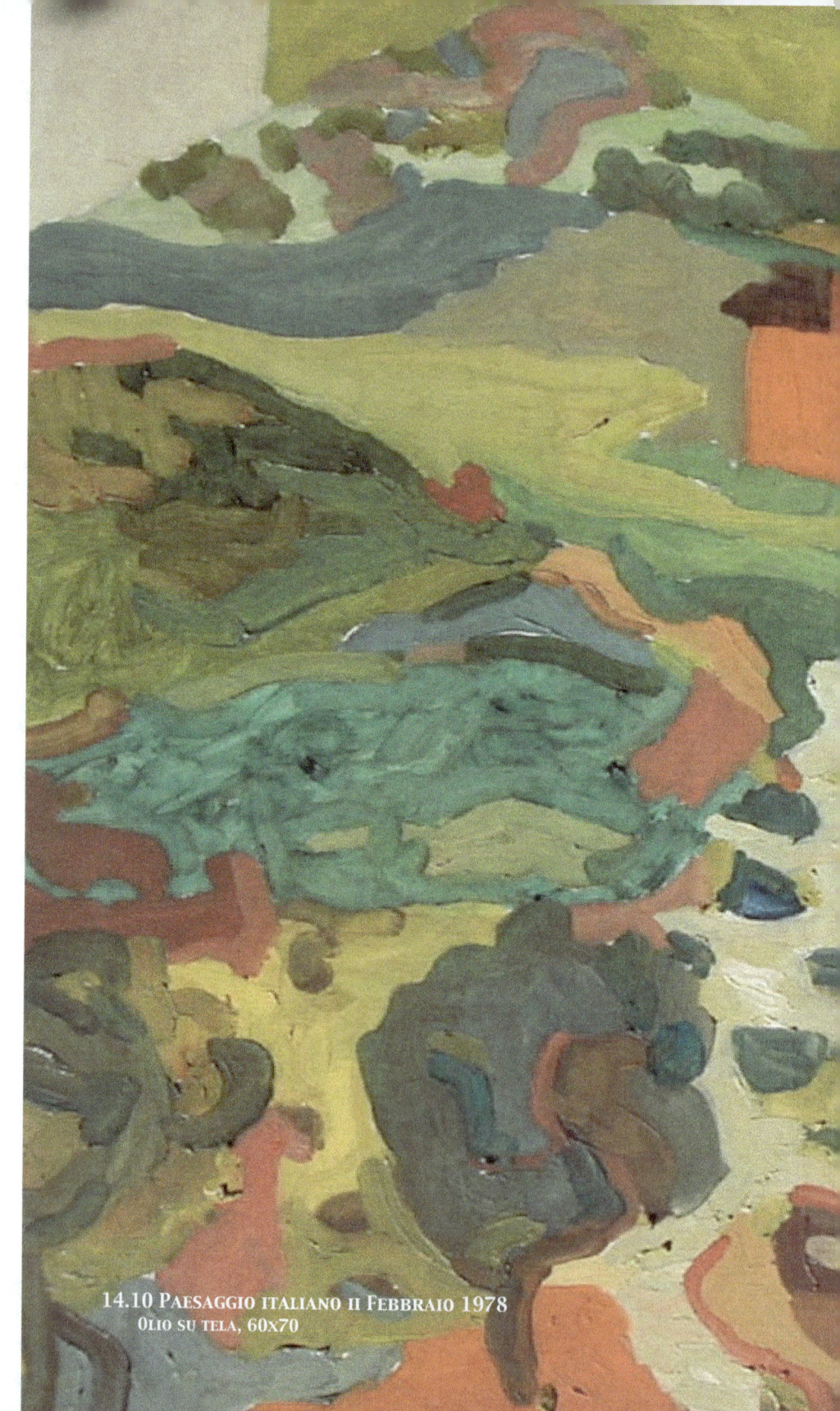

14.10 Paesaggio italiano ii Febbraio 1978
Olio su tela, 60x70

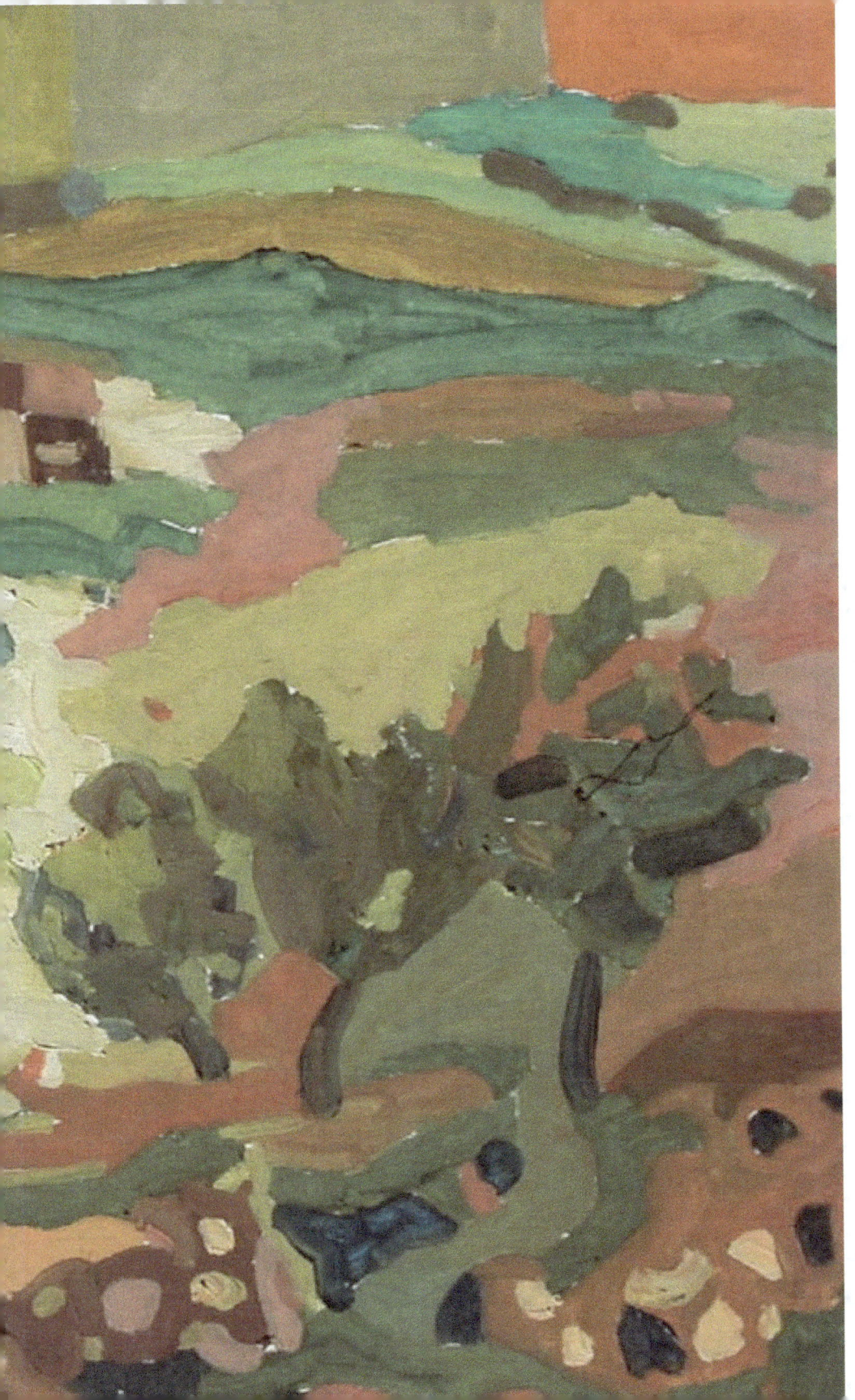

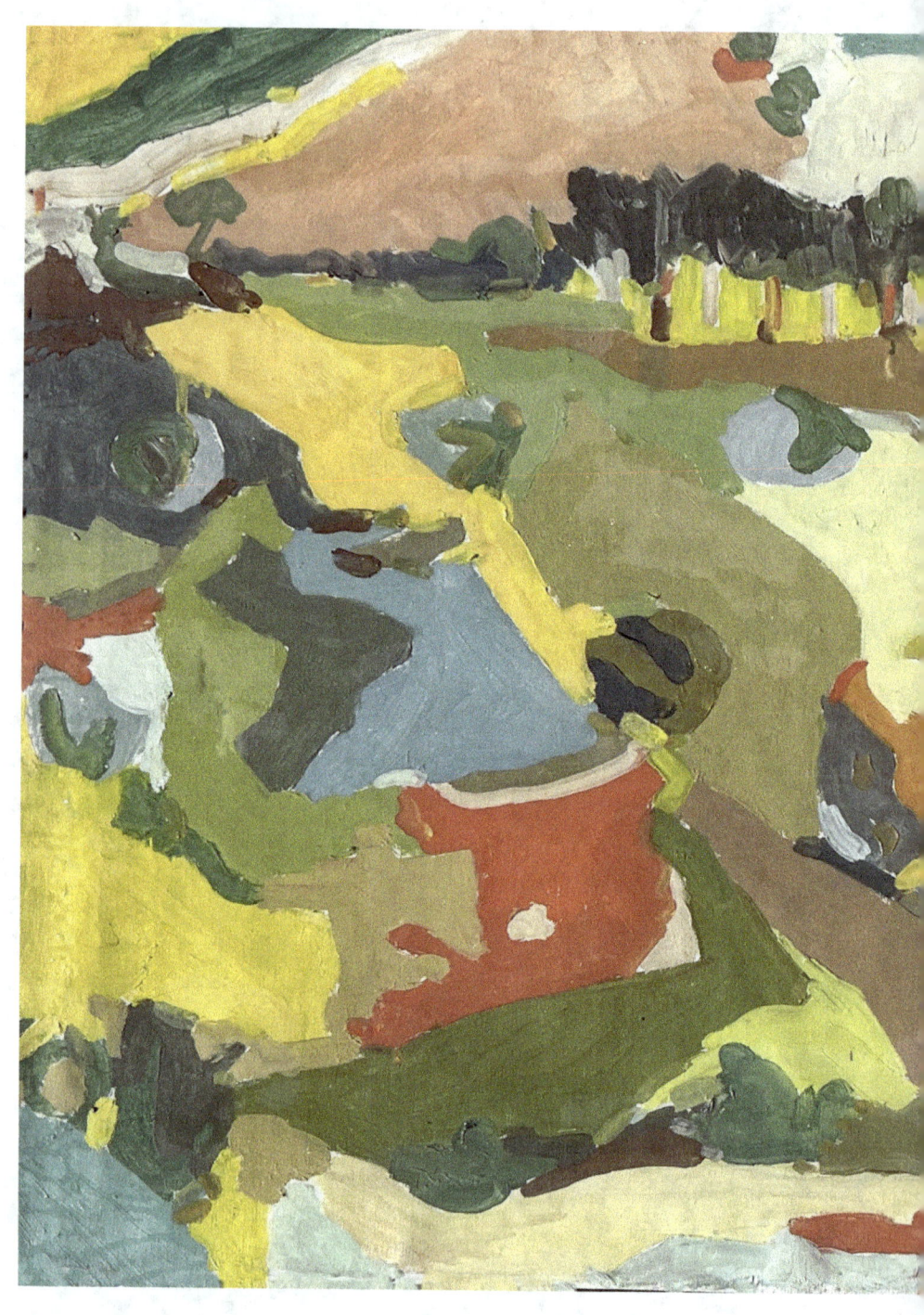

14.12 Paesaggio italiano III 1978
  Olio su tela, 60x70

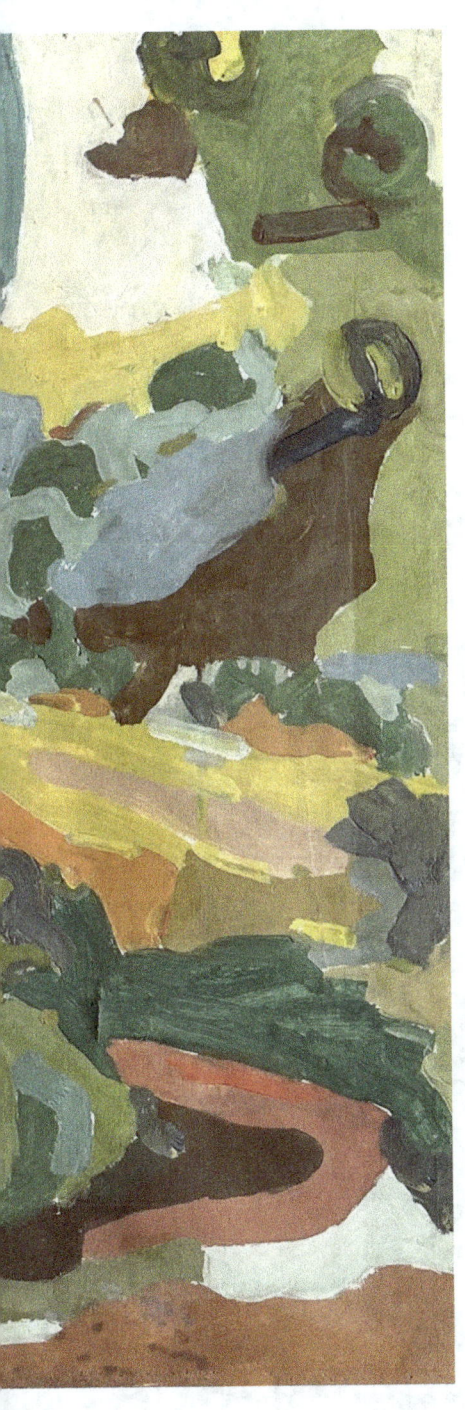

Circo Paeseggio

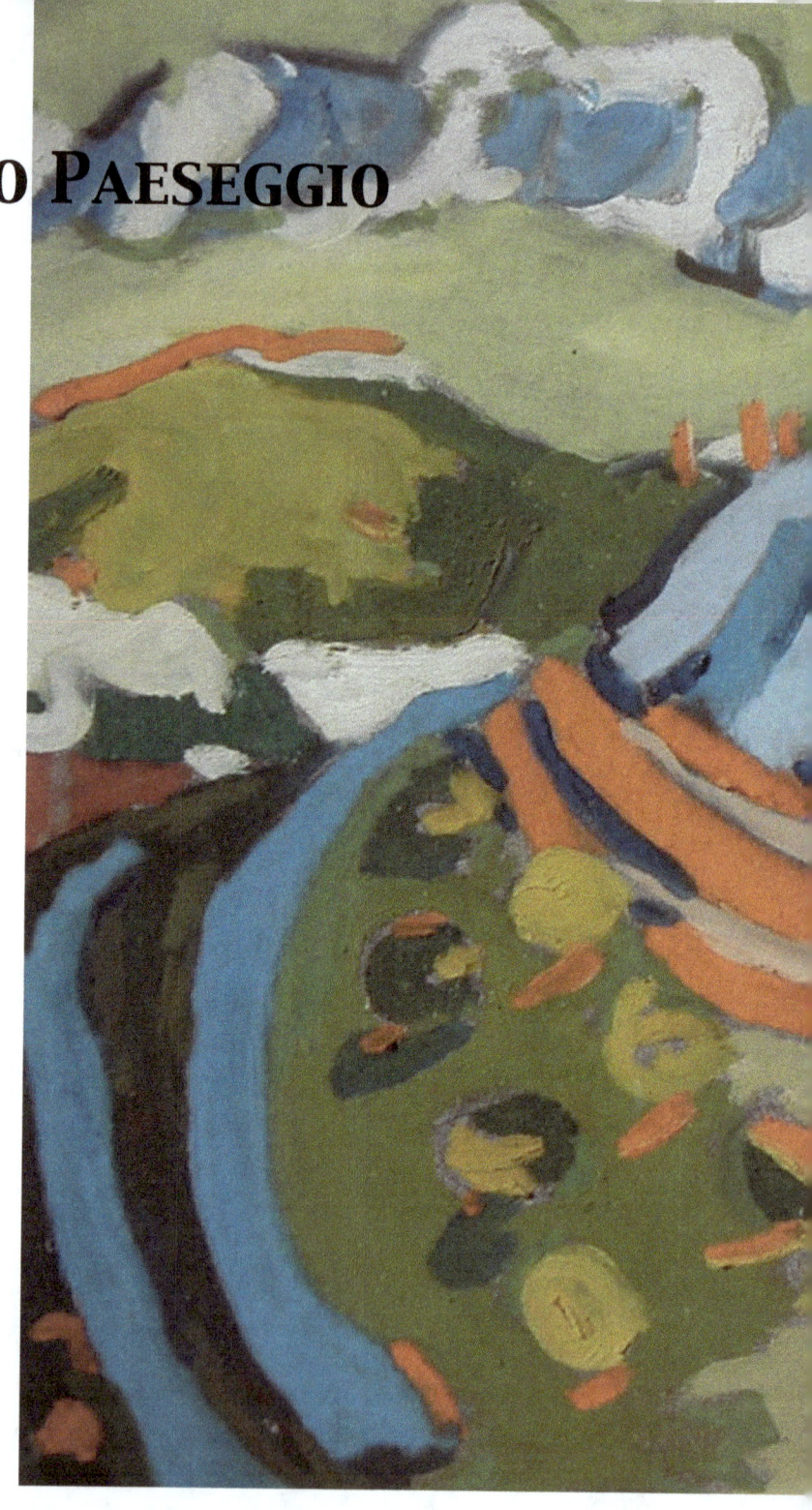

15.1 Paesaggio come tendone 1980
Olio su tela, 50x60

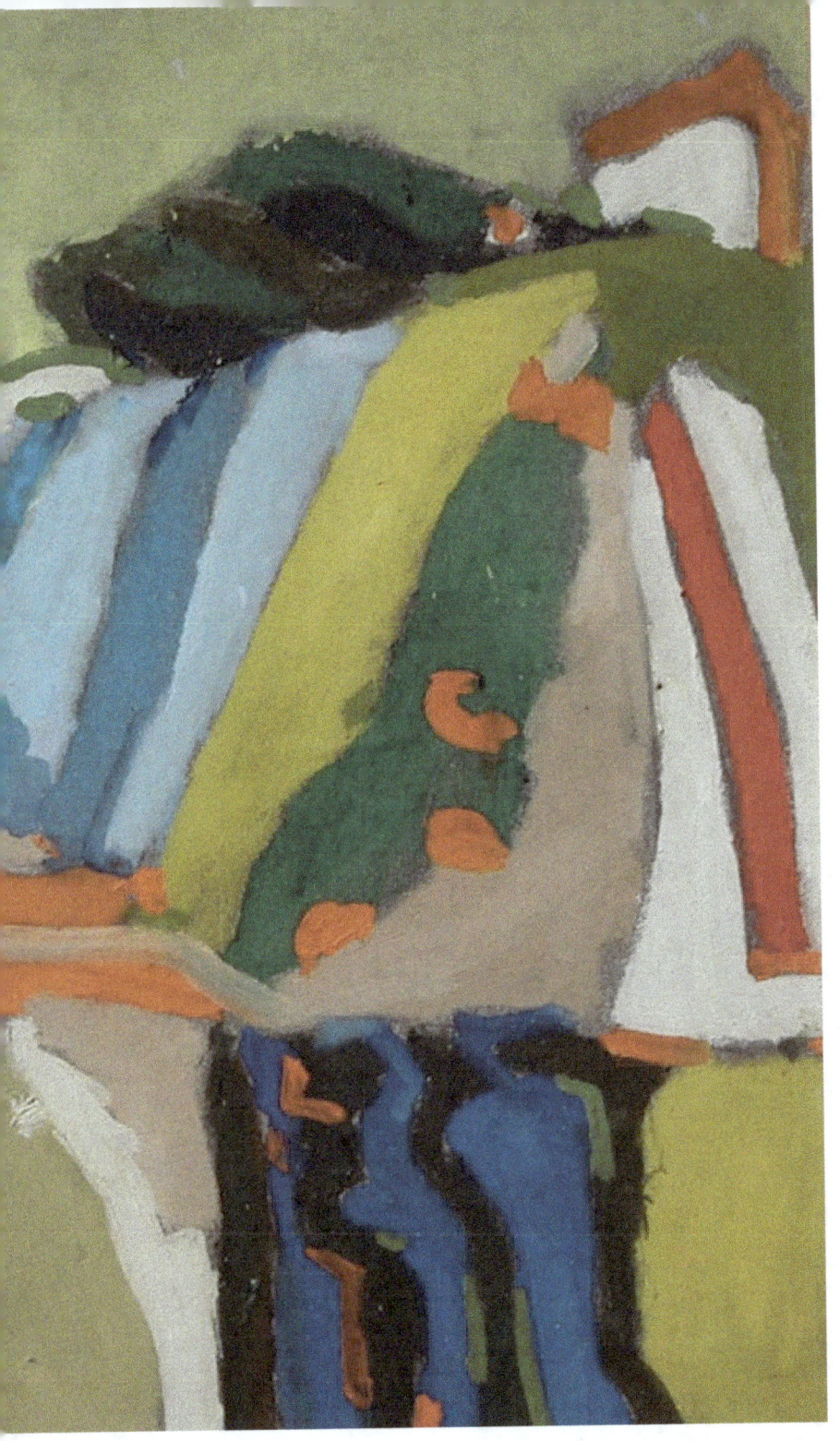

Sangu Miu!

16.1 Donatella, Roma, 1981
Olio su tela, 30x40

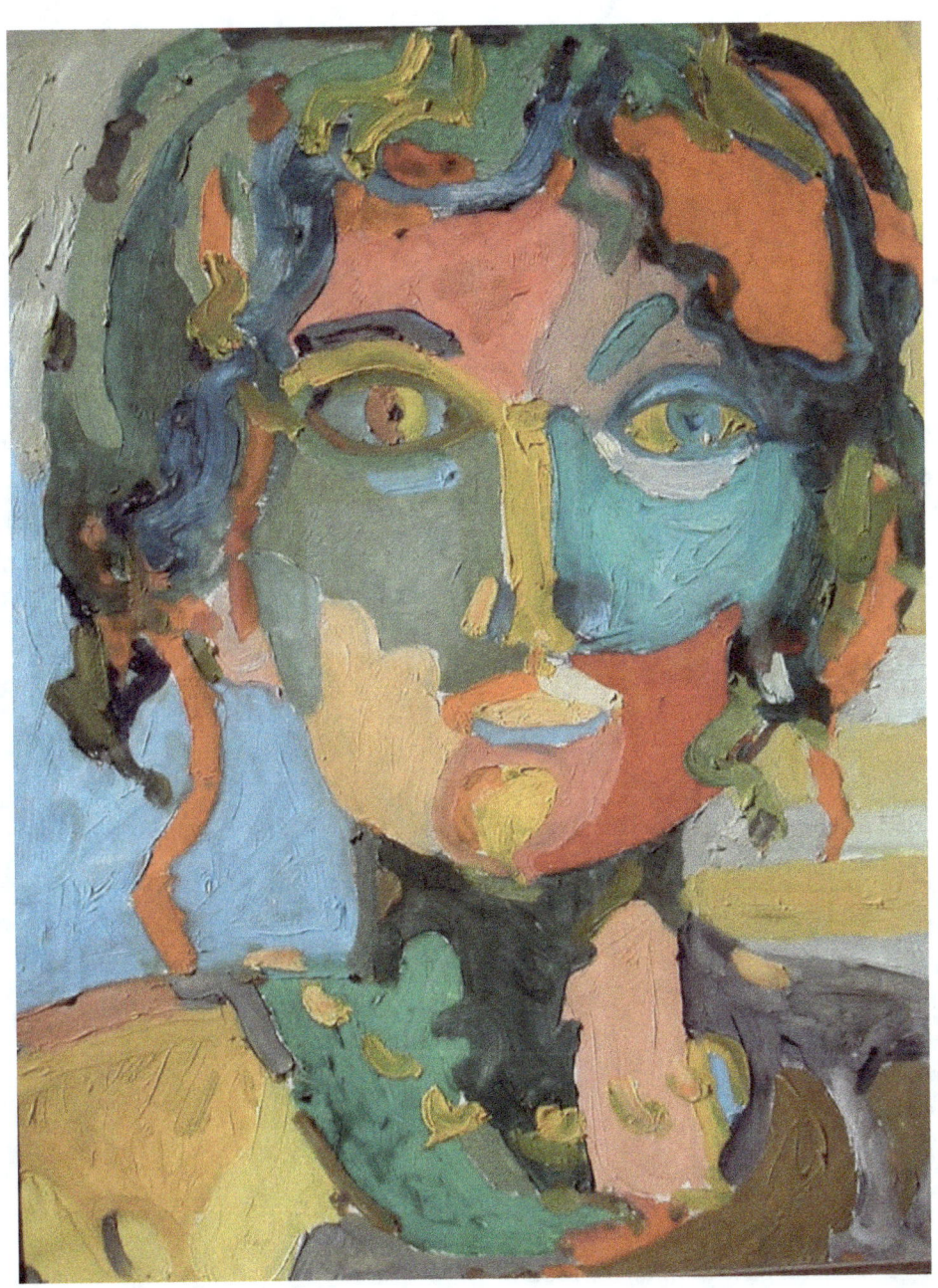

16.2 DONA E FRICKY, ROMA, 1982
OLIO SU TELA, 60x80

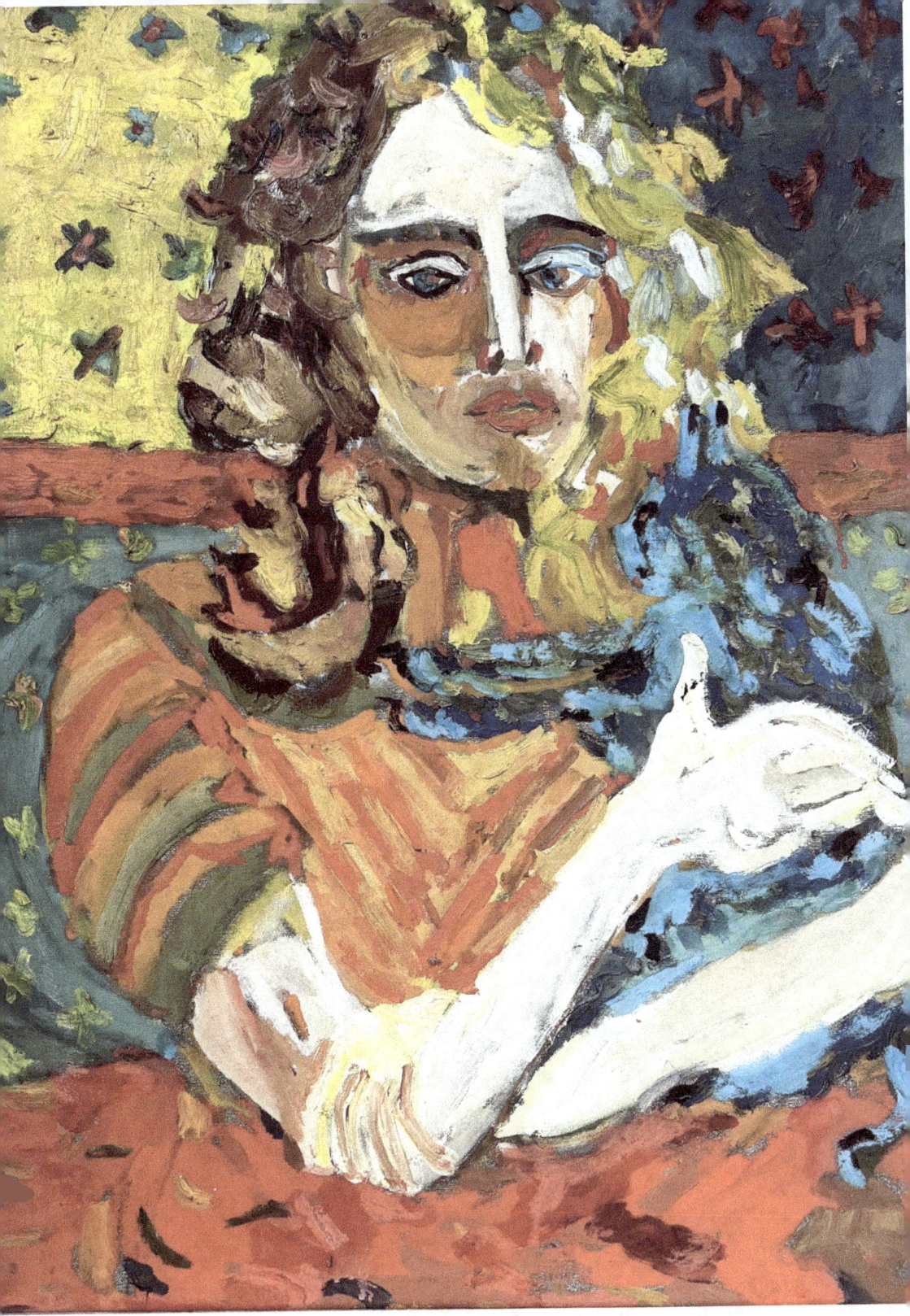

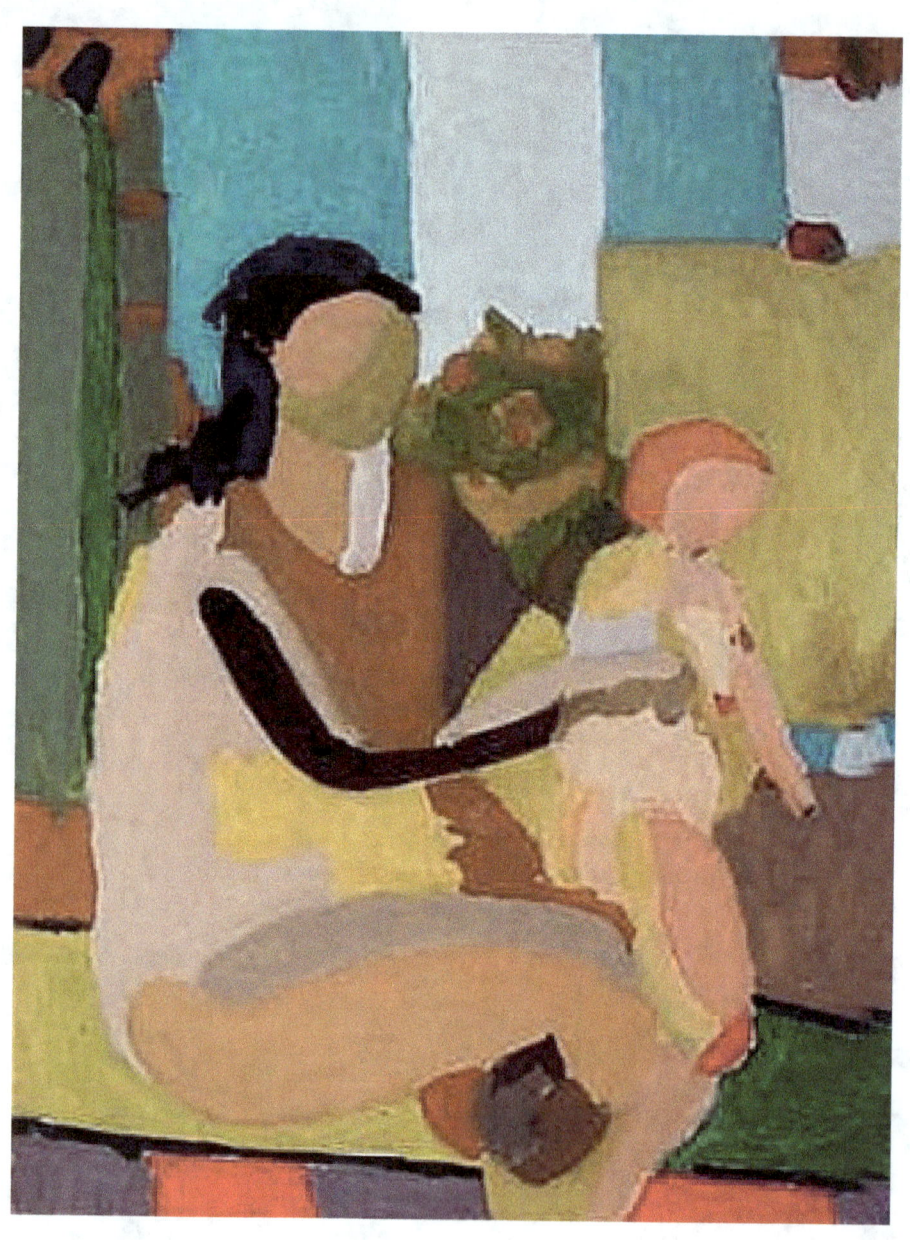

16.4 Dona e Lele, Roma, Agosto 1987
   Olio su tela, 30x40

16.3 Dona e Lele, Roma, Agosto 1987
   Olio su tela, 25x30

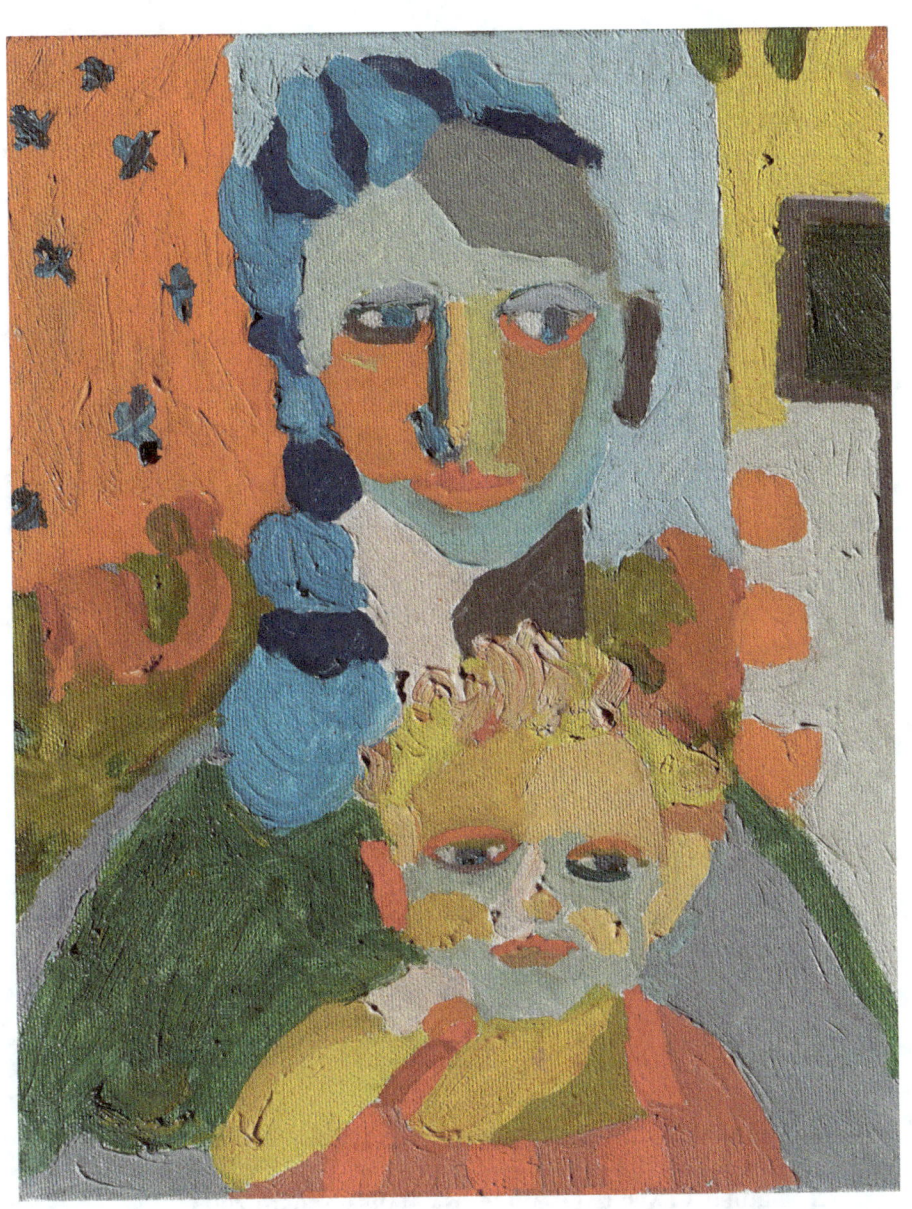

Mare di Sicilia

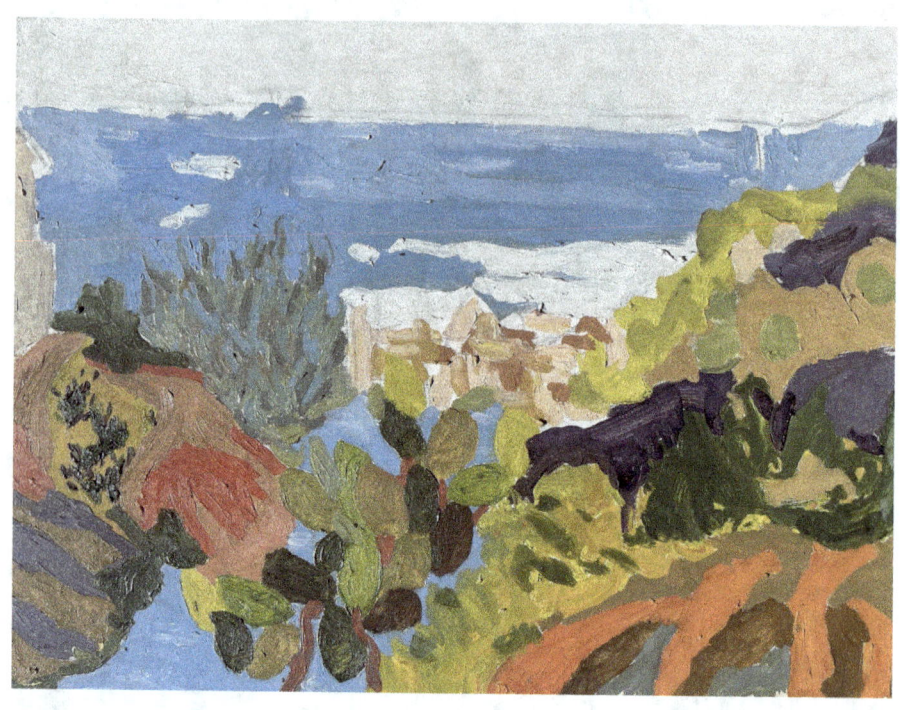

17.1 Sdirupo a Capo Calavà, Gioiosa Marea Agosto 2003
Olio su tela, 40x50

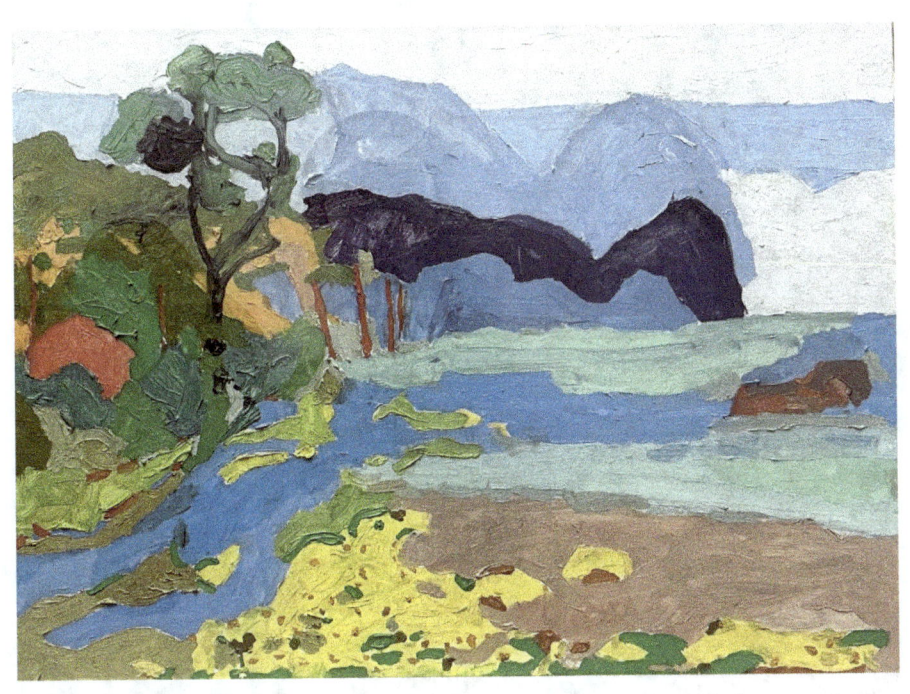

17.2 Capo d'Orlando da Gliaca, Gioiosa Marea Aprile 2003
Olio su tela, 40x50

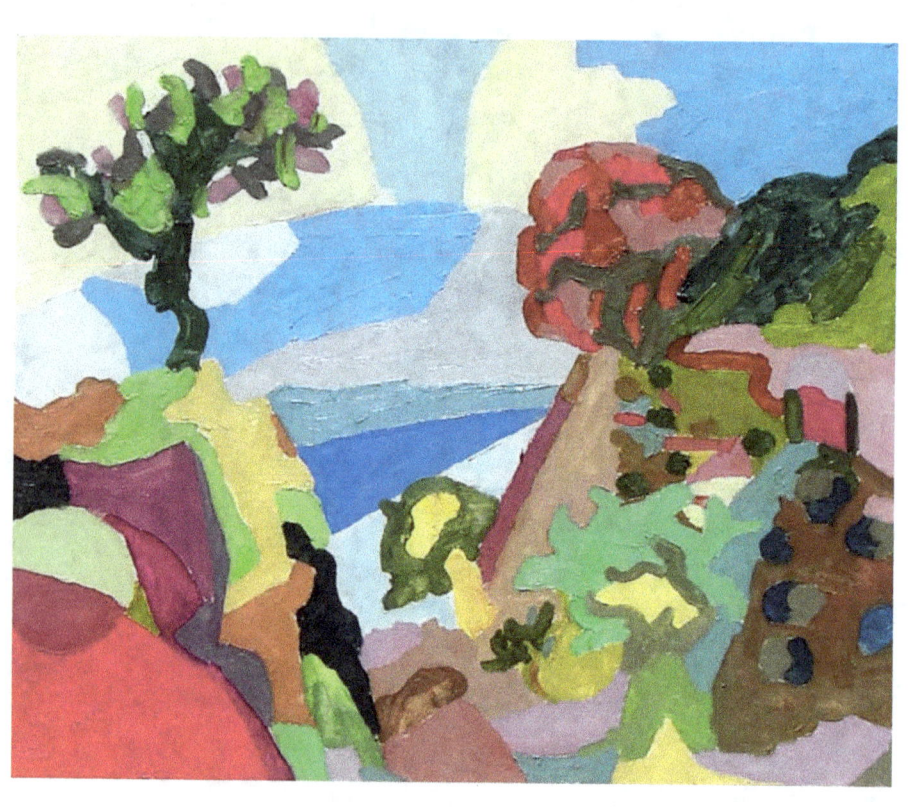

17.4 CAPO CALAVÀ, GIOIOSA MAREA LUGLIO 2002
OLIO SU TELA, 50X60

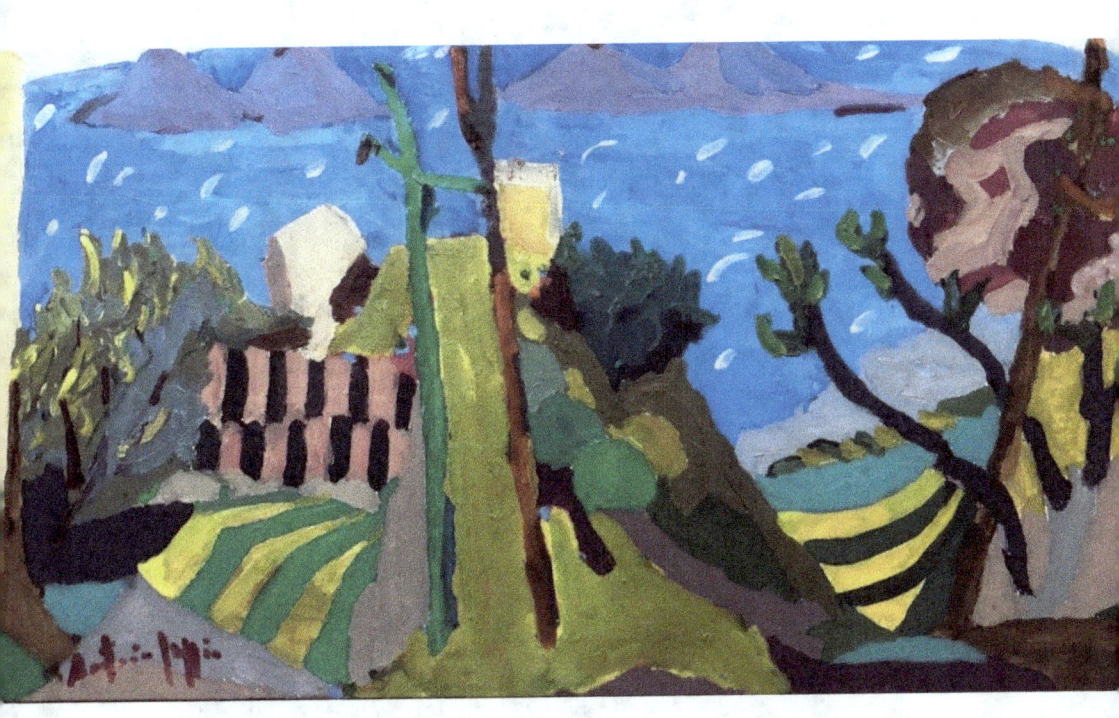

17.5 Contrada Skino, Gioiosa Marea LUGLIO 2008
  Olio su tela, 40x70

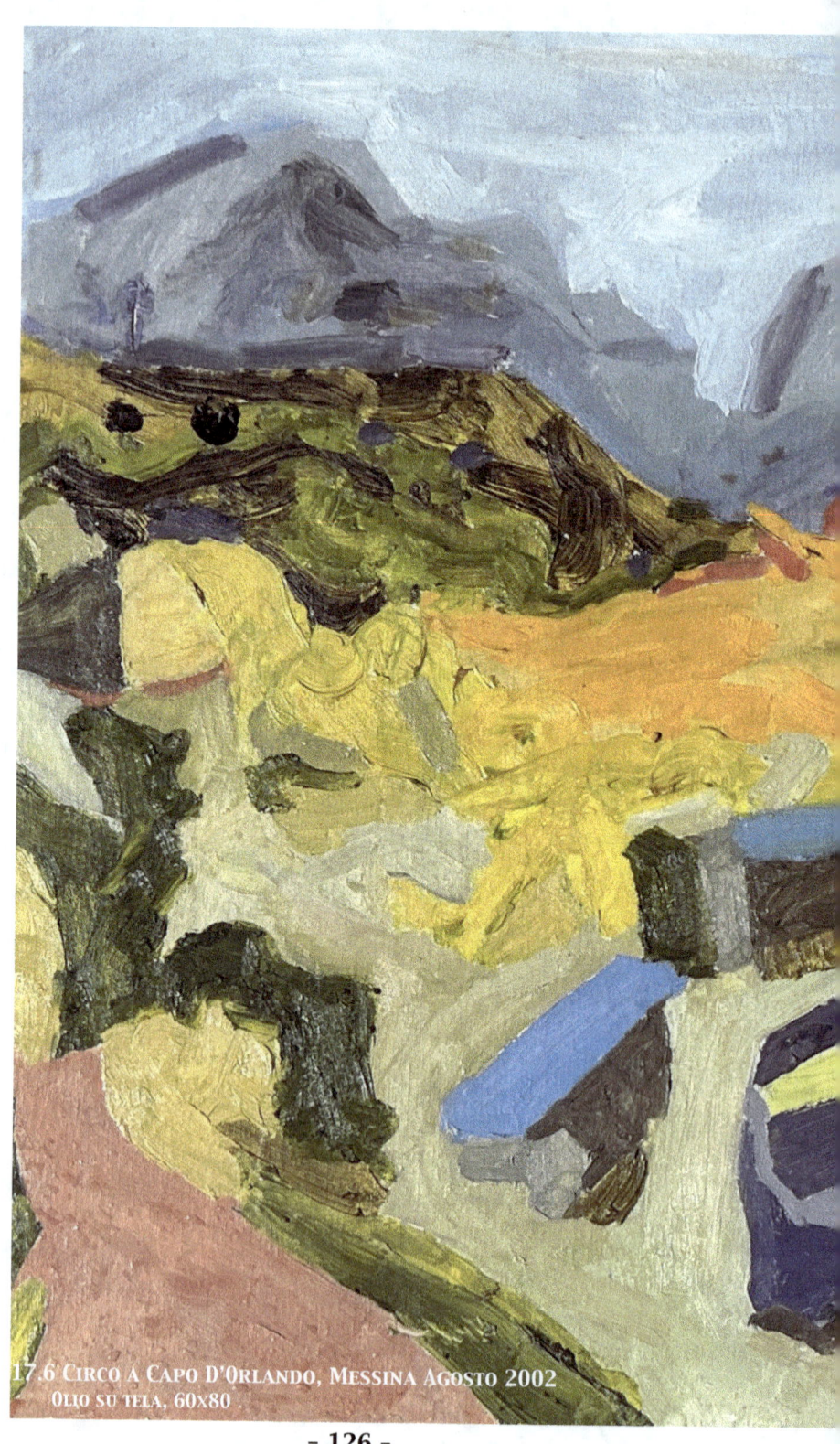

17.6 Circo a Capo d'Orlando, Messina Agosto 2002
Olio su tela, 60x80

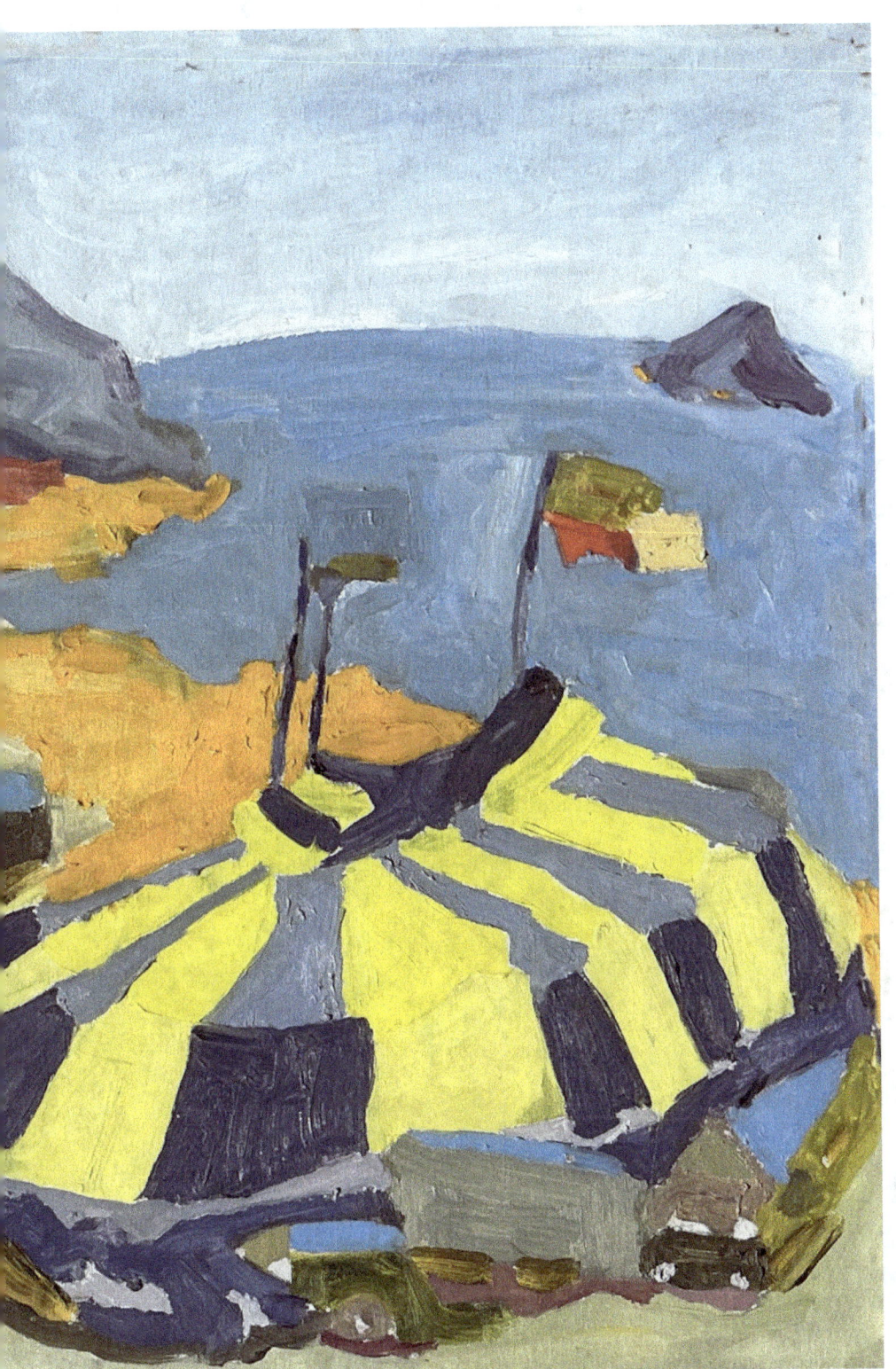

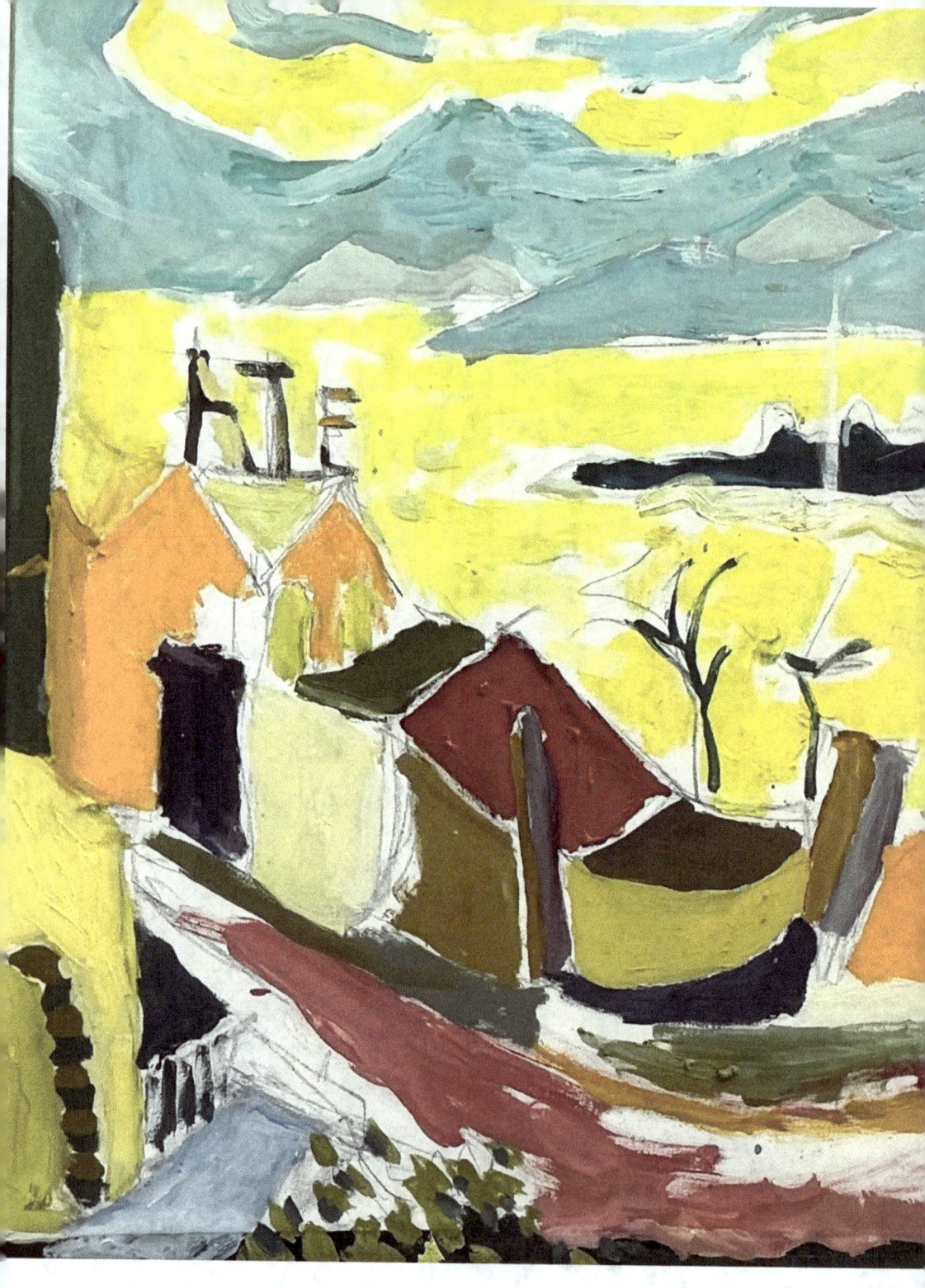

17.7 Tusa. Messina 2023
Olio su tela, 70x100

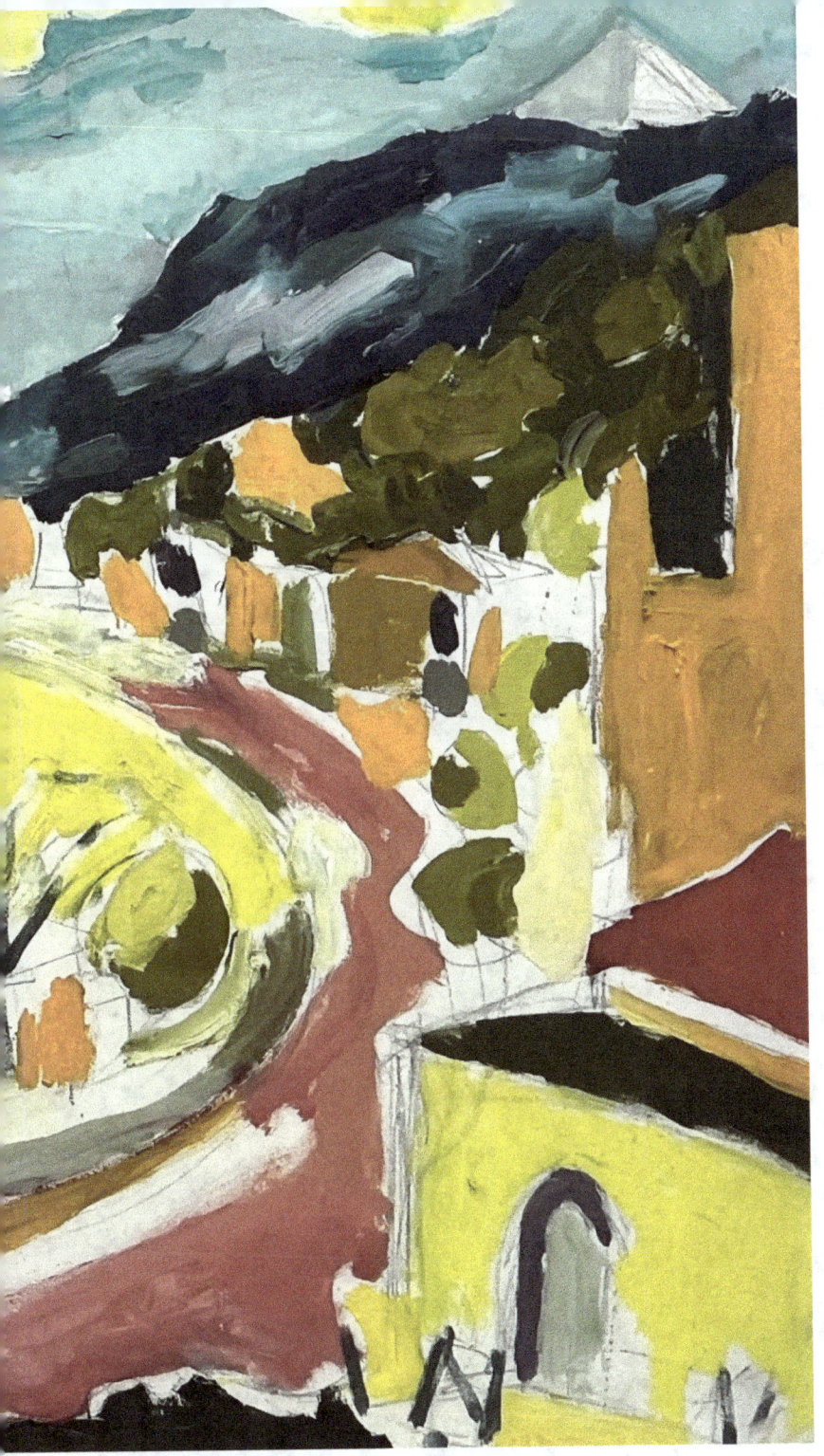

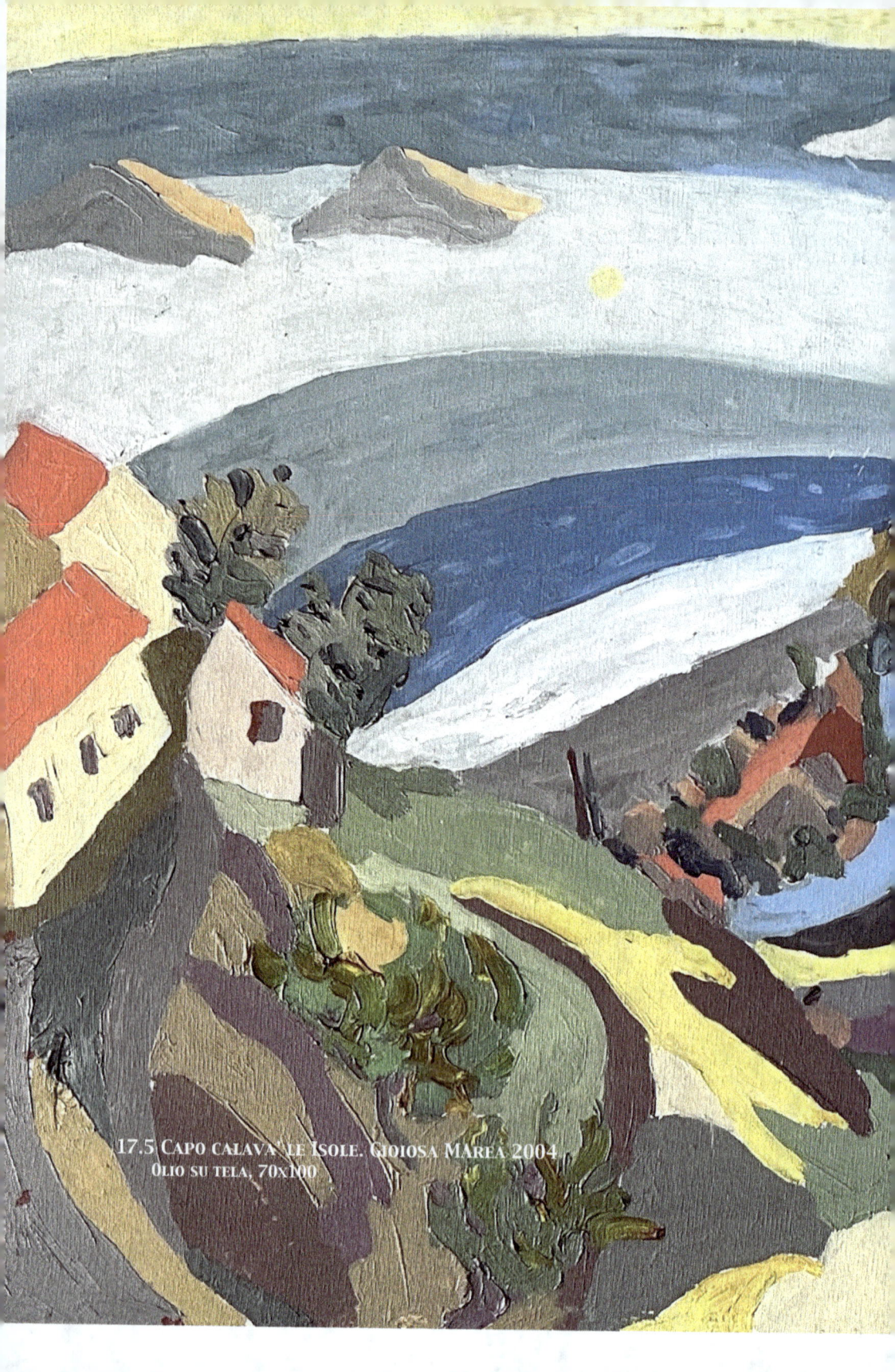

17.5 Capo Calavà le Isole. Gioiosa Marea 2004
Olio su tela, 70x100

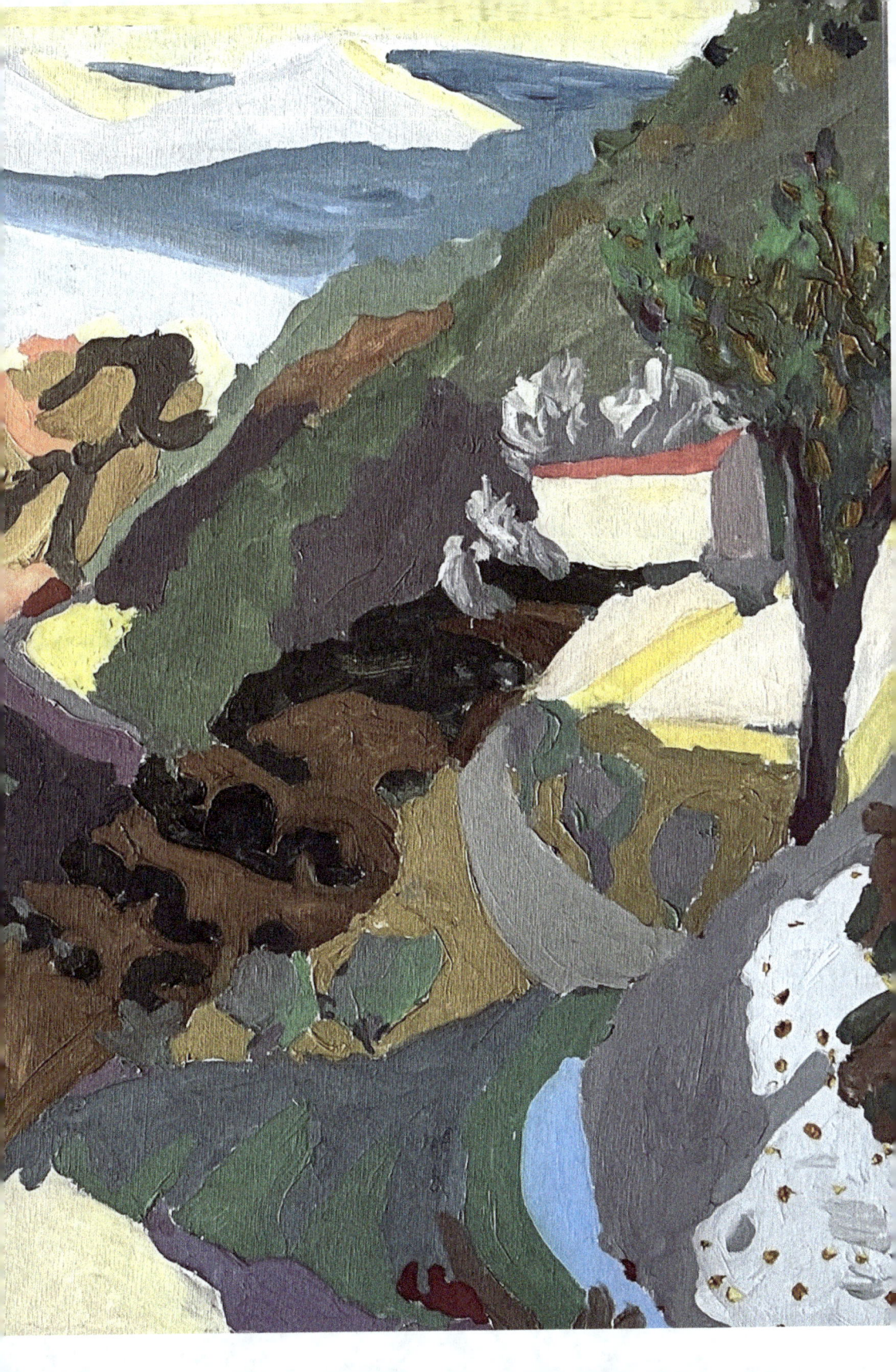

Santa Caterina

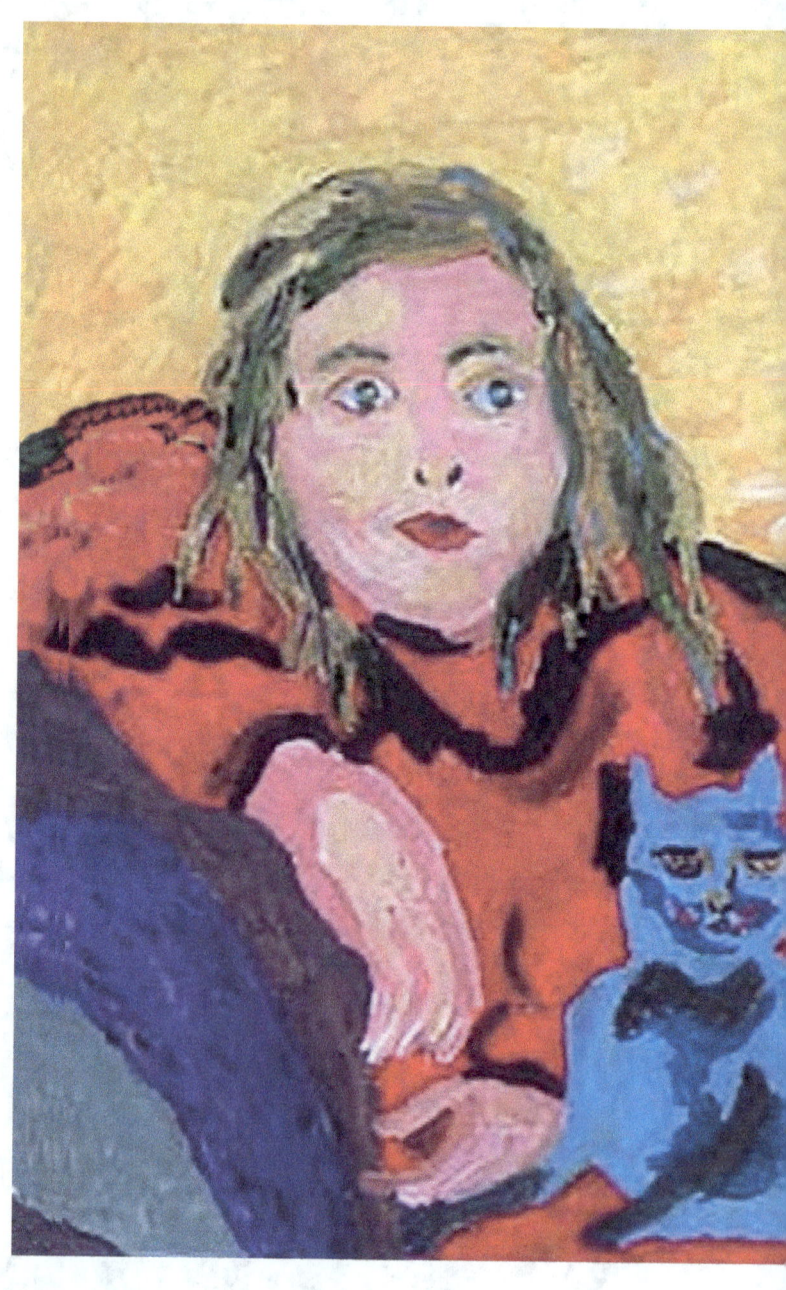

18.1 Caterina con Luna, Luglio 2002
Olio su tela, 70x90

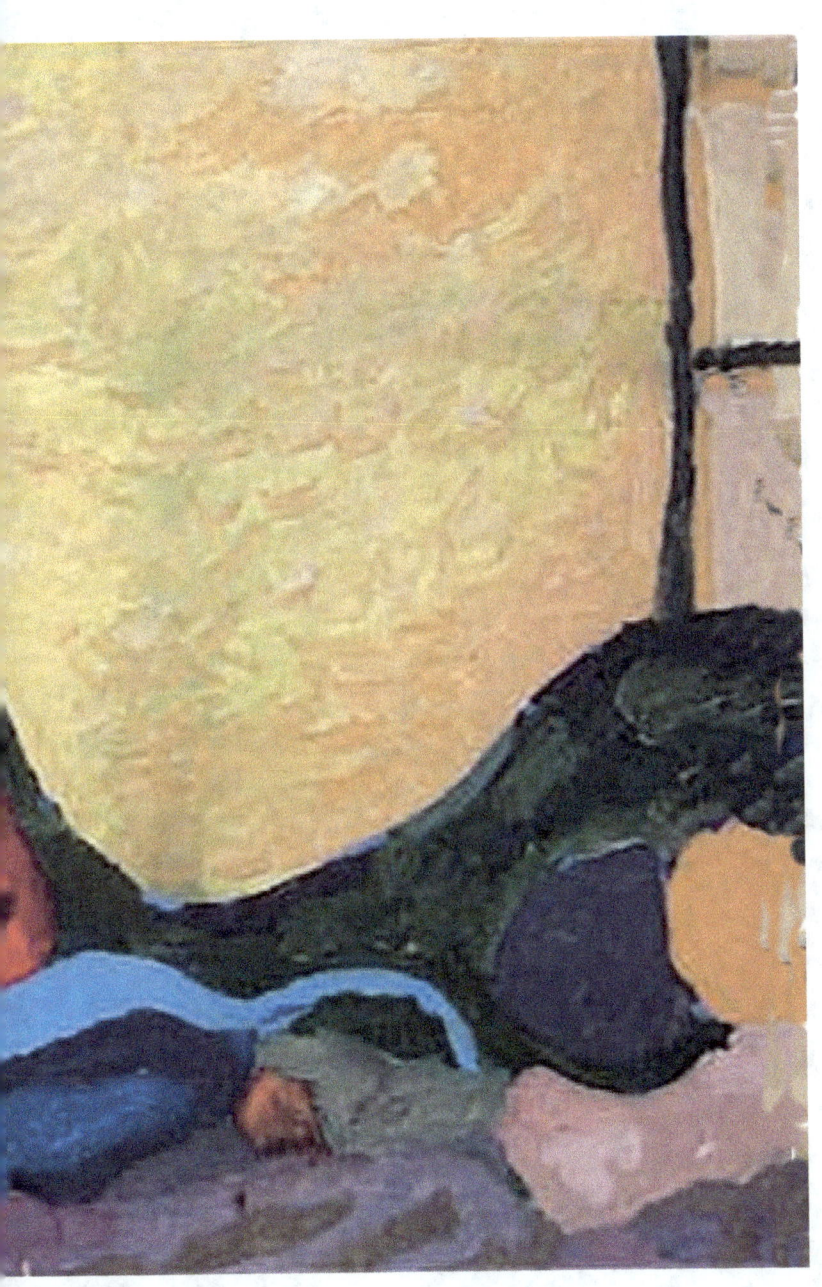

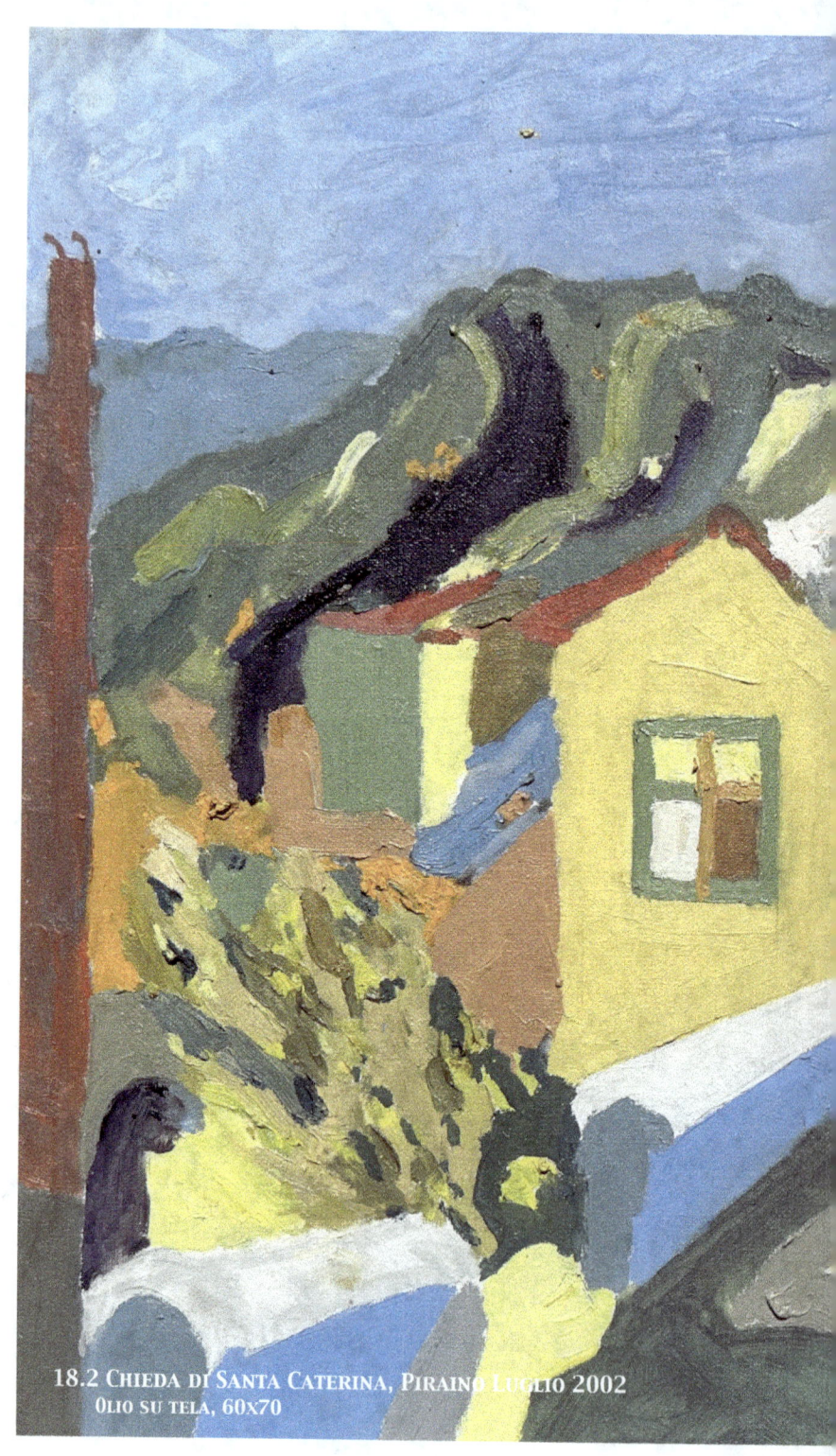

18.2 Chieda di Santa Caterina, Piraino Luglio 2002
Olio su tela, 60x70

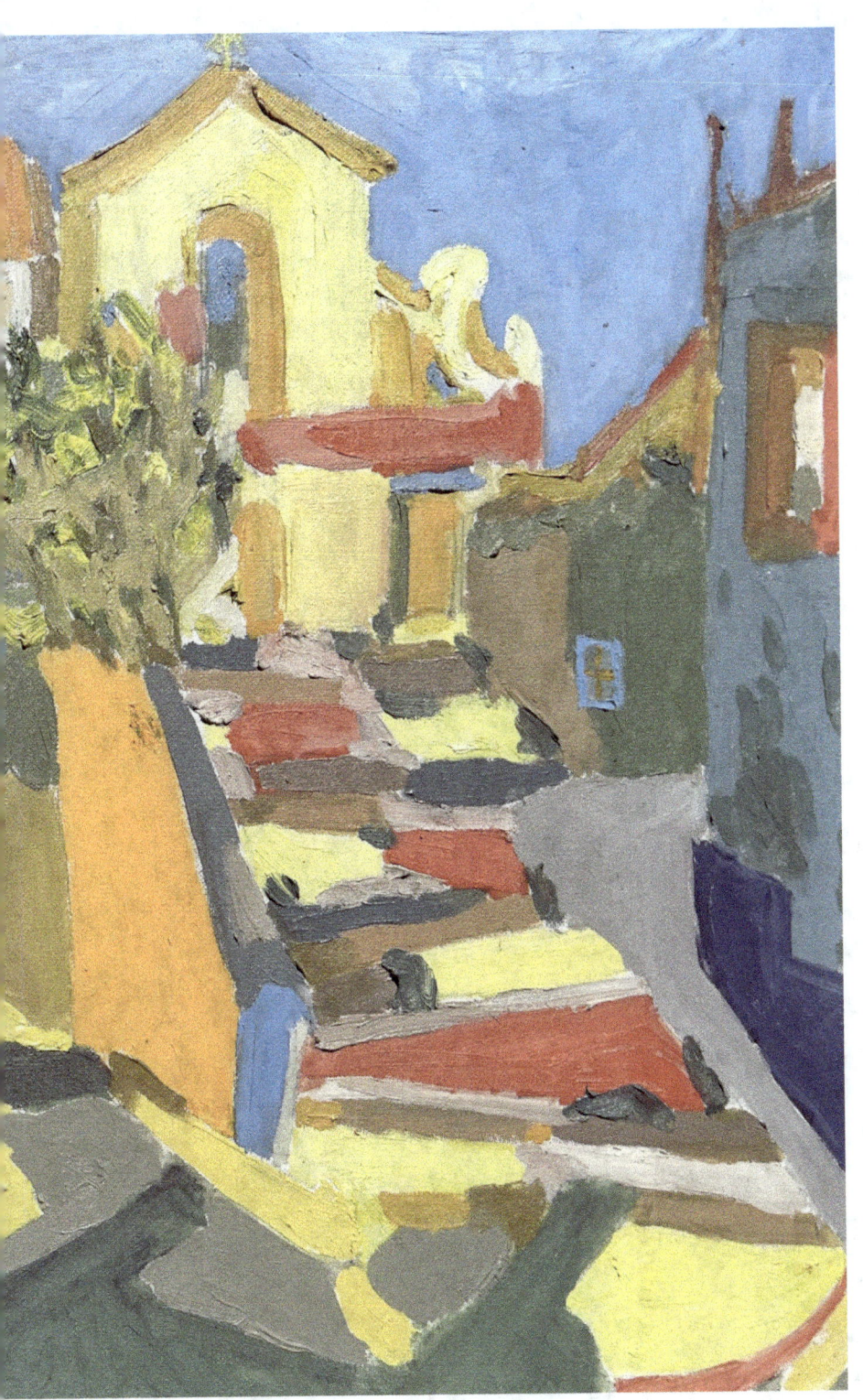

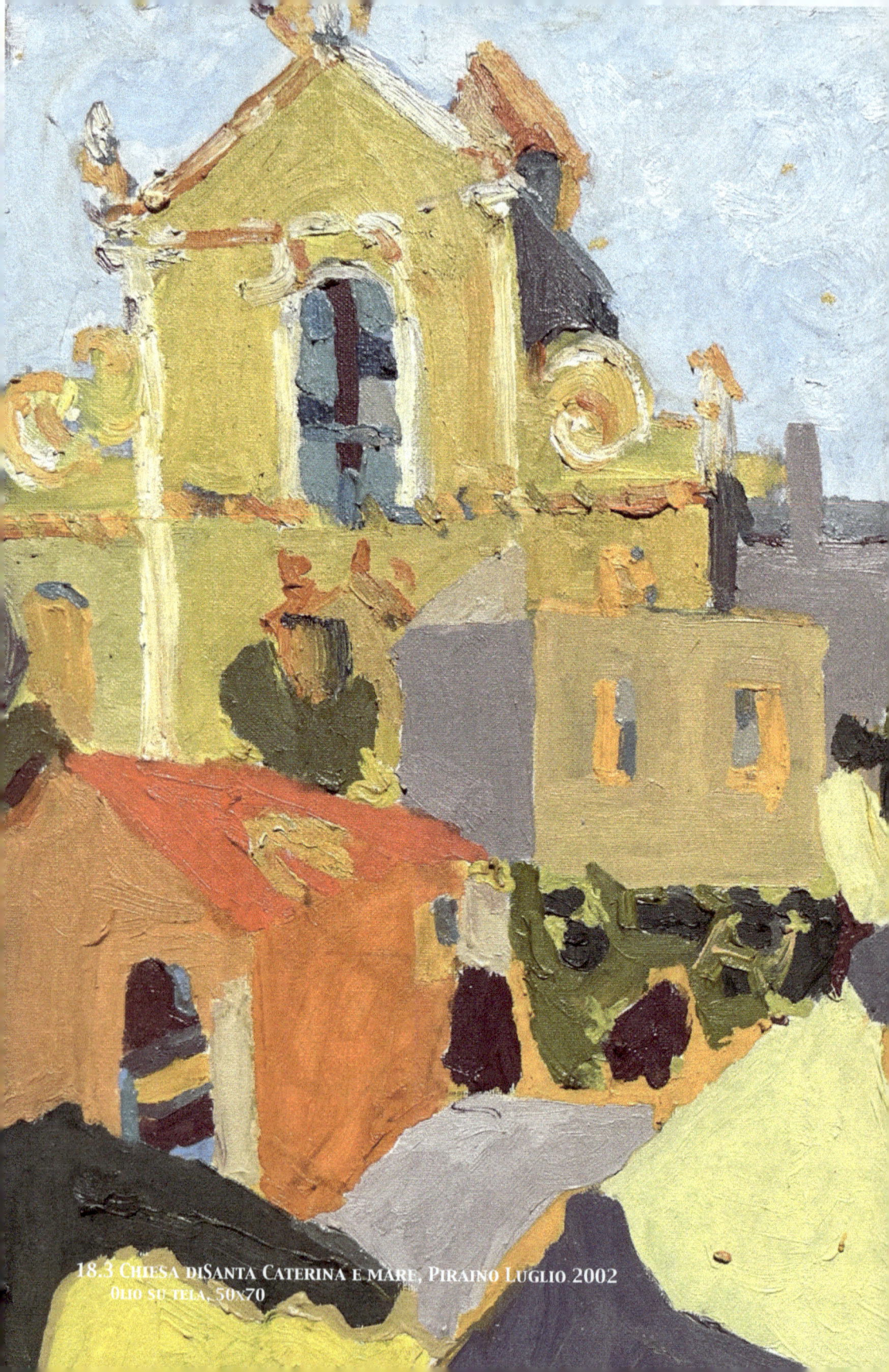

18.3 Chiesa di Santa Caterina e mare, Piraino Luglio 2002
Olio su tela, 50x70

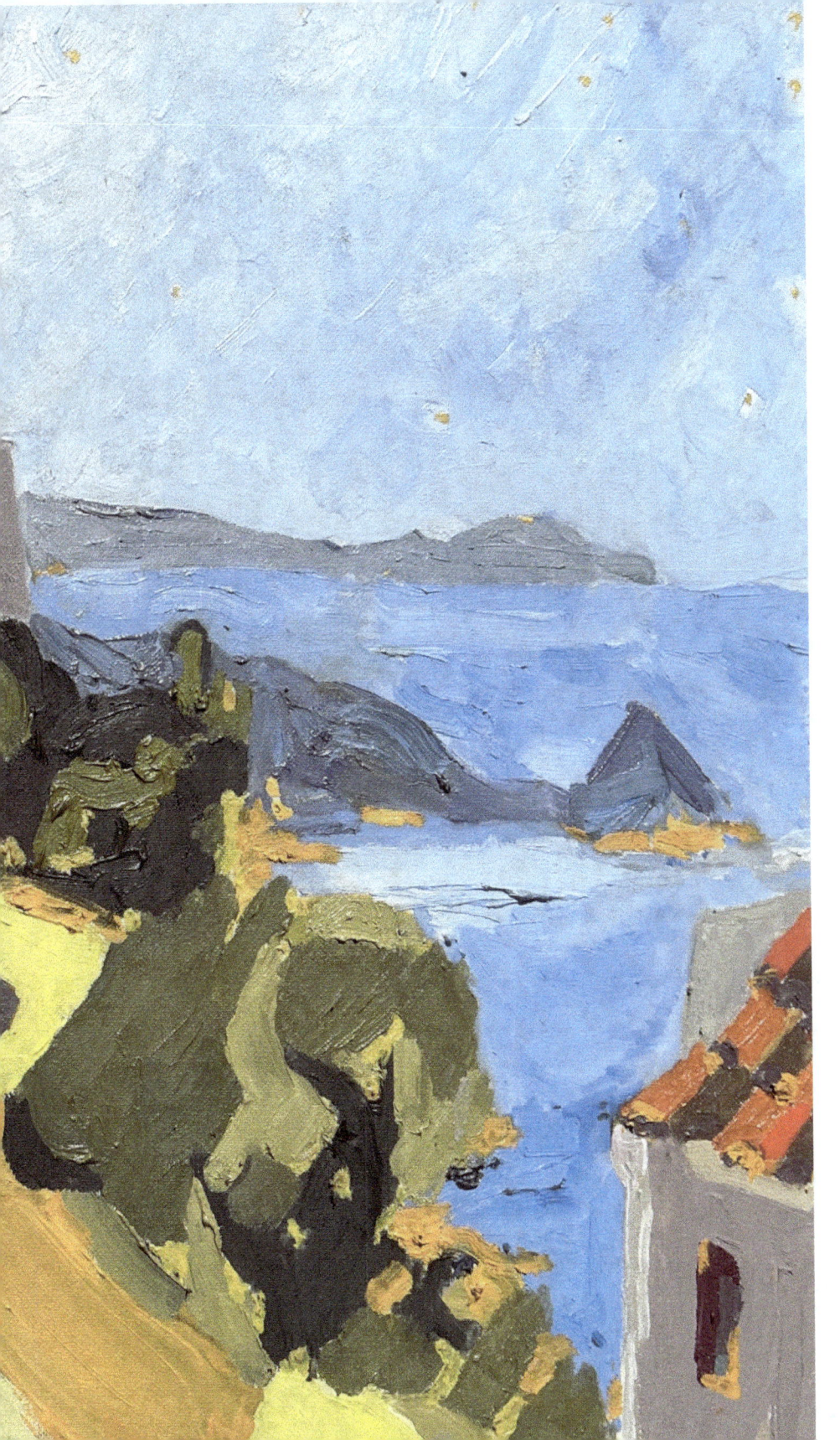

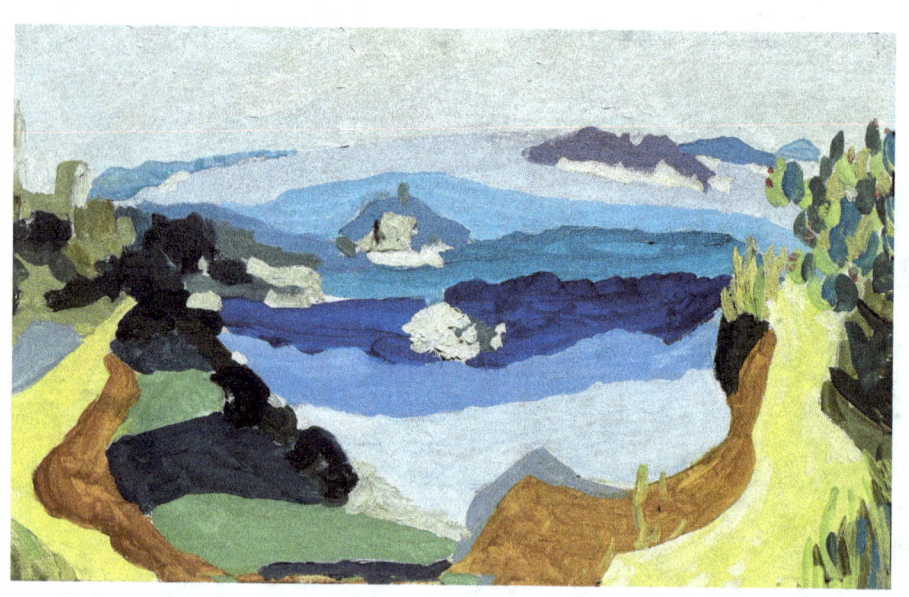

18.3 Isole e mare, Piraino Luglio 2022
   Olio su tela, 60x45

18.4 Chiesa di Santa Caterina e mare, Piraino Luglio 2013
   Olio su tela, 70x90

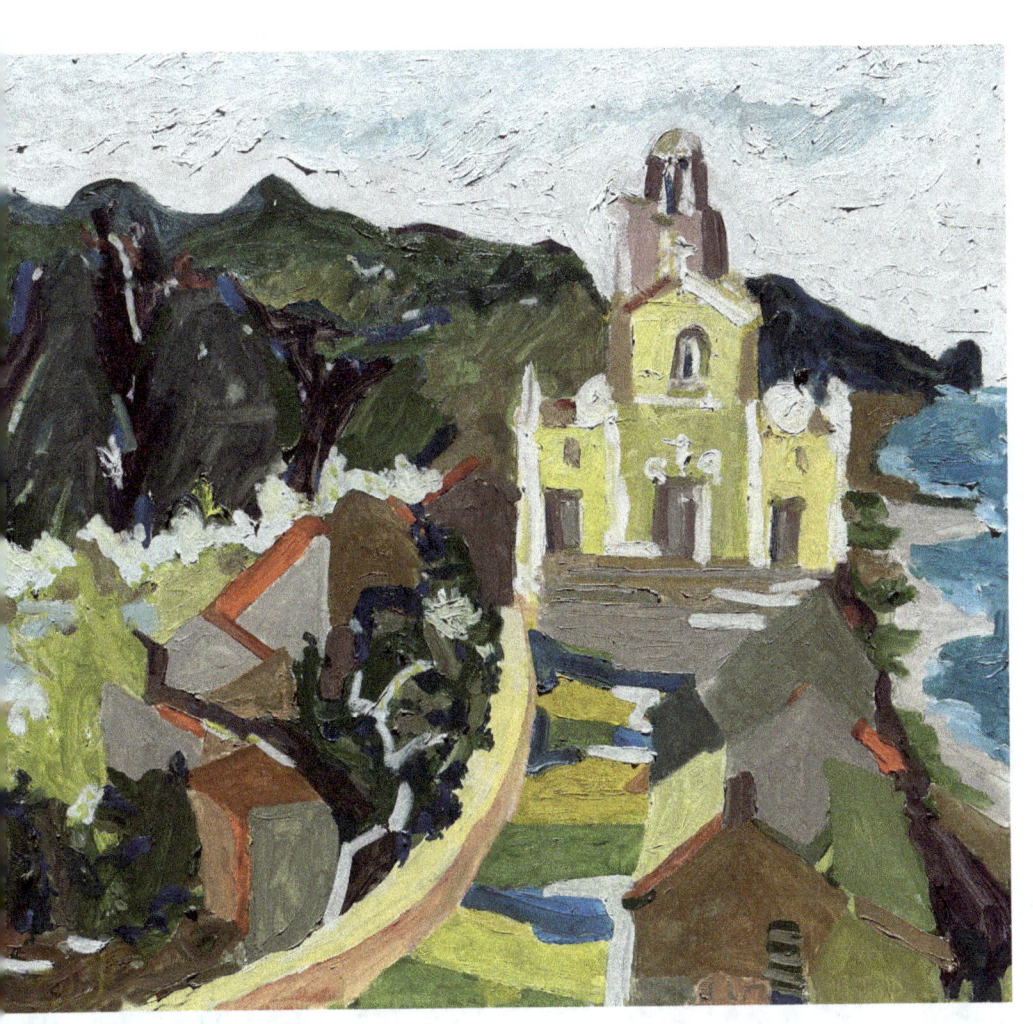

Paesi Siciliani

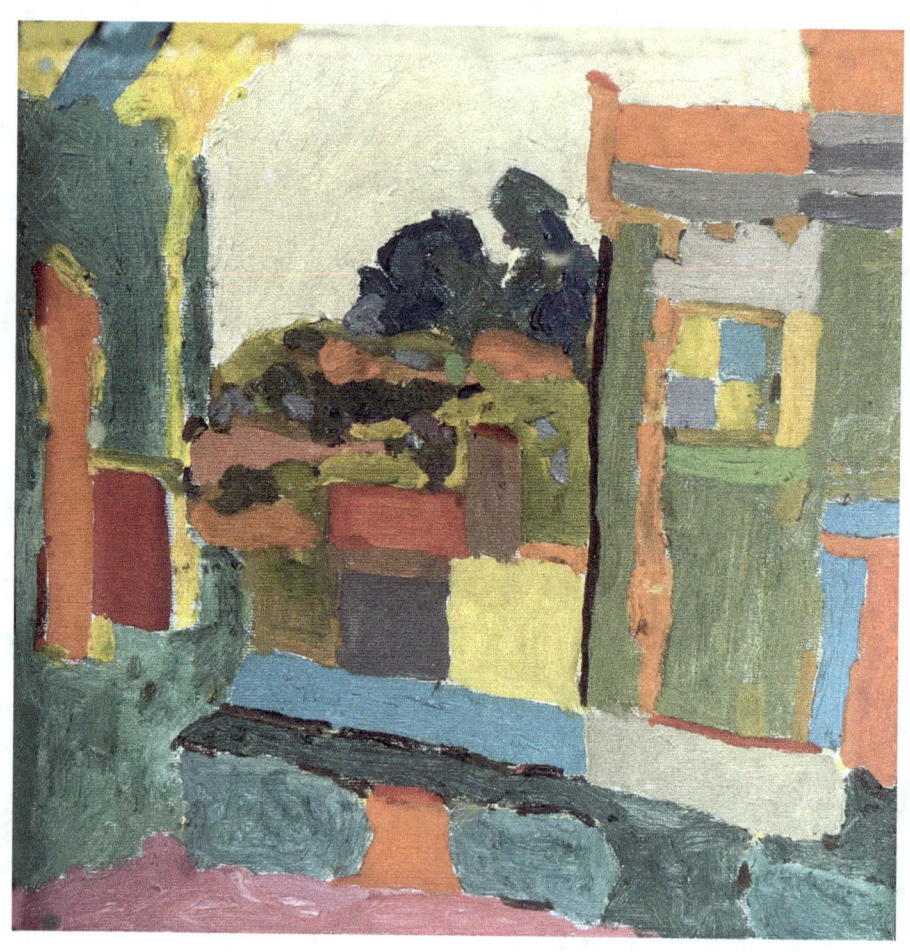

19.1 Vista dalla casa di Patti, Patti agosto 1985
Olio su tela, 30x30

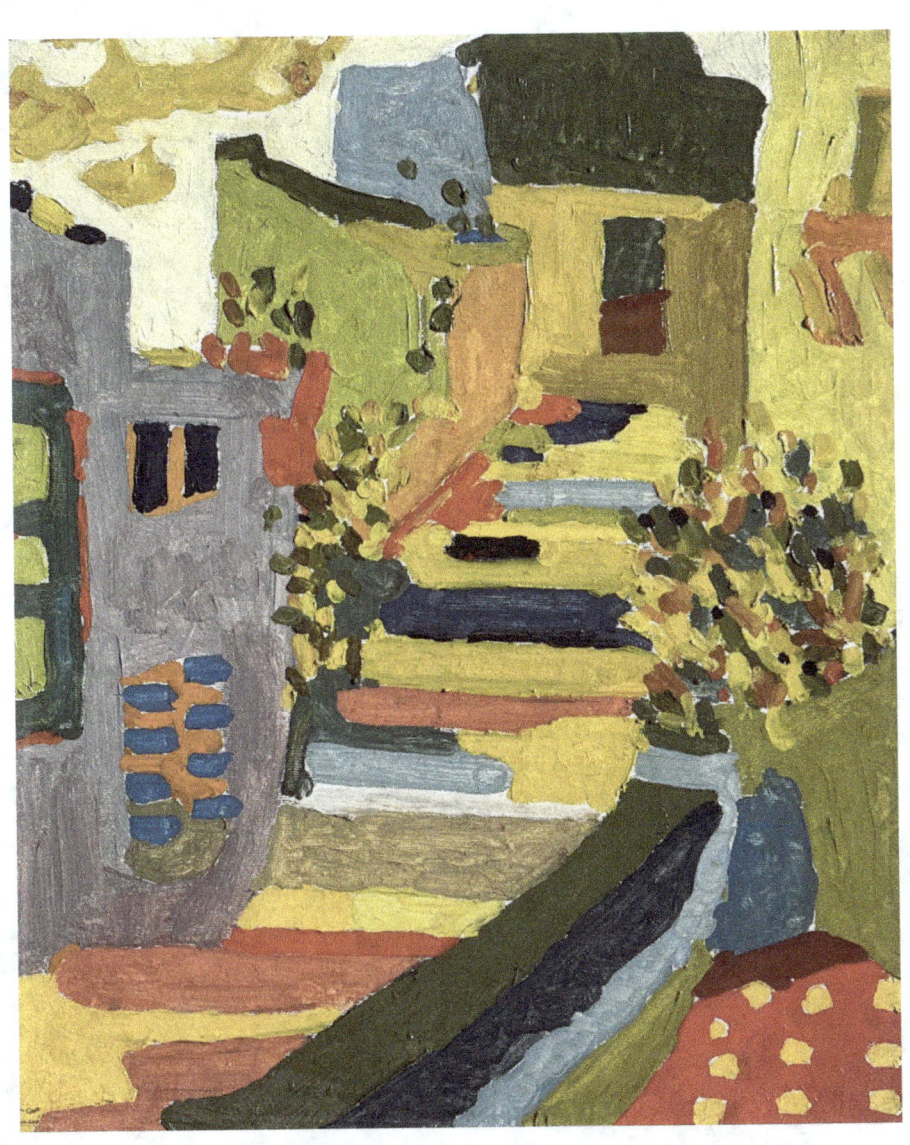

19.2 Patti Salita Arimondi, Messina agosto 1985
Olio su tela, 35x45

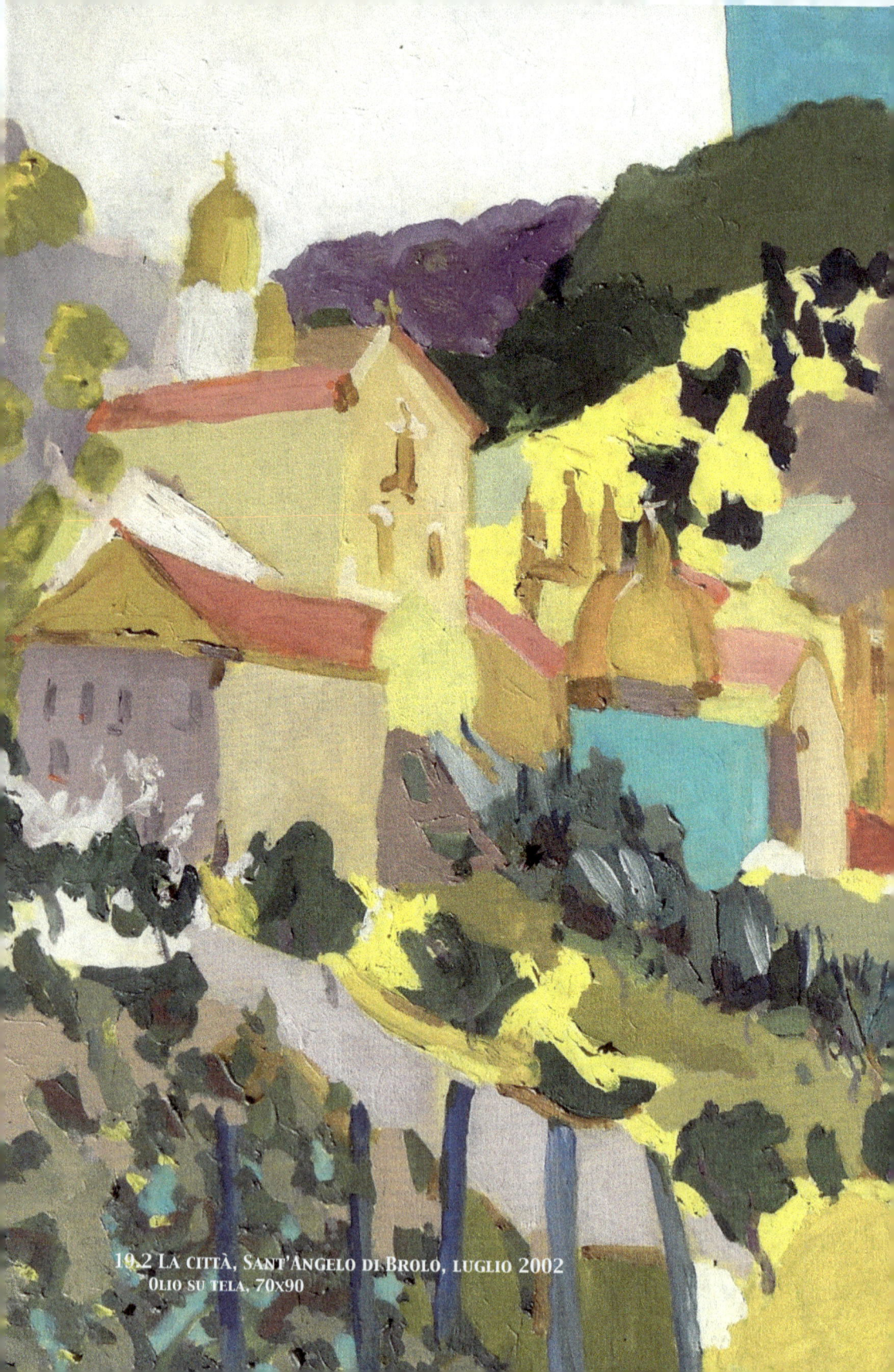

19.2 La città, Sant'Angelo di Brolo, luglio 2002
Olio su tela, 70x90

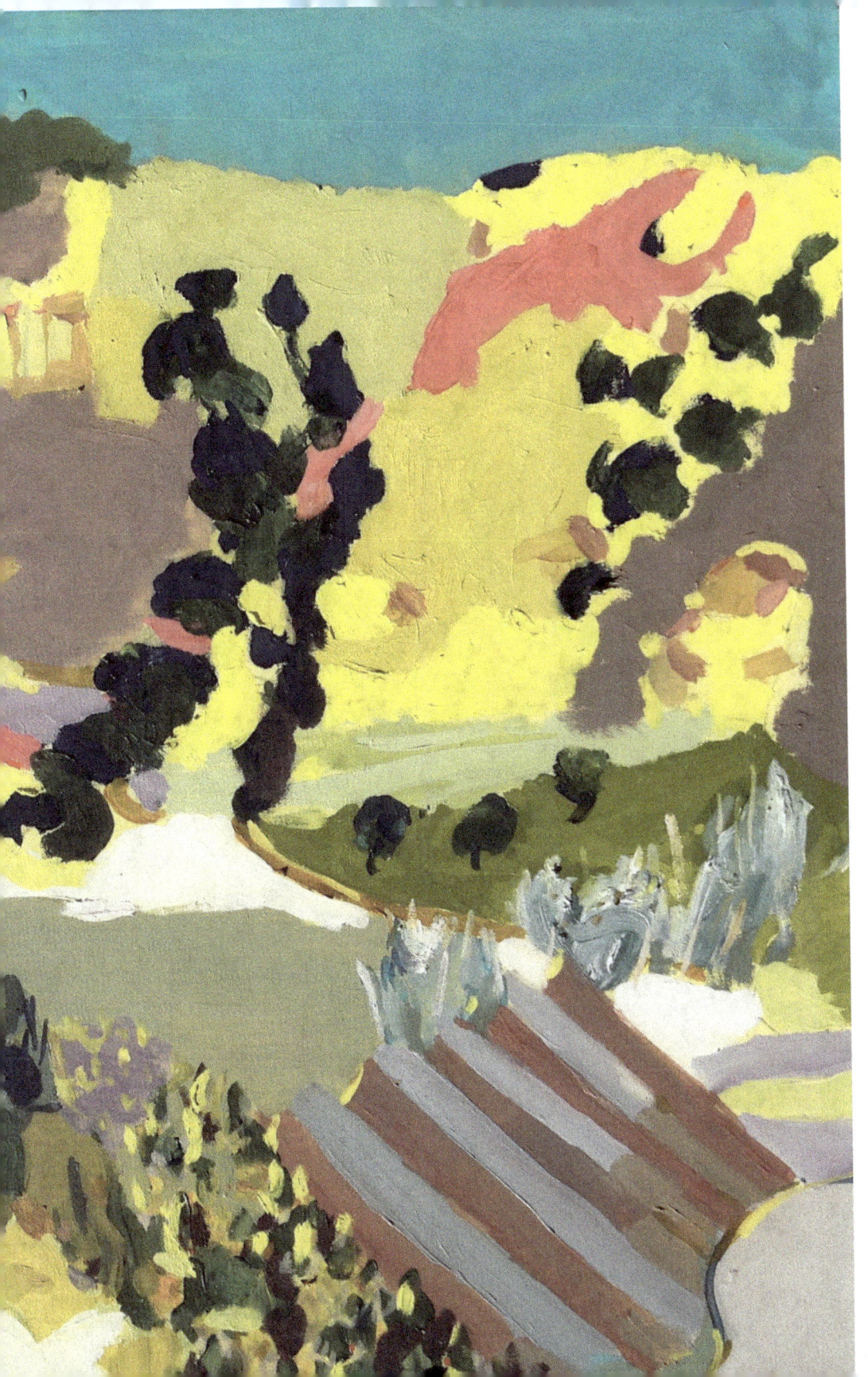

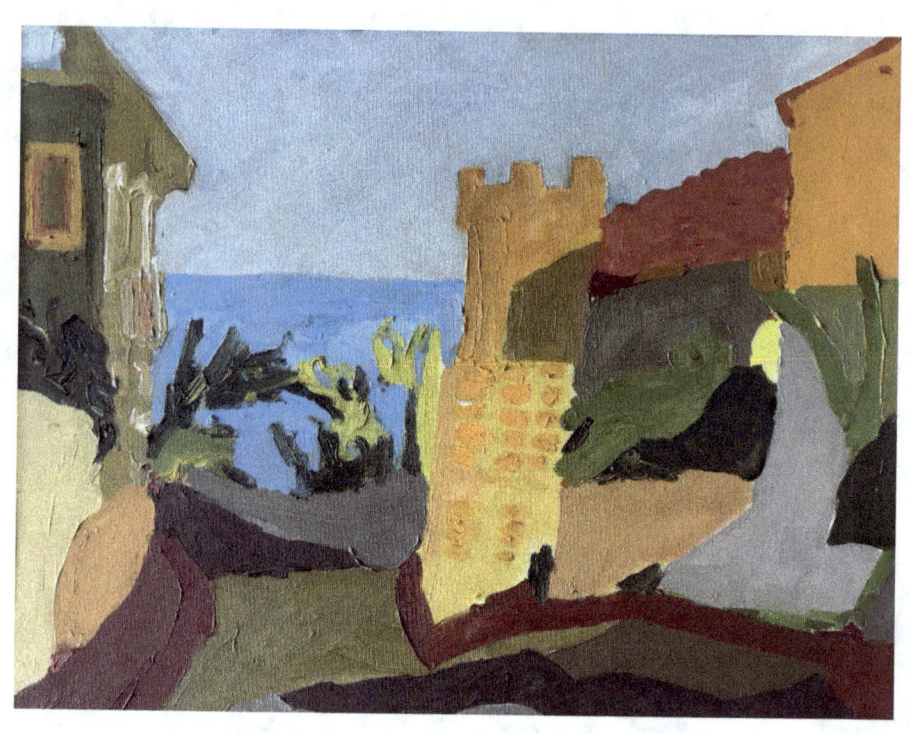

10.3 Scorcio urbano, Gioiosa marea, 26 dicembre 2016
  Olio su tela, 25x35

10.4 dal terrazzino di via Arimondi, Patti agosto 1987
  Olio su tela, 25x35

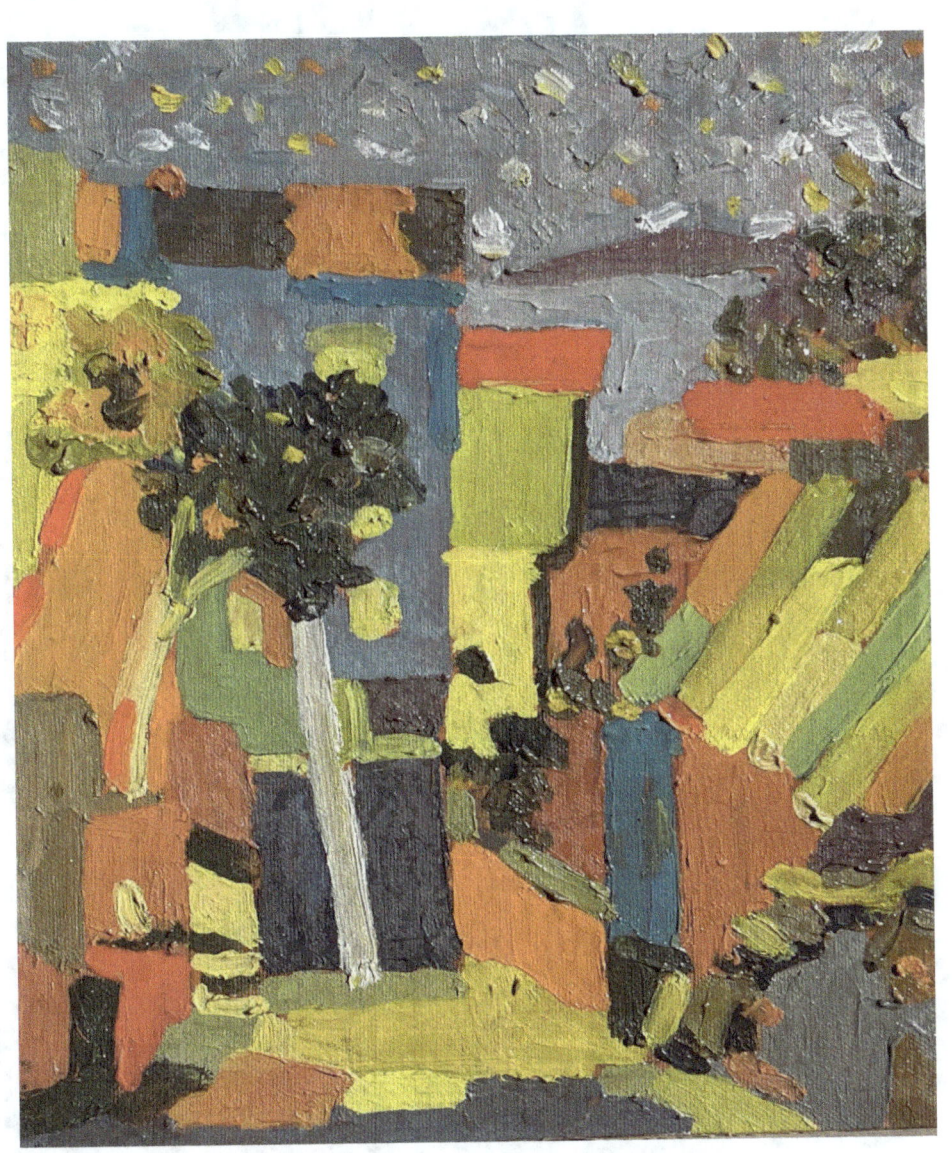

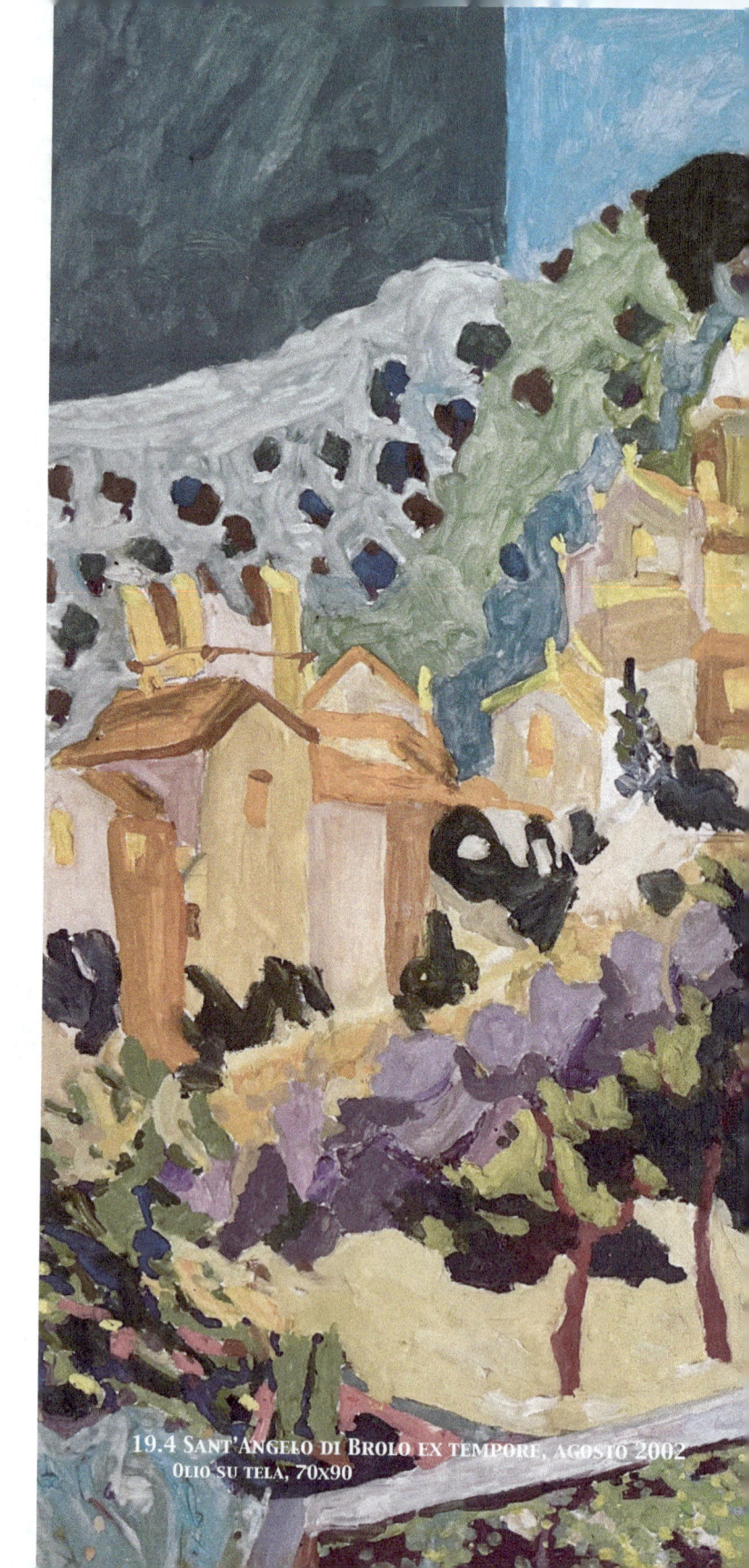

19.4 Sant'Angelo di Brolo ex tempore, agosto 2002
Olio su tela, 70x90

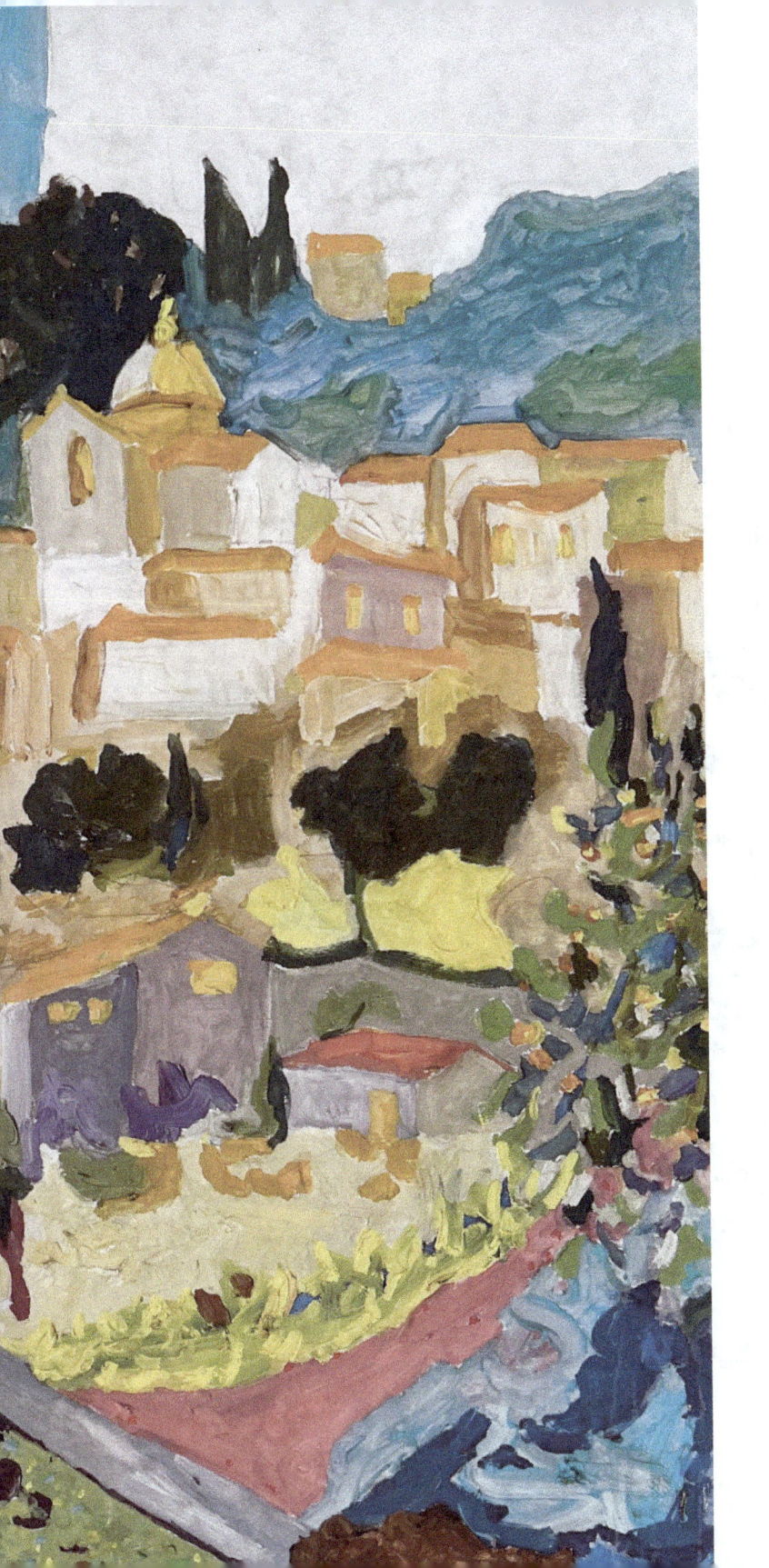

Abaué

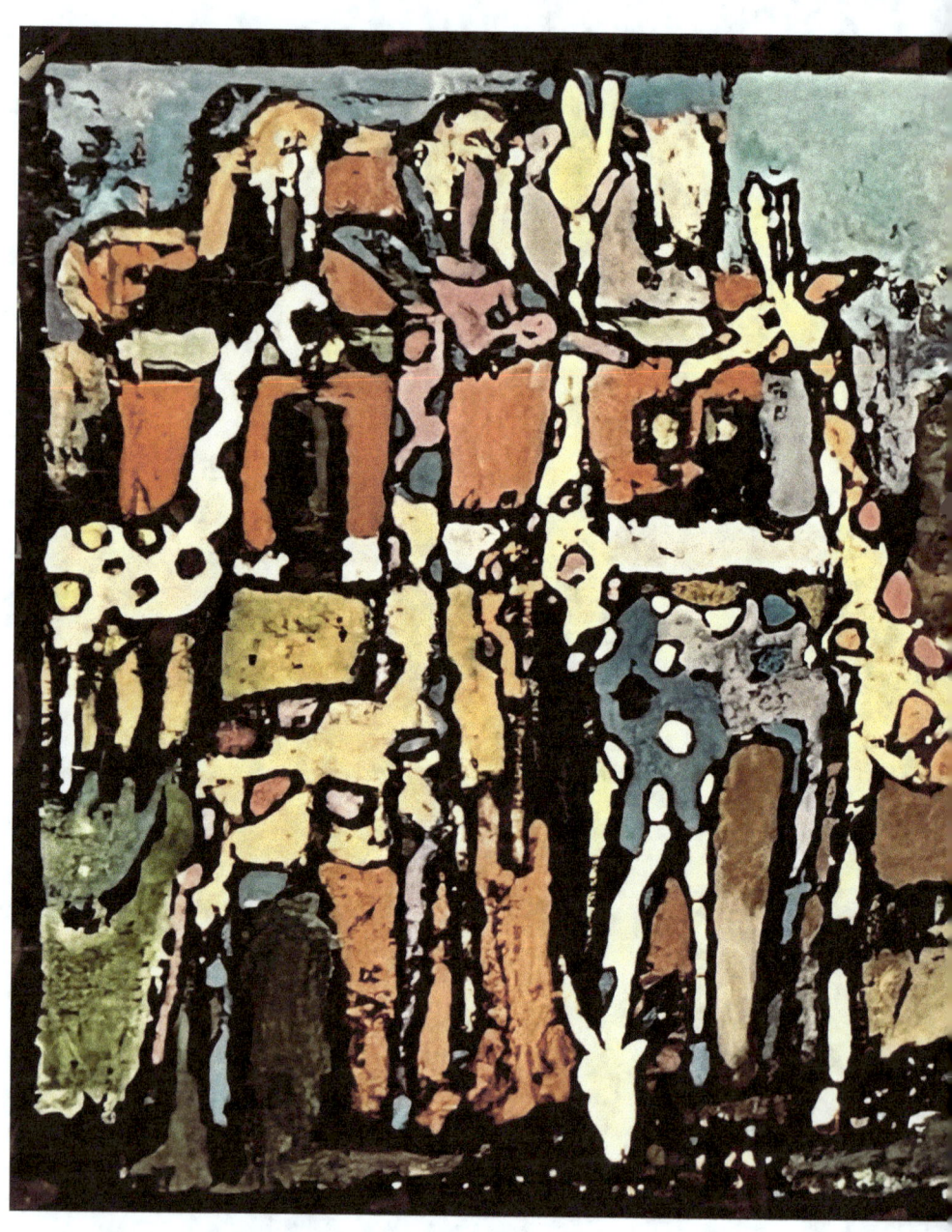

20.1 Zebre a Gioiosa, Maputo Mozambico 1997
Acrilico su Tavolo (distrutto) 100x200

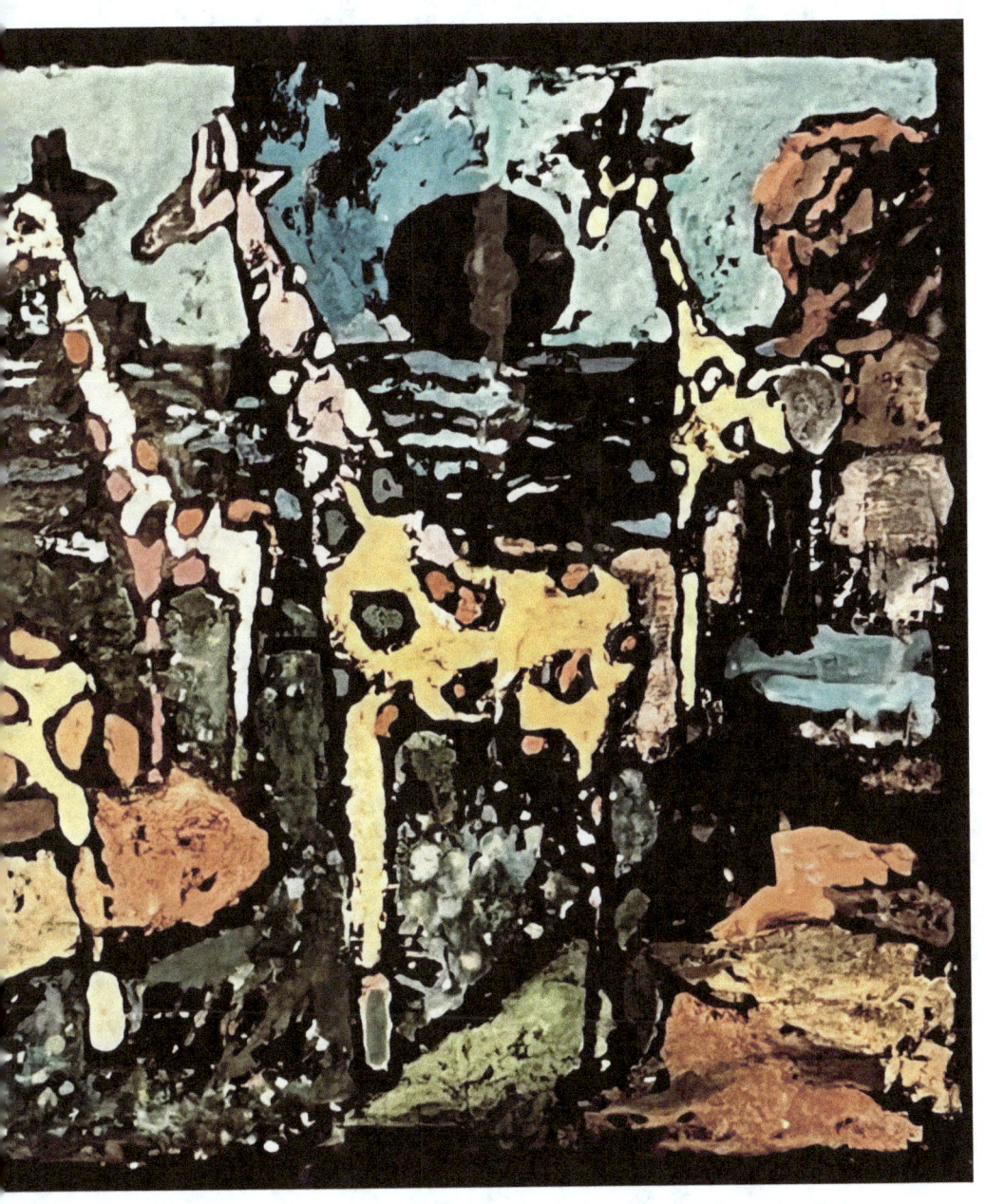

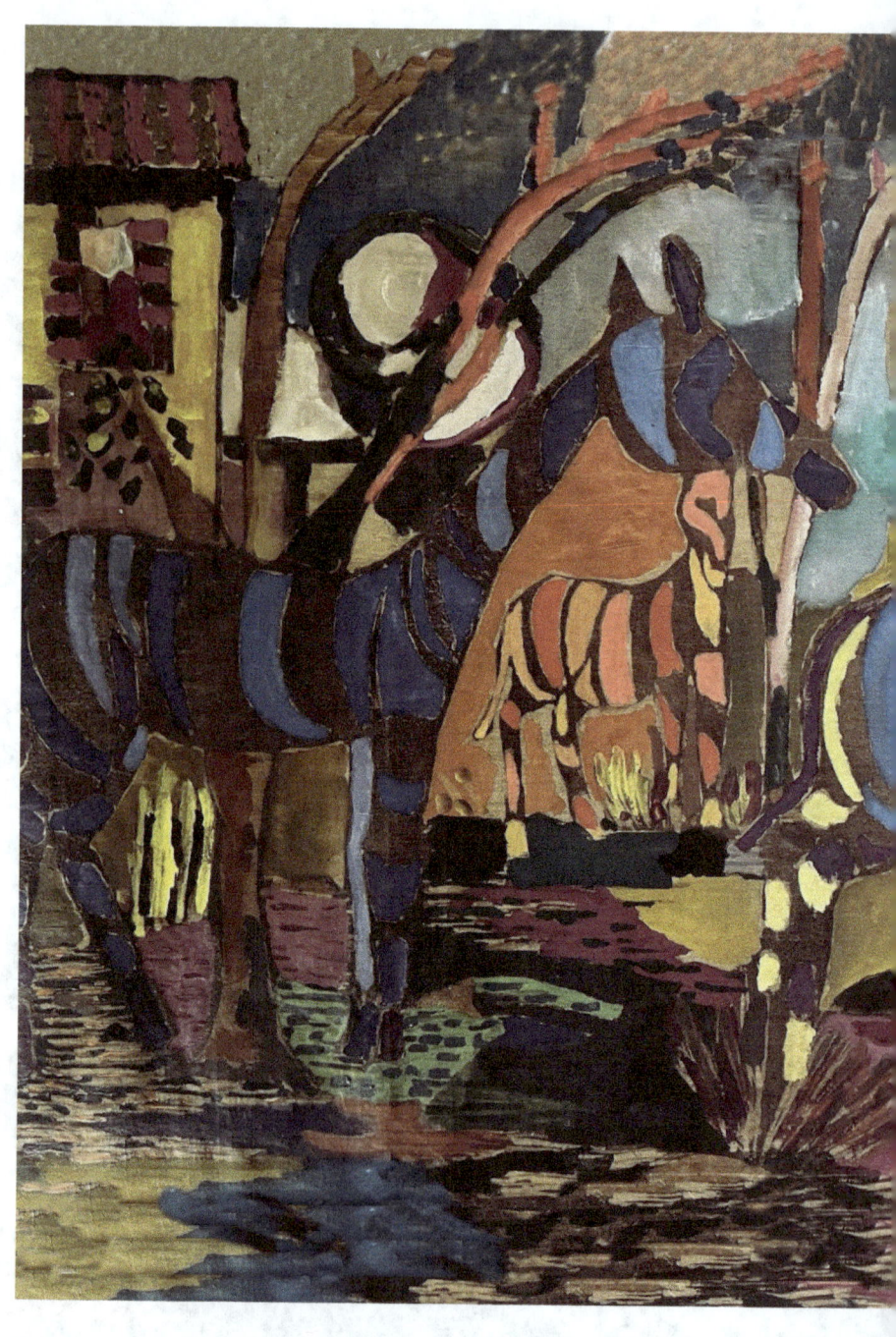

20.2 Zebre a Roma, Mozambico Maputo Maggio 1997
Acrilico su Batik 100 x 210

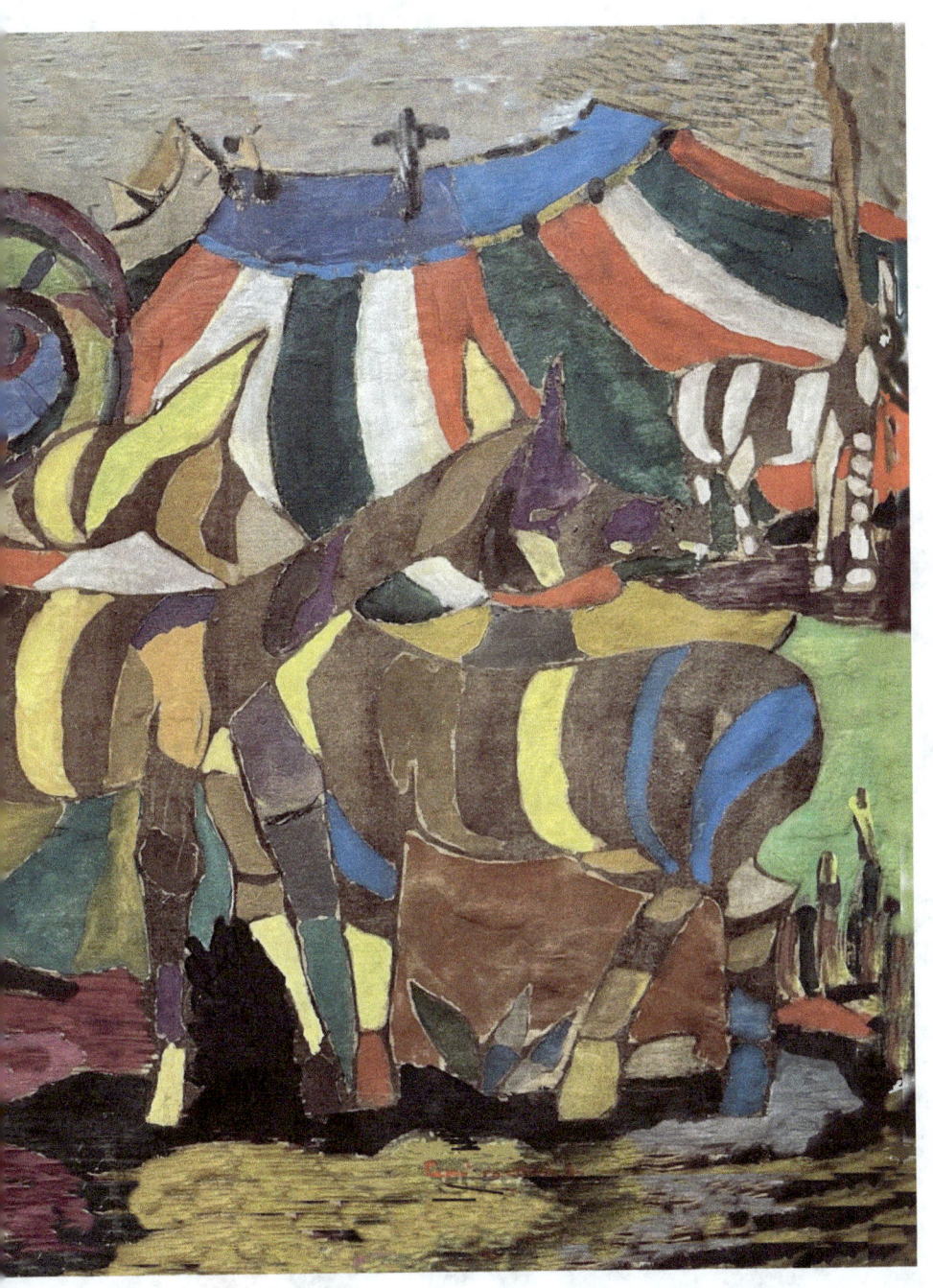

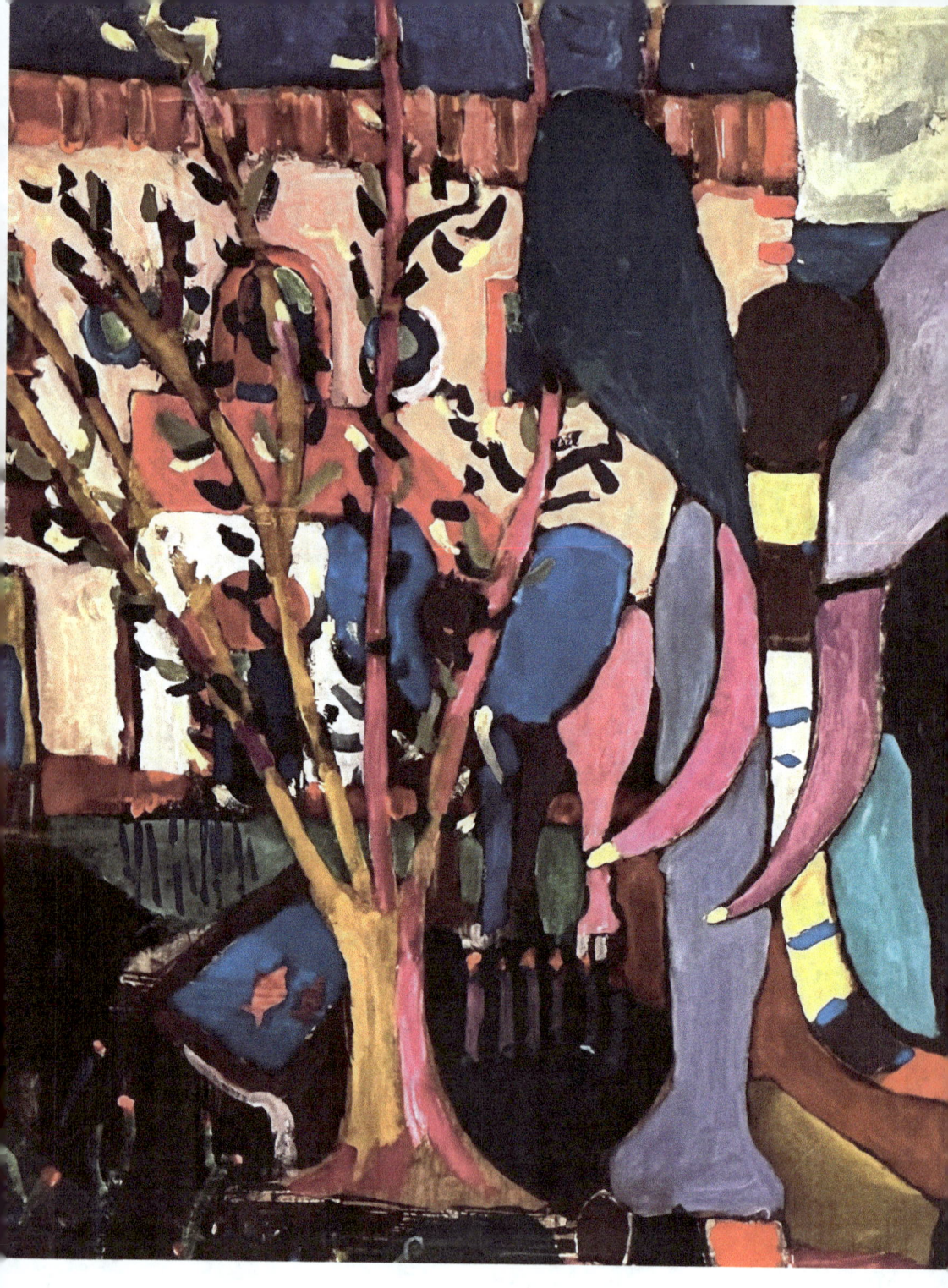

20.3 Elefanti a Gioiosa, Maputo Mozambico maggio 1997
Acrilico su Batik 90x190

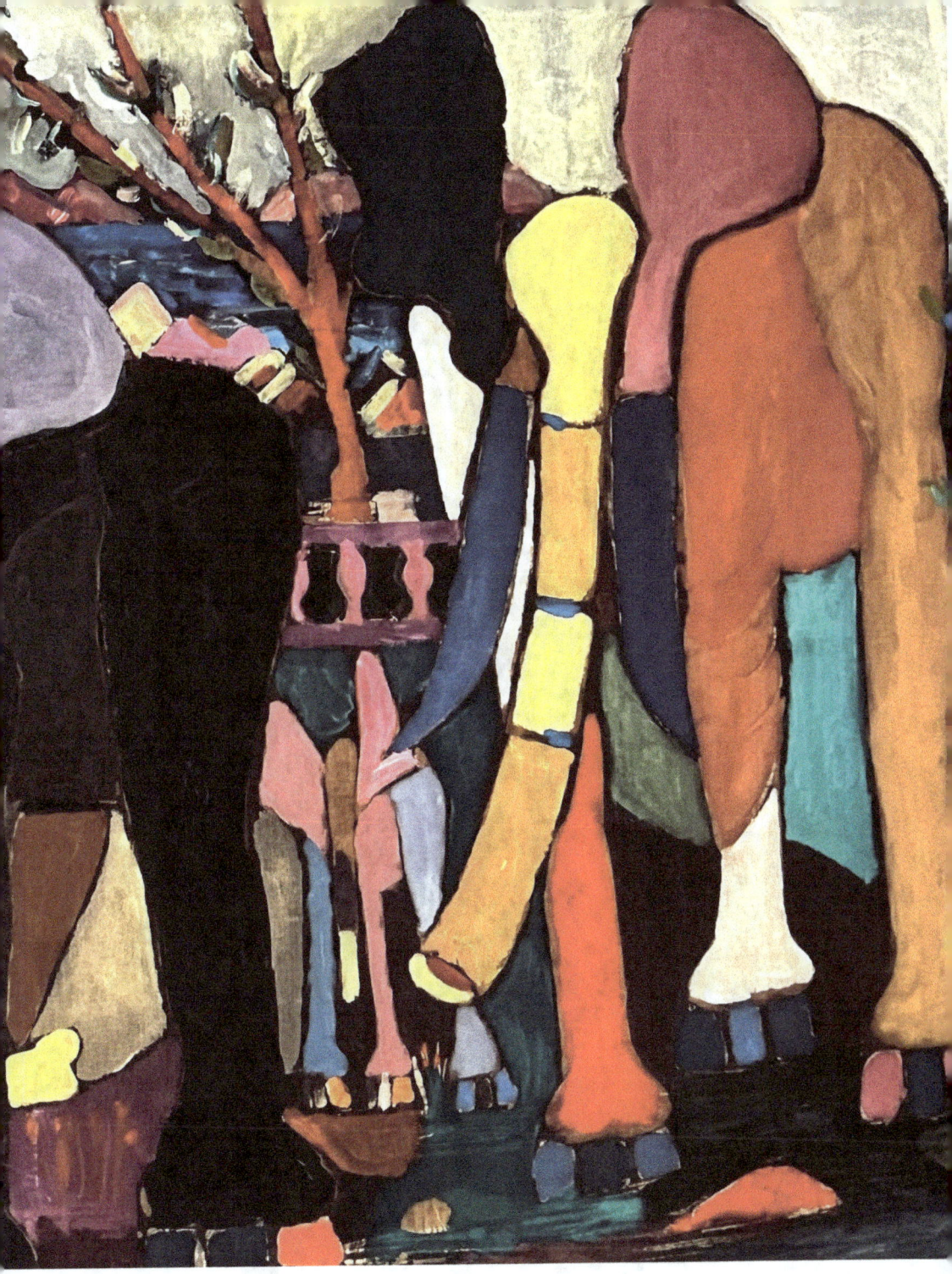

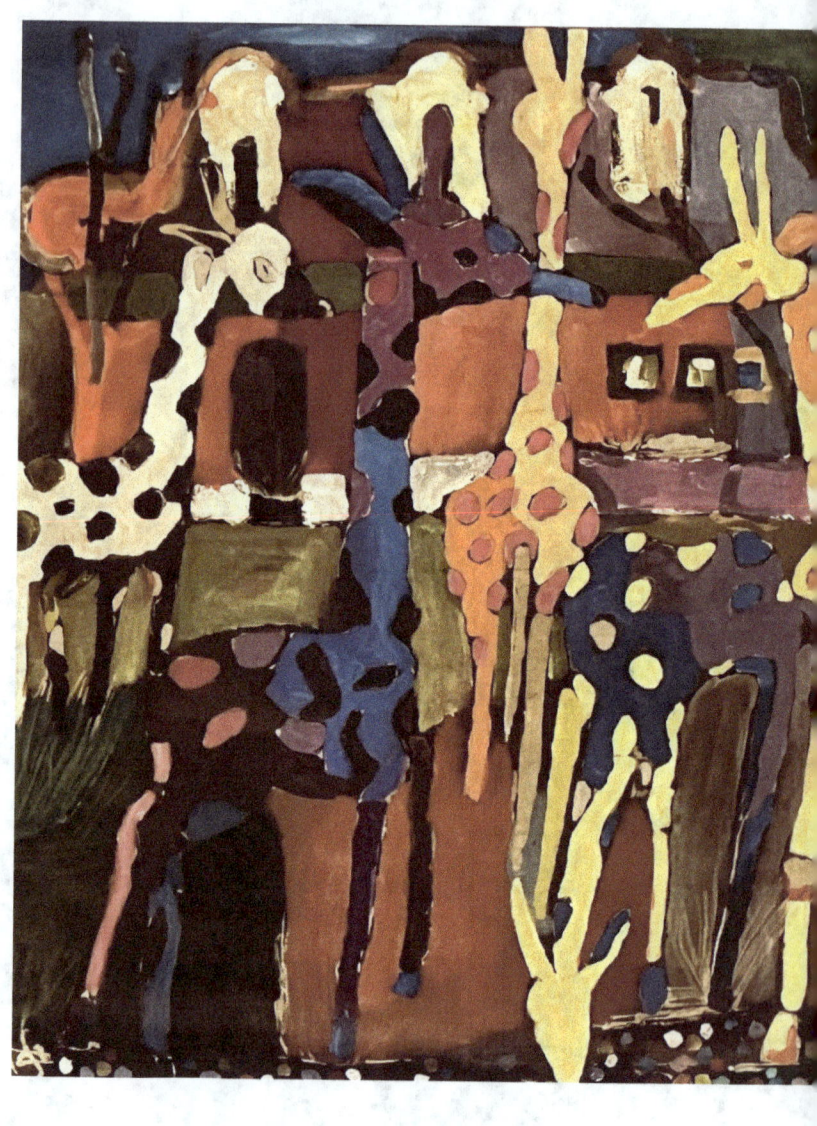

20.4 Giraffe a Gioiosa, Maputo Mozambico, aprile 1997
Acrilico su Batik 90x170

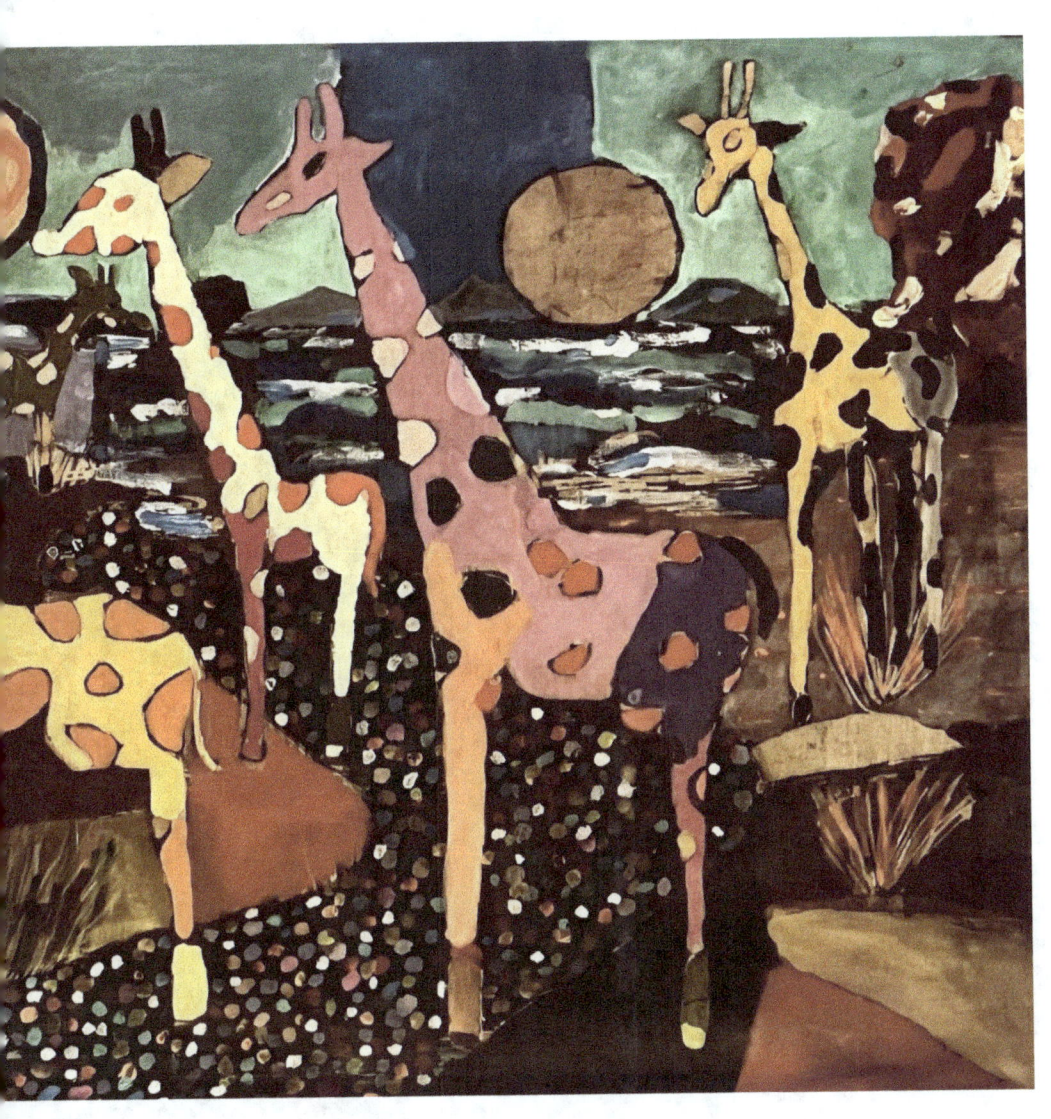

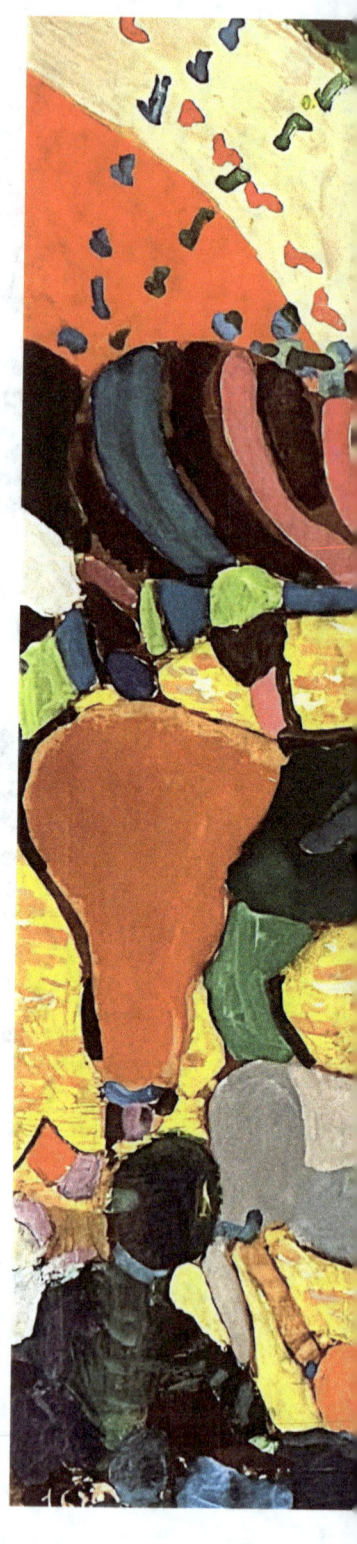

20.5 Circo arena con Raffaele, Maputo
Mozambico, maggio 1997
Acrilico su Batik 100x100

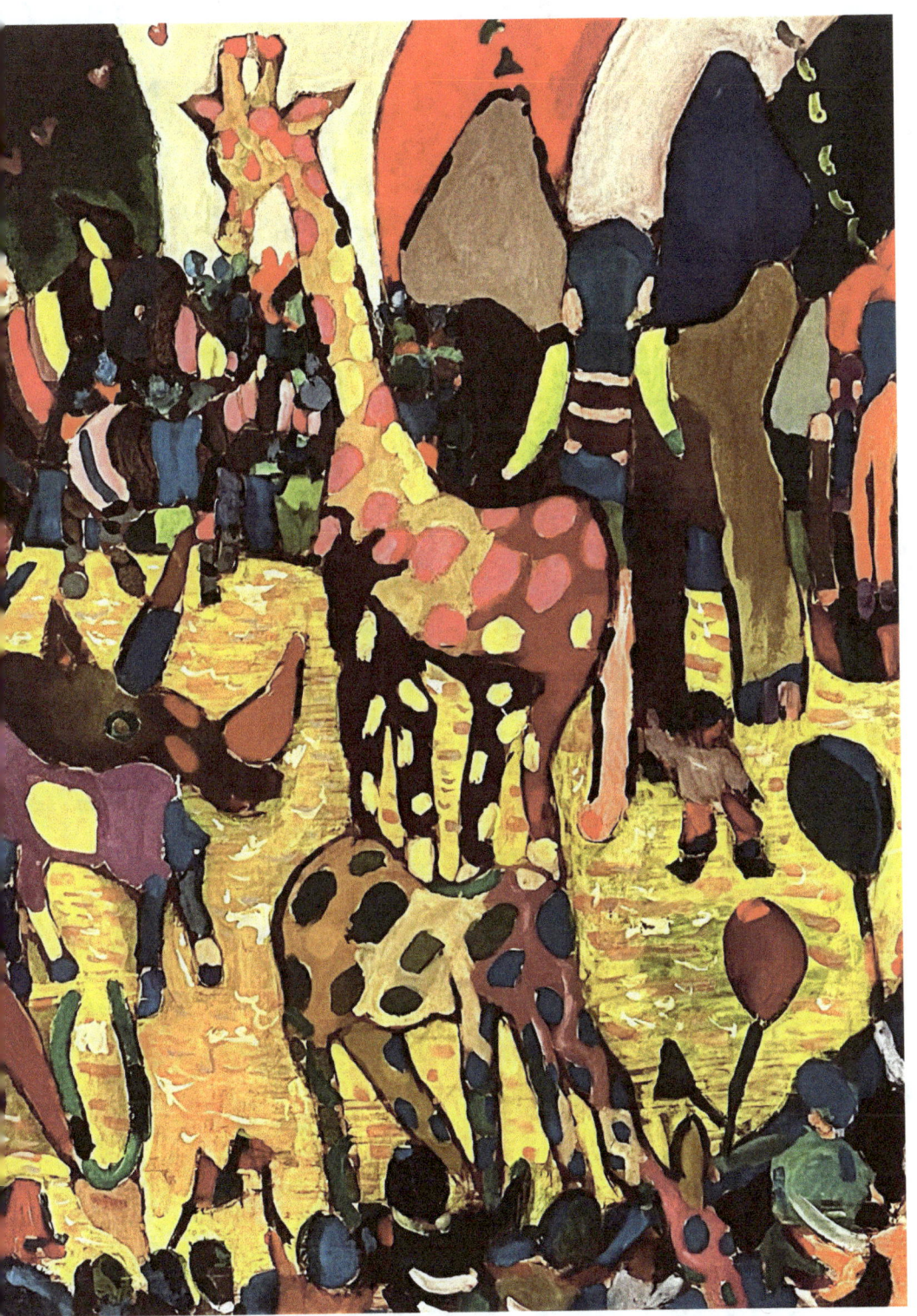

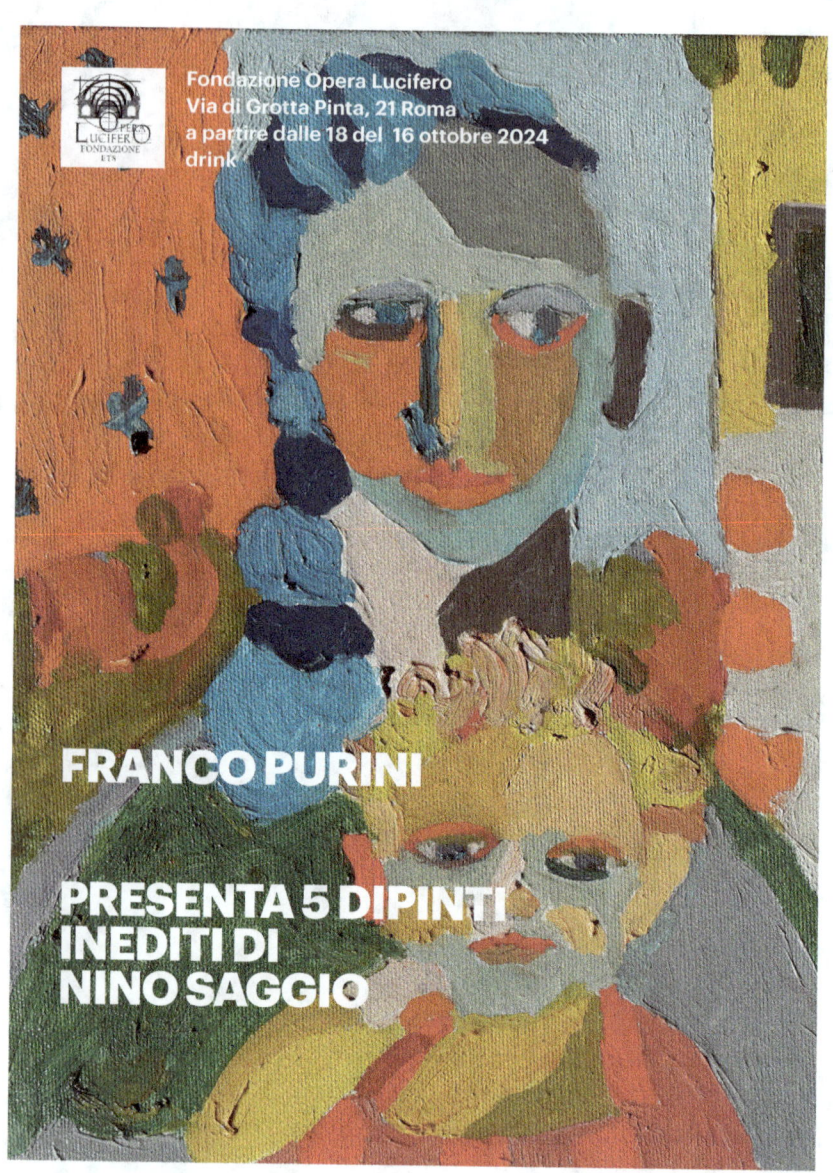

Nota

Antonino Saggio (Roma, 1955) architetto, studioso e docente a «Sapienza» dipinge dal 1968 ed ha realizzato più di cinquecento lavori. Ha partecipato a solo due collettive. Nessuno dei suoi quadri è mai stato venduto, ma molti di essi sono stati donati agli amici più cari e ai familiari più stretti:

Milena Guarda
Donatella Saggio Orazi
Raffaele e Sole Saggio
Caterina Saggio e Luca Virgilio
Cristina e Marco Majoli
Annamaria e Mario Napolitano
Nicola e Tina Ingo
Gisella Bonizi
Luigi e Silvia Franciosini
Luigi Prestinenza
Giuseppe Prestipino
Giovanna Natoli e Paolo Allegrezza
Giancarlo e Loretta Guarda
Angela, Rebecca e Paolo Guarda
Antonio Presti
Franco Purini e Laura Thermes
Fernando Miglietta
Giovanna De Sanctis Ricciardone
Tonino Lepore e Laura Ottogalli
Claudio Gabrielli
Anna Maria D'Olimpio
Tine Seybold
Mauro e Liliana Poncetta
Massimiliano Chialastri e Stefania Macori
Pino Tabacco
Eleonora Dolce

Domenico Gangemi
Vincenzo Colella
Fernando Recalde
Ruggero Lenci
Camilla Grassi
Orazio Carpenzano
Pro Loco Sinagra
Luigi De Francesco
Luciano Biancatelli
Antonio e Joyce Tomaselli
Gianni e Letizia Orazi
Marcella Bolgi Orazi
Giulia Natoli Forzano
Rosa Saggio Pirrone
Glenn Boornazian e Norma Barbacci
Paolo e Stefania Meluzzi
Carlo Melograni
Elisa Montessori
Francesco Tentori e Giovanna Alatri
Vincenzo Colella
Marcello Panzarella
Marcello Sèstito
SaraPatrizia Tortoriello
Michele Fasolo
Marta Scarienzi
Roberto Lucifero d'Aprigliano

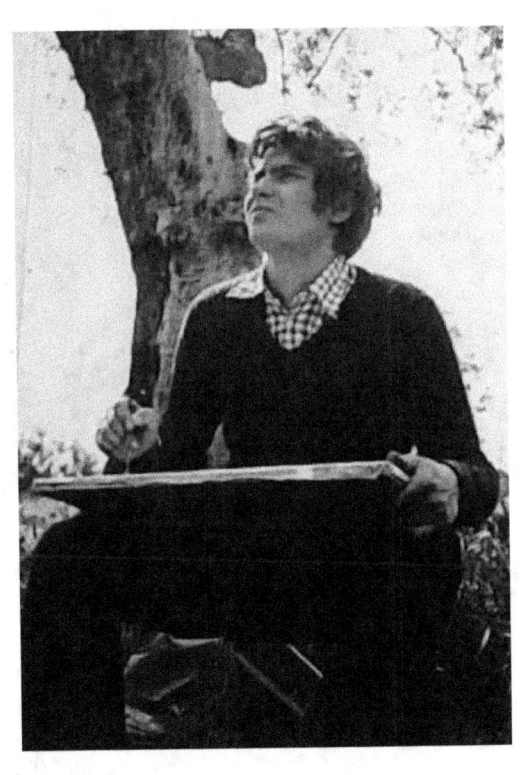

Arte e around

Lo Specchio Caravaggio: dal basso verso l'alto
I Segreti di Vincent van Gogh: Rachel Paul e Theo
Les Secret de Vincent vanGogh: : Rachel Paul e Theo
Sopra i Tetti di Venezia: alla Ricerca di Corto Maltese
On the Rooftops of Venice: in Search of Corto Maltese
À la Recherche de Corto Maltese: sur les Toits de Venise
Datemi una corda e costruirò
Franco Purini: Tele Parlanti la pittura di Nino saggio

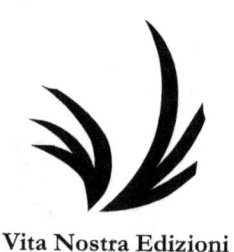

Vita Nostra Edizioni

Pubblicato da Vita Nostra Edizioni
Roma 2025
Stampato e distribuito da
www.Amazon.it